ALÉM DO
APENAS MODERNO

ALÉM DO
APENAS MODERNO

Solar de Santo Antônio de Apipucos, no Recife. Desenho de M. Bandeira.

GILBERTO FREYRE

ALÉM DO
APENAS MODERNO

Sugestões em torno de possíveis
futuros do homem, em geral, e do
homem brasileiro, em particular

2ª edição

Prefácio
José Guilherme Merquior

TOPBOOKS
UNIVER
CIDADE
EDITORA

Copyright © Fundação Gilberto Freyre, 2001
1ª edição: 1973

Ensaios coordenados por
Maria Elisa Dias Collier

Composição e fotolitos
Art Line Produções Gráficas Ltda.

Preparação do texto
Christine Ajuz

Revisão
Sinval Liparoti

Capa
Victor Burton

Todos os direitos reservados pela
TOPBOOKS EDITORA E DISTRIBUIDORA DE LIVROS LTDA.
Rua Visconde de Inhaúma, 58 / gr. 203 — Rio de Janeiro — RJ
CEP 20091-000   Tel.: (21) 2233-8718 e 2283-1039
topbooks@topbooks.com.br

Impresso no Brasil

SUMÁRIO

Um humanista além da modernidade — *José Guilherme Merquior*... 9
Gilberto Freyre, homem do seu e de outros tempos — *Mário Gibson Barboza*... 17
A propósito de *Além do apenas moderno*............................... 21
Prefácio do autor... 23

ALÉM DO APENAS MODERNO

Introdução 31
Em torno de alguns aspectos paradoxais de uma revolução biossocial 65
Geração e tempo: aspecto de suas inter-relações 81
Futurologia: alguns dos seus possíveis métodos de antecipação de futuros possíveis 97
Homem e Tempo, homens e tempos..................................... 132
O problema do tempo crescentemente livre: ócio *versus* negócio.... 139
Em torno de alguns aspectos do que precise de ser educação de jovens e de não-jovens para uma época de tempo mais livre .. 154
Aspectos de relações atuais entre trabalho e lazer que se projetam sobre o futuro... 164
Sugestões em torno de outras possíveis relações entre homens e tempos: criatividade e idade 176
Em torno de alguns desafios pós-modernos ao homem apenas moderno 192

Previsão e futuros sociais: a propósito das tendências de sociedades modernas para valorizarem indivíduos supradotados como orientadores e assessores de executivos 211
O intelectual como tipo social: algumas reflexões sobre sua situação histórica, sua posição atual e suas possíveis projeções sobre o futuro 222
De novo o intelectual considerado em algumas das suas relações com o meio e com o tempo 249
Em torno de alguns possíveis futuros do Homem brasileiro 265
Em torno de uma possível filosofia da Futurologia, inclusive dos seus meios de abordagem do que é social sem deixar de ser biológico nos futuros humanos 279
Quase conclusão 287

Dados biobibliográficos do autor 293

Índice onomástico 307

UM HUMANISTA ALÉM DA MODERNIDADE*

José Guilherme Merquior

Para o Gilberto Freyre de *Além do apenas moderno* (José Olympio, Rio, 1973), a evolução do mundo contemporâneo se processa sob o signo de uma verdadeira *revolução biossocial*. Possivelmente mais profunda, em suas conseqüências, que a Industrial e as revoluções sociopolíticas geradas em sua órbita (1789, 1917), essa revolução biossocial se liga "ao crescente aumento de automação, ao crescente aumento de lazer e ao crescente aumento de média de vida humana" (pág. 51). Numa contribuição iluminadora ao alargamento de perspectivas da sociologia latino-americana, de hábito pouco afeita a transcender a análise do "social" *stricto sensu*, a mirada sócio-antropológica de Gilberto Freyre focaliza, com rara felicidade de registro e denominação, vários aspectos e subaspectos dessa metamorfose global.

Mil novecentos e setenta e três talvez venha a ficar, aliás, como um marco especial no trabalho de síntese realizado, por cientistas sociais, a partir da aproximação entre as disciplinas humanísticas e a pesquisa biológica de vanguarda. Confrontando as conquistas mais recentes em genética, ecologia, etologia, paleontologia, pré-história e antropologia social, Edgar Morin acaba de proporcionar-nos a admirável reflexão transdisciplinar que é *Le Paradigme Perdu: la nature humaine* (Seuil, Paris, 1973). Enquanto Morin concentra seu esforço interpretativo nos enigmas da hominização, nos mistérios da emergência do *homo sapiens*, Gilberto — e não esqueçamos que se trata de um pioneiro dos estudos ecológicos — colhe a outra ponta do novelo, isto é: as transfor-

---
* Ensaio originalmente publicado no *Jornal do Brasil* (05.01.1974).

mações por que está passando, no seu corpo, alma e habitat, o *homo urbanus* do nosso tempo. Mas o que interessa primordialmente ao ensaísta de Apipucos, e reforça de maneira considerável a originalidade da sua intervenção nos estudos futurológicos, é a face *interior* dessa evolução; a busca do "equivalente sociológico daquilo que Unamuno, com relação ao passado, considerava *intra-história*" (p. 29). Busca do nosso "futuro íntimo" (*ibid.*), apaixonante incursão numa espécie de futurologia que nos sentimos tentados a chamar de *agostiniana*, tal a força e convicção do seu pendor reflexivo, *introspectivo*.

No substrato íntimo da revolução biossocial, da sociedade pós-moderna em gestação, a primeira característica surpreendida por Gilberto Freyre é a atitude paradoxal do espírito pós-moderno em relação ao tempo histórico. Com efeito, a juventude contestadora, principal representante do *ethos* pós-moderno, não se limita a repudiar o atual (o simplesmente "moderno", que se encaixe no âmbito sociedade tecnológica) — repudia o *status quo* sociocultural, "com saudade do pré-moderno" (p. 65). A contestação não esposa a mitologia profana (burguesa, iluminista, marxista) do progresso linear; é "anticonservadora mais do que antitradicional" (p. 69), romanticamente "arcaica" em algumas marcas registradas de seu estilo existencial (nas barbas, no traje, na inclinação à conduta boêmia e ao amor-paixão, etc...). O racionalismo ascético do que nos restava de repressiva moral vitoriana vai cedendo a impulsos místico-românticos (p. 78), como que saudosos da sociedade pré-industrial e até pré-metropolitana (não é à toa que Gilberto propõe o *rurbano* como superação das mazelas das babilônias modernas).

O melhor sinal da saúde dessa contestação simultaneamente futurista e saudosista, arcaica e prospectiva estaria no fato de *não* se apresentar como evangelho messiânico. Ao contrário do marxismo de ontem, a mentalidade pós-moderna parece pouco *soteriológica*: pouco ou nada suscetível de alardear virtudes dogmaticamente redentoras. O espírito pós-moderno não estaria preso, como ainda há pouco o socialismo revolucionário, a essa crença na idade áurea futura, nesse escatológico fim da História como drama, que Mircea Eliade considerou um espúrio avatar moderno da velha *cronofobia* do homem primitivo — escatologia messiânica, para a qual o "terror da História" deve ser antes ideologicamente abolido do que criticamente enfrentado.

Mas, em Gilberto, a contestação da moral "cristão-burguesa" (K. Löwith) não é privilégio dos jovens, pois os velhos se fazem cúmplices dos muito moços na aliança contra a "burguesia no tempo", constituída pelos "quadrados" de meia-idade (pp. 79-94). Avós e netos se insurgem contra a moral convencional e repressiva da gente entre 35 e 60. A base sociológica dessa coligação de júniores com sêniores está em expansão: em países como a Suécia, 1/4 da população já se compõe de indivíduos de mais de 60 anos, não raro de regresso aos estudos universitários. Assim, o que existe de errôneo ou despótico no patriarcalismo autoritário da geração dos pais tenderia a ser crescentemente atenuado pela clássica tolerância do avô, "pai com açúcar"...

Esses avós rebeldes dão lastro e sentido ao revolucionarismo saudosista dos jovens. Só eles seriam capazes de entregar aos mais moços vários "valores tradicionalmente protetores de sociedades e de homens em tal estado de crise que eles é que necessitam de ser protegidos pelos homens e pelas sociedades" (p. 70). Entrega, em latim, se diz *traditio*. Tradição de avô para neto, com possível curto-circuito na etapa dos pais... eis o que pede Gilberto. Até porque a superação *de um certo* patriarcalismo não significaria necessariamente a abolição da família como fator de cultura e educação, havendo mesmo futurólogos que vêem na família, e não só, talvez, na nuclear, uma espécie de "raiz portátil" (p. 76) de alta valia, como fator de estabilização, para os habitantes de um universo em perpétua, rápida e tumultuária metamorfose, como é o nosso. Nesse ponto, *Além do apenas moderno* se diferencia bastante do seu *pendant* norte-americano, o *Culture and Commitment — a Study of the Generation Gap*, de Margaret Mead (Doubleday, N. York, 1970), já que "vovó" Mead, celebrando o advento da cultura *pré-figurativa* (onde são os adultos que aprendem com os jovens), quase não dá importância à tradição.

Para abençoar a coalizão júnior-sênior, Gilberto invoca o Deus todo perdão de Heine, Deus meio "avô", antônimo do severo Jeová, juiz da religião "paterna". É significativa essa lembrança de Heine, precursor da *crítica da cultura* dos Burckhardt e Nietzsche, e fonte da famosa dicotomia traçada por Matthew Arnold em *Culture and Anarchy:* de um lado, a estirpe moral dos "hebraicos", puritanos, ascéticos, repressivos e auto-repressivos; de outro, a raça dos "helênicos", lúdicos e espontâneos, amenos e luminosos...

Mas Arnold, profeta vitoriano apesar de tudo, *opunha* a anarquia à cultura. Gilberto Freyre, ao contrário, se filia expressamente a um ideal anarquista (pp. 57-58). Anarquismo conservador — mas nem por isso reacionário; libertarismo saudosista, revoltado, em nome do *art de vivre* tradicional, contra a moderna "tirania do ideal organizacional da sociedade" (p. 180), e inspirado no feroz individualismo dos George Orwell e Herbert Read. Mas convergente, também, com o individualismo dionisíaco de Nietzsche. Não foi Nietzsche quem denunciou a subordinação da cultura aos frios interesses do Estado e da coletividade? Não foi ele o primeiro a clamar (no contexto da crítica da sociedade industrial avançada) por uma cultura de emancipação radical do indivíduo (cf. G. F., p. 141)? Só que Gilberto acrescenta ou substitui, ao anelo nietzschiano de uma "transmutação de todos os valores", o senso sociológico, que reconhece no passado o esboço de valores sufocados pela reificação e massificação do homem na sociedade moderna. Deste modo, em vez do messianismo do super-homem, chegamos a qualquer coisa de substancialmente parecido com o saboroso anarcotradicionalismo de Chesterton, velho santo de cabeceira do autor de *Casa-grande & senzala*.

O *libertarismo* gilbertiano faz questão de distinguir-se do *liberalismo*. Este lhe parece, em grande parte com razão, o tipo do comportamento (ou, às vezes, de mito) apenas *moderno*, sem condições de aspirar ao ingresso regenerador no *pós-moderno*. Aqui, porém, não nos é possível acompanhar de todo o seu pensamento. O liberalismo pode ter caducado como filosofia; mas as *instituições* liberais — *liberais e não apenas democráticas* — permanecem algo essencial à dignidade humana numa sociedade diversificada e complexa. Essencial não só à presente "sociedade aberta" (Popper) quanto à própria vitalidade das utopias saudavelmente libertárias. De resto, o liberalismo *político* não é tão "burguês" quanto parece. Seu primeiro grande teórico no século XVIII, Montesquieu, era um aristocrata preocupado com a sobrevivência de prerrogativas políticas feudais, solapadas pelo monarquismo com o incentivo da burguesia; seus maiores porta-vozes oitocentistas, Tocqueville e Stuart Mill, deploraram profeticamente o avanço da "democracia de massa" *possibilitada precisamente pelo aburguesamento geral da sociedade:* recuo das antigas aristocracias, ampliação das classes médias, ascensão progressiva dos operários ao *status* e à respeitabilidade pequeno-burgueses. Hoje, as restrições desses clássicos do liberalismo ao sufrágio universal soam reacionárias; mas a sua denúncia do abastardamento da liberdade na era da democracia demagógica é atualíssima. Além disso, que melhor instrumento para o libertarismo, em seu combate contra a "tirania organizacional da sociedade", do que o pleno exercício das instituições liberais? O certo é que, quando os libertarismos elegem outros meios de luta, terminam fatalmente imitando as práticas totalitárias — e isso é o pior que pode acontecer com os libertarismos.

A base tecnológica da transição do moderno para o pós-moderno é o reforço da automação no aparelho produtivo; a sua base econômica, o aumento do lazer. O "culto ético" (p. 160) do trabalho, peculiar dos tempos modernos (e celebrado por seus pensadores, de Franklin a Hegel, Carlyle e Kierkegaard) cede cada vez mais a uma valorização puramente *técnica* do trabalhar. Um dos "possíveis" mais prováveis do nosso amanhã é o do trabalho de uma *minoria* bastar para a sustentação da sociedade — de uma sociedade entregue às delícias do *otium cum dignitate* democratizado. Para tanto, contudo, é necessário nos libertarmos do despotismo do relógio (utensílio bem moderno, divulgado do século XVII para cá). Mestre Gilberto quer reviver, contra a obsessão cronométrica do homem moderno, o *sentido ibérico do tempo* (pp. 28, 133-134) — tempo *vivencial*, existencialíssimo, subjetivo-objetivo; pluritempo-duração ("tempo tríbio", diz Gilberto, em que passado, presente e futuro se interpenetram). Tempo hispânico teorizado por Américo Castro e pelo próprio Gilberto (*On the Iberian Concept of Time*), e visceralmente contrário ao objetivismo cronométrico imposto pela elevação da *ascese intramundana* (Max Weber), metódica e fanaticamente laboriosa, a conduta arquetípica do homem ocidental, na Idade Moderna. Tempovida, em face do estreito utilitarismo do *time is money*.

Alguns tópicos da teoria gilbertiana do pós-moderno mereceriam ponderações ou reservas. Sirva de exemplo o louvor um pouco acrítico — nesses tempos de vulgaríssima cultura de massa — de formas analfabéticas de oralidade, suscetíveis, segundo ele, de expressão criadora nos *media* como a tevê (p. 50). Gostaríamos bastante de partilhar esse otimismo quase mcluhaniano (mas Gilberto cita (p. 46) menos McLuhan do que um seu obscuro precursor, o russo V. V. Rozanov); porém receamos que o contágio e a adulteração do folclore pela repugnante "cultura de massa" tenham comprometido o ideal de dar a palavra ao rústico. O folclore antigo — como o que inspirou os românticos e, no Brasil, ainda pôde inspirar também os modernistas — era cultura autêntica; mas hoje a maior parte das artes rústicas não passa de *subcultura* de consumo.

Todavia, sem seu conjunto, a pintura do pós-moderno em Gilberto Freyre é para lá de convincente e estimulante. Um dos seus não menores méritos reside na argúcia com que os temas gerais do processo evolutivo do Ocidente são dialeticamente relacionados com a situação histórica do Brasil. Oportuníssima, nesse ponto, a sabedoria das suas advertências contra aquilo que, no nosso atual desenvolvimento sócio-econômico, possa tender, em princípio, a fazer-nos repetir — a contrapelo da nossa genuína personalidade cultural — os vícios e distorções do *ethos* moderno. Mestre Gilberto não poupa nada do que, a pretexto de modernização, não só provoque "atrasos no processo de pós-modernização do nosso país" (p. 67), como lese e mutile nossas virtualidades *originais* — virtualidades de "gente psicossocialmente e socioculturalmente cruzada" (p. 37), e, no que cruzada, mais predisposta do que outros povos à miscigenação cultural que implica a pós-modernidade — de contribuirmos decisivamente para a implantação humanizadora do pós-moderno. O "saudosista" tem razão: para o Brasil, a pós-modernização é uma questão de memória.

Finalmente, uma palavra a respeito do que o livro nos diz, não já sobre a sociedade, mas sobre a própria sociologia. *Além do apenas moderno*, que contém um verdadeiro exame de consciência da metodologia sociológica, uma *teoria sociológica* tão provocante (a despeito do seu fragmentarismo) quanto a de *Sociologia* (1945), encerra a antropologia científico-filosófica de Gilberto Freyre: a sua antropologia filosófica (p. 22) *sub specie futurologiae*. A maturidade desse empreendimento intelectual pode ser medida pelo fato de que o autor elege, em vez das explicações sedutoras, mas perigosamente monísticas, da filosofia da História, a abordagem prudentemente *pluralista* da sociologia da cultura.

Por volta de 1930, em obra sob vários aspectos notável, *A sociologia como ciência da realidade*, Hans Freyer, em luta com o formalismo sociológico dos Simmel e von Wiese, procurou demonstrar a inerência da vocação político-prospectiva à sociologia *de compreensão* — àquela sociologia "psicológica" inaugurada por Max Weber, e trazida até nós, como método de base, por expoentes europeus e americanos como Gurvitch ou Talcott Parsons. Convertido à indagação futurológica, Gilberto Freyre complementa essa tese com uma outra: a da inerência do método "compreensivo" a toda futurologia que, não se contentando com exterioridades jornalísticas (tipo *O choque do futuro*), queira perscrutar a fisionomia íntima da sociedade que nos espera.

Mas a opção pela sociologia de compreensão (cf. a homenagem a M. Weber da p. 288) tem para Gilberto ainda outro sentido: o de legitimar a valorização de um tipo de literatura e saber sociológicos substancialmente alheios, ou infensos, à miopia positivista, cientificista, de muita ciência social moderna. Literatura e saber sociológicos de forte tradição ibérica (pp. 35 e 40) e que, em seu cunho pascaliano, fiel às virtudes do *esprit de finesse*, valida, pela eficácia de suas interpretações, o papel da intuição, da imaginação e até da arte na análise sociológica. Adotando uma perspectiva "científico-humanística" (p. 246), que lhe permite dialogar proveitosamente com os Unamuno e Munford, os Tillich e Voegelin, essa futurologia compreensiva discrimina, inclusive, entre os tipos de *intelligentsia* (pp. 223-265). Contrasta o intelectual autêntico, o intelectual superior, com as limitações do *intelectualista*, viciado em abstrações, e do *intelectuário*, que é o intelectual arregimentado, preso a engajamentos sectários. Pois o erro não está, para a ciência social, em ser *participante* — mas, apenas, em confundir participação com sectarismo. Afinal, como bem observou Dilthey 90 anos atrás, a própria fundação da Sociologia seria ininteligível fora do impacto dos grandes problemas sociais e humanos nascidos com a sociedade industrial. Daí o valor dos textos que, como *Além do apenas moderno*, revivem e reativam a significação prática desse *nascimento da sociologia do espírito da crítica da civilização*.

Brasília, novembro de 1973

GILBERTO FREYRE,
HOMEM DO SEU E DOS OUTROS TEMPOS

Mário Gibson Barboza

Não apenas nos descobrimos na obra de Gilberto Freyre; ela, mais do que isso, ensinou-nos também a ser o que atualmente somos, ao despir-nos das roupagens que nos haviam imposto e ao reclamar a coerência entre a cor da pele e a cor do espírito, pois neste se revelam também o encontro, a soma e a mistura das gentes que nos formaram. Em resumo diria: a obra de Gilberto Freyre modernizou o entendimento que a sociedade brasileira tinha de si mesma.

A vocação de difundir idéias, de provocar indagações, de ensinar e influir empresta à obra de Gilberto Freyre o signo da contemporaneidade que a domina e a relaciona perfeitamente com o cidadão que é o seu autor. Tem ele estado sempre presente nos debates públicos do nosso tempo. Não se recusou à política, quando julgou necessária sua atuação na praça, nos partidos e no parlamento. Esteve sempre a pregar, pela presença física e pela palavra escrita, as posições que lhe recomendavam a reflexão cívica e a intuição política. No seu retiro de Apipucos, não se isolou jamais; e a sua presença de mestre se difunde sobre o nosso país e os nossos dias.

Participante, não consentiu jamais que as paixões do momento deformassem sua obra. E ainda aqui nos ensinou a pensar de forma comprometida com o futuro, tendo em vista as vastas dimensões do tempo e não os incidentes da ação pública, que só tomam o seu sentido real quando vistos da perspectiva maior em que se integram ou se anulam. E se assim tem sido, é porque Gilberto Freyre possui a rara consciência do valor profundo das coisas aparentemente pequenas, sabe que tudo se completa nas grandes formas do espírito e que o menor objeto que fazemos ou com que convivemos ajuda a explicar nossa maneira de ser e nossa própria vida.

Por isso mesmo, pôde ensinar-nos a revalorizar a integridade de nossa herança e abriu-nos as portas do entendimento para as forças criadoras da região e da tradição. Está assim a sua obra nas bases da atividade de redescobrimento do Brasil que caracteriza a nossa época ao preconizar o entendimento global do país através do amor pelas coisas que cercaram os nossos avós e imediatamente nos cercam.

Ensinou-nos, assim, a ser pernambucanos, nordestinos, brasileiros, luso-indo-africanos, e tropicais, para sermos homens do mundo. Ensinou-nos a ver em cada uma dessas nossas condições o resultado do aprendizado e das trocas que se fizeram num grande arco, circunstância que vai das praias portuguesas ao Japão, do Atlântico ao Pacífico, passando pelo Índico, no roteiro do mundo que o português criou. Dessa forma, o homem da província reelabora modos de vida que lhe chegaram de todos os pontos desse itinerário circular; e, na medida em que sente toda a riqueza de sua condição de homem de província, se faz plenamente homem universal.

A atividade pedagógica de Gilberto Freyre não se limitou em ensinar aos brasileiros uma nova teoria do Brasil. Mestre incansável de todos nós, não cessou jamais de pregar a necessidade de aperfeiçoamento do sistema de transmissão de saber e pesquisa, de difundir o espírito universitário, de advogar a transformação das universidades brasileiras em centros de humanismo crítico, em fonte geratriz de um novo espírito, que pudesse sacudir o país e encaminhá-lo ao seu grande destino.

Para esta cerimônia de gratidão da comunidade universitária, teve a generosidade de querer ao seu lado um conterrâneo diplomata, um homem cuja matéria de trabalho é a vida atual, o tempo presente, e cuja missão é projetar o Brasil sobre o resto do mundo, é harmonizar o que somos com as realidades que nos cercam, é buscar os pontos de coesão com os demais países, é estreitar as aproximações e resolver as diferenças que nos separam.

Fico-lhe grato pela escolha, que me honra e desvanece. E, mais ainda, por permitir que lhe expresse, em sua presença, publicamente, o reconhecimento da diplomacia brasileira pelo muito que lhe deve. Sua obra situou-nos, em nosso espaço próprio, fortaleceu-nos a vocação universalista e conciliadora. Ao difundirem-se pelo mundo, os seus livros ajudaram-nos a fazer o Brasil conhecido e compreendido e tornaram-se parte do grande e universal diálogo que travamos e em que aspiramos a ser entendidos autenticamente, em nossa verdade mais íntima, porque desejamos e queremos entender todos os povos da Terra, fiéis ao mandato mais profundo de nosso espírito, tal como o descobrimos retratado na obra de Gilberto Freyre, vasta, inovadora e fecundante.

Palavras do chanceler Mário Gibson Barboza, no seu discurso de paraninfo, na solenidade de doutoramento h.c. em Ciências Jurídicas e Sociais pela Universidade Federal de Pernambuco, a 26 de novembro de 1971

A PROPÓSITO DE
ALÉM DO APENAS MODERNO

Este é o primeiro livro em língua portuguesa em que se considera a Futurologia uma possível chave nova, embora não mágica, nem fantástica, para uma mais ampla interpretação de fenômenos humanos que as interpretações apenas genéticas ou somente presentocêntricas. Também nova orientação para planejamentos mais compreensivos que os atuais de futuros humanos, em geral, e nacionais ou regionais, em particular.

Nos ensaios que o compõem são considerados, através de uma forte imaginação científica e à base de um vasto saber, possíveis futuros de relações entre sexos, entre raças, entre idades, entre tempos, entre culturas, entre regiões. O autor apresenta várias de suas idéias mais originais, algumas de repercussão já mundial, sobre Homem situado (consagrada pela Sorbonne), tempo tríbio, metarraça (primeiro exposta na universidade inglesa de Sussex), morenidade (a morenidade brasileira como mística que se contrapõe à da negritude e à da branquitude ou arianitude), supradotados, tropicalidade, hispano e lusotropicalismo, rurbanidade, sentido ibérico ou hispânico de tempo (divulgada pela universidade alemã de Münster), possível pluralidade de futuros tipos de família entre sociedades ocidentais, relações entre ciência e humanismo com o declínio provável, nas literaturas, de beletrismos ou de cientificismos fechados.

É um livro em que a imaginação científica, vizinha da goethianamente poética, comanda sem chegar a abusos de ficcionismo e sem desprender-se de conhecimentos quer atualíssimos, quer clássicos, em várias especialidades. Constitui a obra máxima do autor no campo da antropologia científica desdobrada em antropologia filosófica e, como tal, marcada pela "criatividade genial" que lhe valeu o Prêmio Aspen — o Nobel dos Estados Unidos, dado, depois dele, a Edmund Wilson, o maior dos modernos pensadores dos Estados Unidos, e já concedido a Benjamin Britten, o famoso compositor inglês, a Martha Graham, como genial renovadora da dança, e ao urbanista grego Constantino Doxiadis — e o fez trazer para o Brasil, da Itália, o Prêmio La Madonnina (dado também a Christian Barnard, Graham Greene e Salvador Dalí, e a Gilberto Freyre por uma obra de literatura de "fulgurações geniais"). Por conseguinte, os dois maiores prêmios internacionais de cultura — ciência, literatura, arte, filosofia — já trazidos ao Brasil por um brasileiro: os dois, Aspen e La Madonnina, por um só brasileiro. Seu novo livro *Além do apenas moderno* está destinado a repercussão internacional e a influir sobre o Brasil no sentido de "uma nova idéia de tempo a ser associada aos grandes problemas nacionais de espaço, de integração e de desenvolvimento internos e de relações dos brasileiros com outras sociedades e com outras culturas através de constantes e antecipações em que se combinem originalidade nacional e universalidade".

Nota da Editora José Olympio

PREFÁCIO DO AUTOR

Não se pretende, nas páginas que se seguem, abordar assunto de todo novo para o Brasil. Abordou-o já o autor, há alguns anos, perante um público universitário, em Brasília. Considerou, então, alguns aspectos de alguns dos atuais estudos, dentro e fora das chamadas Ciências do Homem, que se relacionam, sob a forma de indagações e conjeturas, com o futuro — ou com os possíveis futuros — quer do Homem, quer do mundo em que o Homem vive. Inclusive do que se projeta, sobre este mundo, de tempos pós-modernos. Mais: quer do Homem, em geral, quer do Brasileiro em particular. Tais estudos, denominados, por uns, prospectivos, por outros, futurológicos, pedem uma sistemática especial antes de sua imediata e arbitrária elevação a ciência. Mesmo assim imprecisos, são dos que mais se impõem à atenção da gente universitária de hoje. Na verdade, à atenção de todo homem preocupado com os destinos humanos.

Em Brasília, o assunto foi considerado, antes do autor, pelo professor Bilac Pinto, quando presidente da Câmara dos Deputados, tendo sido também levantada sua bibliografia pela Biblioteca da Câmara — trabalho desse competente técnico em Documentação e Bibliografia que é o prof. Edson Nery da Fonseca, da Universidade de Brasília. Vê-se, por esse trabalho, que a Biblioteca de Brasília — a da Câmara dos Deputados — está esplendidamente em dia com os estudos futurológicos. Aliás, não se compreenderia Brasília — cidade tão projetada sobre o futuro — ausente de tais preocupações.

Na França, todos sabemos que existe já um centro de estudos prospectivos ou futurológicos, que tem entre seus diretores, além de um membro da Academia Francesa — mestre Louis Armand — o professor da Sorbonne Georges Balandier, sociólogo eminente; e cientistas de várias especialidades. Esse Centro — fundado pelo infelizmente falecido Gaston Berger — publica a excelente revista que é *Prospective*. Sob critério prospectivo, o Centro se vem ocupando de vários problemas pungentes, entre os quais "as conseqüências gerais (futuras) das grandes técnicas *novas*", as "relações (também futuras e consideradas prospectivamente) entre o Ocidente e outras partes do mundo", o "progresso científico e técnico em relação com a condição do homem", a "criança e o futuro", a "pesquisa científica e o futuro", os "conflitos entre gerações". Um dos seus organizadores é filósofo e dele é notável trabalho sobre "a fenomenologia do tempo e prospectiva", certo como é que, a quanto seja estudo prospectivo ou futurológico, está ligado o problema do tempo em geral; e sobre o assunto já se escreveu, na mesma França, terem partido do Brasil sugestões básicas para a criação e o desenvolvimento de uma Sociologia do Tempo, envolvendo um novo conceito: o de tempo tríbio. Foi o que escreveu professor ilustre da Sorbonne, em 1961, em *Cahiers Internationaux de Sociologie*.

O que aqui se registra apenas de passagem, para não se supor o Brasil simples espectador dos esforços que vêm se desenvolvendo, nos últimos anos, no sentido de ligar-se mais sistematicamente o tempo futuro ao já vivido e ao vivente, estes como tempos potencialmente futuros; enquanto os tempos futuros seriam não improvisos absolutos no vácuo, porém projeções de tempos já vividos e de tempos viventes. O tempo geral seria, assim, sempre tríbio; sempre plural; sempre composto e complexo; sempre síntese de três vidas coletivas. Nunca singular nem simples.

Se do Brasil partiu sugestão sociológica para essa concepção permanentemente tríbia de tempo, que, não tendo repercutido entre os brasileiros, teve, entretanto, quem a acolhesse na França e na Alemanha, é na França que mais se vem desenvolvendo nos últimos quinze ou vinte anos, quer com o referido centro de estudos, fundado por Berger, quer com o organizado por M. Bertrand de Jouvenel, aquele "tipo novo de atitude" sociológica para com o futuro, a que, no seu memorável discurso encerrando, em 1965, o conclave realizado em Paris em torno de uma reorientação sociológica em face de problemas de classes sociais, referiu-se o professor Georges Balandier. Do Centro de Estudos de Prospectiva disse então o professor Balandier que, reunindo homens de ação e homens de estudo, o denominador comum que os vem juntando é a "volonté d'anticipation".

Essa "volonté d'anticipation" animou decerto os russos soviéticos, nos seus dias mais vivamente revolucionários, exprimindo-se nos seus "planos qüinqüenais". É um afã que parece não ter desaparecido de todo da União Soviética, em sua fase de crescente estabilização, que a torna tão semelhante aos Estados Unidos. O número de maio de 1961 de *The American Sociologist*, publicado pela Universidade de Harvard sob a direção do professor Talcott Parsons — que há pouco visitou a mesma União Soviética — traz longo informe, assinado pelo professor George Fischer, autor de *Science and Politics, the new Sociology in the Soviet Union* (1964), no qual se destaca continuar vivo "the future-oriented element in Soviet ideology"*, que se liga ao "highly optimistic and activist rationalism"**, tão característico, aliás, dos sociólogos ortodoxamente soviéticos, quanto de vários dos seus colegas anglo-americanos, a uns e outros animando uma como euforia de "happy end". Euforia muito dos americanos dos Estados Unidos, em contraste com o "pessimismo russo" a que nos habituara o clássico romance russo.

É claro que seus motivos de otimismo — os dos russos soviéticos e os dos neocapitalistas americanos — são diversos; mas não parecem ser muito diferentes os fundamentos do seu ativismo e do seu racionalismo, com as respectivas ideologias, a neocapitalista e a neocomunista, cada dia menos ortodoxas; e as projeções, sobre presente e futuro, dessas duas sociedades, da industrialização e da automação — e ultimamente também da informática — cada vez mais fortes no sentido de criarem para as mesmas duas sociedades futuros semelhantes em suas formas sociológicas, cada vez mais em desenvolvimento à revelia de suas substâncias ideológicas.

Também nos Estados Unidos, na Grã-Bretanha e na Alemanha são crescentes as preocupações de homens de Estado, de homens de empresa e de homens de estudo com problemas que pertencem à área de uma possível ciência especial que, depois de desenvolver-se como sistemática

---

* "o elemento orientado para o futuro na ideologia soviética". (N. da E.)
** "racionalismo ativista e altamente otimista". (N. da E.)

de estudo, se organize como ciência especial que se denomine Futurologia. O último Governo Trabalhista da Grã-Bretanha teve como um dos seus principais orientadores um futurólogo, C. P. Snow, continuador de Aldous Huxley e de Wells; e tão futurólogo que, sendo cientista concreto, é também ficcionista científico. Na Alemanha, sociólogos como o professor Helmut Schelsky vêm se dedicando ao estudo sistemático daquela sociologia das relações entre as gerações — a dominante e a imediatamente futura — que importa em análise em busca de compreensão, pelos homens atuais, daquelas novas camadas de populações nacionais e mundiais com as quais os conflitos de jovens com adultos e provectos estão se tornando, por vezes, em algumas áreas, mais agudos que os conflitos entre classes: conflitos, estes, em crescente declínio.

Nos Estados Unidos, é intensa, atualmente, a preocupação com os problemas de ecologia e de poluição de águas e ares, que tanto comprometem futuros nacionais. Preocupações em que se anteciparam brasileiros como Alberto Torres e, de modo sistemático, sociólogos de orientação ecológica, do Recife, desde a década de 30. Dentre as expressões dessa preocupação destaque-se a mais recente publicação da Academia Mundial de Artes e Ciências — cuja sede, aliás, é em Telaviv — intitulada *Environment and Society in Transition*.

O conclave francês de 1965, já referido, deixou bem claro o declínio, pela preocupação com conflitos entre classes superada pela atenção que crescentemente vem sendo dispensada a problemas como o da desarmonia — tão comprometedora do futuro humano — entre sociedades e ecologias ou ambientes, entre etnias e culturas — tendo o professor Goldmann acentuado que "aujourd'hui les grandes tensions... et les problèmes existentiels les plus urgents sont autres que les conflits de classes".* Pelo que já se torna necessário, para a análise e a interpretação das situações sociais que emergem, "forger des concepts nouveaux. Il faut créer ces concepts lors de chaque analyse concrète: on ne gagnerait rien à essayer de conduire l'étude de ces problèmes a l'aide de concepts qui ne leur sont pas adéquats".** Critério que vem sendo há anos o de uns tan-

---
* "atualmente as grandes tensões... e os problemas existenciais mais urgentes são outros que não as lutas de classes". (N. da E.)
** "forjar conceitos novos. É necessário criar tais conceitos a partir de cada análise concreta: não haveria vantagem alguma em tentar orientar o estudo desses problemas recorrendo a conceitos que não lhe são adequados". (N. da E.)

tos sociólogos, antropólogos e economistas brasileiros, um dos quais clamava, no ano remoto de 1935, na Faculdade de Direito de São Paulo, por uma reorientação nos estudos sociais brasileiros, voltados tanto para o passado como para o futuro do Brasil, que importasse em "menos doutrina e mais análise". Destaque-se ter no mesmo conclave de 1965, em Paris, se pronunciado sobre o assunto um dos mais lúcidos dentre os jovens sociólogos franceses de hoje, o professor Jean Duvignaud — a quem o Brasil não é estranho; e que salientou constituir o chamado "Tiers Monde", pelo que nele se antecipa de futuro, uma provável fonte de valores novos que exigem "des concepts et des modes d'analyses nouveaux".* Conceitos e métodos de análise que precisarão de ser desenvolvidos, em vez de se forçarem para o estudo de situações tão novas no tempo quanto no espaço, como se afiguram as desse "Tiers Monde", adaptações a situações extra-européias, de sistemas de pensar europeus ou anglo-americanos, isto é, quase-europeus e até subeuropeus.

Nos Estados Unidos estão em voga estudos que poderíamos denominar futurológicos ou prospectivos: os ali chamados de "prospects ahead" e de "development programs". Ainda há pouco, realizou-se na Flórida a 61ª reunião anual da American Sociological Association, orientada por um vasto programa do qual avultam preocupações com diferentes aspectos do futuro nacional, dos Estados Unidos, e mundial. É assim que foram considerados nessa reunião "o futuro da Família" nos Estados Unidos, o "futuro da urbanização" e o "futuro da Medicina Social" também nos Estados Unidos, o "futuro do problema do negro", o "futuro das diferenças de atividades profissionais entre as raças", "as implicações para o futuro de tendências de fertilidade entre negros e brancos".

Iguais preocupações animam atualmente as Academias de que o autor tem a honra de ser membro, sem haver pleiteado de modo algum tal condição: a Academia de Filosofia, de Filadélfia — fundada no século XVIII, por Benjamin Franklin, que foi, a seu modo, um futurólogo insigne; a de Artes e Ciências, de Boston, fundada no mesmo século, por John Adams, também, a seu modo, futurólogo e da qual o autor é um dos dois membros brasileiros, o outro sendo o arquiteto Oscar Niemeyer, futurólogo evidente; a Mundial, de Ciências e Artes, de Telaviv; a Francesa, de

---

* "novos conceitos e métodos de análise". (N. da E.)

Ciências do Ultramar; a Internacional, de Cultura Portuguesa. Impossível, ao homem moderno mais esclarecido, contentar-se ingenuamente em ser modernista; ou em ser apenas moderno. Ele precisa de ser pós-moderno sem deixar, aliás, de ser tríbio na sua concepção de tempo.

Quando, na Espanha, intelectuais do valor de Américo Castro, de Laín Entralgo, de Amado Alonso, de Julián Marías, versam o problema do tempo, dentro de uma tradição ibérica de temporalidade em que a espera tende a tornar-se esperança — tradição enriquecida pelo contato do europeu com o semita, e dentro da qual o nossíssimo padre Antônio Vieira escreveu sua *História do Futuro* — também a Espanha, tida por arcaica, se revela atualíssima e até pós-moderna em seu tipo de atitude para com esse problema. Ainda agora, em número recente de *Eco* — ótima revista que se publica em Bogotá — Enrique Anderson Imbert lembra do professor Amado Alonso que na sua introdução à gramática, de Andrés Bello (Caracas, 1951), repelindo a conjetura de que o tempo seja uma linha gerada por um ponto que corresse em direção uniforme, do passado ao futuro, concebe o tempo, bergsonianamente, como duração; e essa duração percebida e vivida pelo homem indiferente à suposta lógica de a mesma duração ser, ou estar sendo, separadamente, apenas presente ou ainda passado ou já futuro. Pois o presente de que o homem esteja consciente pode alcançar todo o seu passado, pessoal ou histórico, e lançar-se sobre o desconhecido com "energia criadora", é — segundo o analista espanhol — um presente sempre em expansão, para trás e para diante. Tanto evoca como profetiza. Idéia brasileira antes de ter se manifestado na Espanha em termos modernos.

Os estudos que, depois de algum tempo como sistemática, venham possivelmente a constituir-se em ciência que se denomina Futurologia — ciência relativa — tendem a ser uma disciplinação da tendência humana para a profecia, em ligação com a tendência, também muito humana, para o retrospecto ou a evocação; para a recuperação do tempo perdido e até para a saudade; e sem que falte a qualquer dessas tendências o terra-a-terra da observação da realidade imediata. Realidade imediata na qual se cruzam sobrevivências e antecipações. O homem nunca está apenas no presente, sem deixar de ser homem pleno ou integral. Se apenas se liga ao passado, torna-se arcaico. Se apenas procura viver no futuro, torna-se utópico. A solução para as relações do homem com o tempo parece estar no reconhecimento do tempo como uma realidade dinamicamente tríbia da concepção brasileira; e como o homem vive imerso no tempo, ele próprio é um ser — um estar sendo, diria talvez Gasset — tríbio.

Metade do que o homem vem conseguindo reconstituir do seu passado vem sendo obra de conjetura. Não é de admirar que o mesmo se verifique com relação a esse outro tempo invisível que é o futuro: mais de metade do que o homem consegue prever desse seu outro tempo em movimento é também, necessariamente, obra de conjetura. Previsão, antevisão, previdência, prognóstico, projeto, programa, antecipação, plano, conjetura. Do mesmo modo que o outro é evocação em parte imaginativa.

Impossível deixar de ser a sociologia projetiva ou futurológica uma sociologia, em grande parte, de compreensão e até de imaginação compreensiva, que se exprima mais através de palavras — símbolos aproximativos — do que de números estatísticos, exatamente descritivos, embora não sejam a estatística, a linguagem matemática, o número, instrumentos que o futurólogo deva ou possa desdenhar. Apenas não é desses instrumentos que principalmente tende a depender a futurologia mais animada do desejo de penetrar no que se possa considerar, no futuro do homem, o equivalente sociológico daquilo que Unamuno, com relação ao passado, considerava "intra-história"; e que venha a denominar-se — deixemos aqui a sugestão — intra-futuro. Futuro íntimo. Futuro interior.

*

Este livro reúne um grupo de ensaios em que são abordados uns tantos aspectos de possíveis futuros humanos, em geral, brasileiros em particular. Aspectos os mais diversos. Todos tendo, porém, a ligá-los entre si o serem principalmente pós-modernos, ora em continuação a tendências apenas modernas, ora em oposição a essas tendências. E quase sempre contendo, além de sobrevivências, constantes. Por vezes, atualizando arcaísmos.

Dentro do critério de não haver, para o Homem, senão por uma simples convenção, três tempos — passado, presente, futuro — e sim um tempo tríbio, em que os três se interpenetram, é difícil dizer-se onde termina o moderno e começa o pós-moderno. Seguindo-se, entretanto, o critério de tempo tríbio, de início se reconhece o que há de efêmero no chamado moderno. Mal começa, já deixa de ser, para ter sido. Daí o pós-moderno se apresentar como sua quase imediata superação. Imediata e relativamente duradoura. O moderno é fugaz. Mas ninguém pode pôr limites nem lógicos nem cronológicos ao pós-moderno. Ele se confunde com o próprio futuro humano. Ou com os próprios futuros humanos: os possíveis. Os prováveis. Os imagináveis. Os perceptíveis. Que todos esses constituem objetos ou sujeitos de cogitações ou especulações futurológicas.

Pequena parte da matéria reunida neste livro, sob a forma de ensaios, foi primeiro esboçada em conferências universitárias: as que o autor proferiu em curso no Brasil e, talvez, na América Latina pioneiro, sobre Futurologia. O que sucedeu — repita-se — na Universidade de Brasília. Uma dessas conferências apareceu logo depois de proferida em Brasília em ensaio publicado em francês, inglês, espanhol e árabe, em revista européia de Filosofia e Ciências do Homem: *Diogène*, de Paris. Teve larga repercussão pelo que nela encontraram de novo estudiosos, de várias partes do mundo, de problemas ligados ao aumento do tempo livre e, por conseguinte, de lazer nas sociedades em transição mais aguda de modernas para pós-modernas. Ligados também ao aumento de média de vida.

Grande parte da matéria contida neste livro é, porém, inédita e só agora publicada. Alguma, só neste ano de 1972 foi escrita. E só agora é publicada; acrescentada a mais recente à menos recente. São várias, no livro, as repetições: defeito tão do autor. Num livro como este, algumas talvez sejam convenientes.

O social, dentro do conceito de social seguido na elaboração dos ensaios que este livro reúne, inclui o socialmente econômico, sem se deter no tecnicamente econômico dos economistas menos sociológicos nas suas abordagens daqueles fenômenos que, sendo de economia, se verificam dentro de complexos socioculturais, de espaço e de tempo, que os caracterizam ecológica, histórica e, de modo amplo, socialmente. O caso dos aliás excelentes trabalhos do economista-futurólogo brasileiro Mário Simonsen.

Santo Antônio de Apipucos, Recife,
abril de 1973

INTRODUÇÃO

À medida que o homem se desenvolve em cultura, maior é a importância que adquire para ele o tempo: inclusive o chamado futuro. O homem primitivo quase o ignora. O civilizado é que o identifica de tal modo com a vida presente que esta é, para muitos, como se fosse apenas um corredor a ser simplesmente atravessado. O futuro, então, seria, também para muitos, uma como sala de estar, paradisíaca e estática. O estático caracterizando as concepções convencionais de paraíso. Daí tantas utopias em torno do futuro humano assim concebido, com as técnicas desenvolvidas das chamadas ciências exatas constituindo atualmente a maior parte dos instrumentos de que a imaginação científica do Homem de agora está se utilizando para preparar cientificamente, tecnologicamente, um futuro sob vários aspectos ideal para a condição humana.

É dos cientistas físicos, principalmente, que muitos dos homens de hoje estão adquirindo aquela confiança no futuro a que se refere o bacteriologista René Jules Dubos no seu *Mirage of Health* (Nova York, 1959): a confiança num futuro de tal maneira planificado quanto à saúde, à felicidade, ao bem-estar para todos os homens, que essa planificação resolverá todos os problemas que no presente e no passado têm impedido ou dificultado essa plenitude de bem-estar humano.

A verdade, porém, é que à planificação elaborada pelo cientista físico, eletrônico, químico, biológico, econômico, quanto ao que venha a constituir o equipamento ideal para aquela vasta sala paradisíaca de estar, falta ainda a previsão quanto a conseqüências não de todo lógicas nem de todo racionais, muito menos mecânicas, de algumas das inovações tecnológicas desde agora projetadas em benefício do futuro bem-estar humano; para essa espécie de previsão aquele tipo de cientista necessita da colaboração que lhe possa desde agora trazer não só outro tipo de cientista — o ecologista, o psicológico, o antropológico, o sociológico — como o próprio humanista, o poeta, o escritor, para os quais outro cientista físico de hoje, preocupado com problemas de futuro humano, o professor Dennis Gabor, se volta, inquieto e aflito, noutro livro futurológico: *Inventing the Future*.

Para Dubos, o exercício do livre arbítrio pelo Homem constitui um obstáculo a todo planejamento de caráter inteiramente lógico e determinista, como tendem a ser os esquemas futurológicos elaborados por físicos e por economistas. Precisamos de considerar, os homens de agora preocupados com o futuro humano, os imprevistos prováveis e possíveis: principalmente aqueles desajustamentos, cuja importância é destacada por Dubos, que podem resultar de distúrbios no equilíbrio ecológico que regula as relações entre o Homem e o seu ambiente e entre grupos humanos situados num mesmo espaço.

Dos cientistas, cultores das chamadas ciências exatas, vários estão reconhecendo, cada vez mais, que o futuro humano, para o qual suas ciências e as técnicas que possam ser desenvolvidas delas os suprem de esclarecimentos e de poderes de realização, não é assunto que pertença apenas nem a qualquer dessas ciências em particular nem ao seu conjunto: são assuntos que envolvem implicações psicológicas, sociológicas, humanísticas, éticas, estéticas. O novo nem sempre é superior ao artigo e Dubos salienta, a esse propósito, que "what is new is not necessarily good and all changes, even those apparently the most desirable, are always brought with impredictable consequences".* Ele próprio, porém, reconhece que, impossível como é, aos cientistas, preverem essas conseqüências remotas, muitas vezes lhes é possível "provide techniques for recognizing them early".** Foi o que sucedeu, por exemplo, dentro das próprias ciências físicas, com relação ao perigo em potencial representado pelas radiações atômicas, o reconhecimento

---

* "o que é novo não é necessariamente bom e todas as mudanças, mesmo aquelas aparentemente mais desejáveis, advêm sempre com imprevisíveis conseqüências". (N. da E.)
** "estabelecer técnicas para reconhecê-las desde cedo". (N. da E.)

desse perigo em potencial tendo se projetado nas ciências do Homem e até se concretizado em leis de antecipada proteção social de caráter tanto sociológico como biológico.

O diagnóstico precoce — digamos assim — de prováveis conseqüências de inovações de qualquer espécie, visando ao bem-estar humano, é uma das responsabilidades que os químicos e os cientistas sociais de hoje, e não apenas os físicos, os químicos e os biológicos, sensíveis a problemas éticos nas suas ciências, estão tomando crescentemente a si. Não hesitam alguns em salientar, em vários setores, a necessidade da colaboração de humanistas, de poetas, de escritores, que possam concorrer para animar de perspectivas ultracientíficas certos aspectos do futuro humano. Com o que não se pretende nem que esses nem que os próprios cientistas sociais se tornem simples intelectuários, a serviço como que burocrático de um esquema de futuro bem-estar humano: o rígido sistema totalitário de se utilizarem governos dos seus intelectuais e artistas, dos quais tais governos não receberiam sugestões nem inspirações: simplesmente lhes encomendariam a literatura, a arte, a filosofia, a religião, a sociologia, a ciência econômica mais convenientes a seus desígnios estreitamente ideológicos ou oportunisticamente políticos.

A atuação de intelectuais, em geral, e de cientistas sociais, em particular, em esforços de planificação de futuros humanos, ou de um futuro humano geral, de que eles participem ao lado de cientistas físicos, químicos, biológicos, em vez de passiva, precisa de ser ativa, mesmo que uma colaboração assim ativa, da parte deles, complique, em vez de facilitar ou simplificar tais esforços. Nada de nos esquecermos das advertências de mais de um filósofo de que, nos domínios do saber, a simples exatidão — que tanto simplifica esse saber — não é suficiente para chegar-se às verdadeiras verdades: tão complexas.

Como confessam cultores das chamadas ciências exatas, dentre os mais ilustres da nossa época, as ciências exatas dão respostas exatas a particularidades de problemas de vida humana: respostas de todo incompletas com relação às próprias particularidades vizinhas. E um deles, Dubos, não hesita em acrescentar que importante, como é, contar e medir o que pode ser contado e medido, a verdade é que os valores mais preciosos são aspirações que não podem ser verificadas através de experimentos de laboratório. Nem de medições. Nem de números.

Podemos considerar futurólogo um Roderick Seidenberg — arquiteto com alguma coisa de sociólogo — quando no seu *Post-historic Man: Inquiry* (University of North Carolina Press, 1950) dá ênfase — ao contrário do que faz Gabor — ao condicionamento do Homem pelo Futuro em vez do condicionamento do Futuro pelo Homem. As duas ênfases não excluem a realidade: esse condicionamento parece ser recíproco e resultar de um constante jogo de influências interatuantes. Se é certo, como Seidenberg sugere, que o futuro humano tende a ser dominado pela máquina, não parece menos certo que o Homem venha a limitar esse domínio, submetendo, em vários setores, a máquina à sua inteligência ou ao seu instinto criador. Admitindo-se que o Homem não venha a interferir de modo absoluto sobre o seu futuro, com a crescente automação tanto lhe aumentando o tempo livre como lhe diminuindo as oportunidades de fazer sentir o seu domínio direto sobre seu ambiente, de certa altura em diante tendente a autodesenvolver-se, admite-se, contudo, à base de prognósticos idôneos, que parte considerável do futuro humano seja susceptível de refletir vontades, gostos, decisões do Homem. A própria automação parece que concorrerá, quando generalizada, para dar, senão ao Homem, em geral, às elites de inteligência e de saber, tempo largamente livre para observar-se, nas suas novas situações, para analisar-se nas suas novas relações com o espaço e com o tempo, para meditar sobre novas orientações para essas relações e para aquelas situações: toda uma nova fase no seu desenvolvimento. O Homem absolutamente pós-histórico da concepção de Seidenberg talvez seja válido como ficção científica; não se apresenta válido como futurologia sociológica que alcance o futuro do Homem em termos de história humana. História projetada sobre um futuro histórica e sociologicamente imaginável; e, como tal, prolongamento de um passado e de um presente de que temos algum conhecimento.

Sem que o denominado Homem pós-histórico deixe de ser um sujeito-objeto merecedor de estudo futurológico, é o futuro do Homem, quer histórico, quer trans-histórico, projetado sobre séculos, que principalmente nos interessa em tais estudos. O futuro de suas sociedades e de suas culturas. O futuro de sua própria configuração antropológica.

Esse futuro todos admitimos que é susceptível de ser em parte planificado. Mas vários psicólogos nos dirão, e alguns sociólogos e antropólogos os apóiam neste particular, que essa planificação precisa de ser limitada e grandemente flexível, para que não se arrebate ao Homem nem às suas sociedades o direito de viverem não só disciplinadamente como aventurosamente e até um pouco — ou um tanto — anarquicamente. Tem-se já relacionado o número alarmantemente elevado de suicídios na Suécia ao excessivo planejamento que faz, atualmente, do futuro sueco, um futuro sem aventura, sem risco, sem surpresa: todo previsão social para a enfermidade, a velhice, o desemprego; todo segurança; todo conforto físico até o fim da vida. Teme-se que o mesmo comece a acontecer nos Estados Unidos e já há sugestões de caráter parassociológico no sentido de serem as explosões de "mocidade transviada" ou "revoltada" ou "enfurecida" naquele país do mesmo modo que na Inglaterra, na Alemanha, na Holanda, em Paris, no Japão, protestos como que instintivos da parte de adolescentes e de jovens de agora, em sociedades das chamadas desenvolvidas, contra aquela excessiva proteção não só ao presente dos adultos como ao futuro dos agora adolescentes e jovens, que lhes dá antecipadamente segurança ou resguardo contra desemprego, enfermidade, velhice, cortando-lhes quase todas as oportunidades futuras de aventura, de risco, de decisão. Há psicólogos, como há sociólogos, que duvidam da possibilidade do Homem viver saudavelmente quando lhe falta oportunidades de viver perigosamente, como diria o filósofo. Um futuro social sem tais oportunidades parece ser um futuro inumano; e por aí talvez se expliquem também as explosões de insatisfação da parte de jovens, na União Soviética, contra um socialismo de Estado totalitário que, por excessivamente protetor do futuro de cada indivíduo, em particular, e da coletividade, em geral, parece contrariar alguma coisa de fortemente instintivo no Homem: o seu desejo de um futuro aberto — aberto até aos riscos — em contraste com a sua suposta busca de um futuro fechado a todos os desvios da rotina, da segurança social e de um bem ordenado conforto físico. São aspectos do futuro humano que precisam de ser compreendidos.

Dos modernos métodos de compreensão que, nas Ciências do Homem, permitem vir se desenvolvendo uma sociologia voltada para o estudo, assim compreensivo, dos futuros possíveis — uma como futurologia — não há despropósito em destacar-se que tem antecedentes hispânicos. Isto por ter sido a Península Ibérica ponto de encontro de saberes orientais com os ocidentais, com os orientais alcançando uma predominância que, a certa altura, vencido tecnologicamente o Oriente pelo Ocidente, tornou a antropologia e outros estudos, na mesma Península, arcaicos, em face dos estudos científicos desenvolvidos na Europa capitalista, industrial e protestante. O que resultou da ênfase dada, durante séculos, nos saberes orientais, a abordagens psicológicas, intuitivas e até — reconheçamos — místicas, alheias a técnicas racionais e de mensuração das quais, entretanto, se abusaria nas ciências do Homem, ocidentais de modo tal que se verificariam movimentos de retificação desses abusos. Exemplo: a antropologia de Robert Redfield, nos Estados Unidos, e a sociologia orientada por De Jouvenel, na França. Essas retificações vêm encontrar alguns dos estudos hispânicos sobre o Homem, realizados dentro de constantes hispânicas de orientação e de método e desprezados por algum tempo como arcaicos, em estado, ao contrário, de flagrante atualidade e, mais do que isto, de futuralidade: capazes de concorrerem para estudos, no mesmo setor, que se projetem sobre possíveis futuros, sendo, nessas projeções, humanísticos, sem deixarem de ser científicos.

Pois uma das superações atuais, em considerável ala de Estudos do Homem, é a do cientificismo puro pelo humanismo científico. Essa superação permite que se apliquem abordagens imaginativas à realidade humana, tanto no trato do tempo passado como no do tempo futuro, deixando-se de enxergar em quanto seja abordagem desse tipo literatice ou fantasia ou, no mau sentido da expressão, poesia. Daí a valorização que desde Dilthey vem prestigiando Vives; que prestigia os estudos de um Ganivet, de um Unamuno, de um Ortega y Gasset; e que dão valor sociológico aos ensaios de um Laín Entralgo sobre as atitudes tão hispânicas — inclusive tão brasileiras — de espera e de esperança, nas quais se exprime um viver no futuro que torna as modernas tentativas de estudo quanto possível cientificamente sociológicas, de futuros possíveis, de particular interesse e de especial importância para gentes, como a brasileira, hispânicas. Gentes saudosas de passados e esperançosas de futuro; e não apenas apegadas ao presente.

Somos, os brasileiros, uma gente hispânica sendo também uma gente situada no trópico e localizada na América: duas outras dimensões de espaço-tempo que nos condicionam, além da cultura, o *ethos;* e que se juntam — inclusive com suas contradições — para dar às preocupações brasileiras com futuros possíveis que se exprimam através de estudos sociológicos desses futuros uma riqueza incomum. Entre os nossos futuros possíveis estão futuros que se ligam principalmente à nossa condição de hispanos, outros principalmente à nossa condição de tropicais, ainda outros, à nossa condição de gente, em grande parte, mestiça, situada no trópico. Somos uma gente situada no espaço e no tempo de três — pelo menos — diferentes maneiras, com preocupações por futuros possíveis em que se refletem predominâncias de apego ora a uma, ora a outra, dessas situações. Pois o nosso tempo é principalmente um tempo tríbio.

Talvez a orientação sociológica que mais convenha ao Brasil — e aí já a sociologia se torna filosofia social — seja a que combine esses apegos, fazendo que o brasileiro seja, também, quanto aos seus futuros, além de possíveis, convenientes ao seu desenvolvimento nacional ou transnacional ou supranacional, uma gente psicossocialmente e socioculturalmente cruzada. Nada de pan-americanismo — pode-se sugerir — como filosofia de futuro brasileiro que junte nossos futuros apenas ao monoliticamente continental da América, sob predominância dos Estados Unidos; nada de hispanidade que nos subordinasse à Espanha nem de portugalidade que nos sujeitasse a Portugal; nem de tropicalidade que significasse nossa separação da Europa ou hostilidade à Europa para sermos apenas e fanaticamente, em nossa atividade e em nosso futuro, gente como que instintiva, além de ecologicamente do trópico.

É evidente que, a esta altura, estamos nos desgarrando de tal modo numa um tanto arbitrária consideração de valores socioculturais que, em vez de nos conservarmos no setor da sociologia ou da antropologia principalmente científica, estamos no da sociologia ou antropologia principalmente filosófica. O que é inevitável. Os valores, como as motivações, escapam à análise puramente científica. Não são rigorosamente mensuráveis. E na escolha de possíveis futuros, dentre os que nos seja possível traçar antecipações por meio de abordagens imaginativamente sociológicas, à base de dados até estatísticos, o critério de preferência é necessariamente um critério filosófico, ético, político, religioso, estético.

Dessa ligação com estudos humanísticos não se libertam os estudos sociológicos, que se empreendam, de futuros possíveis. E através dessa ligação eles se reaproximam daqueles inquéritos antropológicos que os espanhóis realizavam entre as gentes nativas da América tropical, em dias remotos, no desejo de descobrirem ou identificarem, nessa gente, aptidões ou inaptidões, para sua futura integração em formas cristãs de cultura ou de civilização. O que os preocupava, nesses inquéritos, era o possível futuro cristão dessas gentes ou dessas populações, uma vez estabelecido o fato de serem populações compostas de pessoas com almas. Pessoas e não animais. Pois havia, entre europeus e até entre cristãos, quem desejasse para esses e outros nativos dos trópicos um futuro exclusivo de animais de trabalho, de animais de carga e de animais-ventres geradores, à base da suposição de serem todos incapazes de se integrarem, como pessoas dotadas de alma imortal e de inteligência humana, isto é, supra-animal, naquelas formas ilustres de civilização. Os hispanos decidiram-se por uma interpretação da nova realidade antropológica que os trópicos ofereceram aos seus olhos num incisivo desafio à sua inteligência, que abriu para as populações tropicais com que entraram em contato um futuro susceptível de ser considerado sociologicamente cristocêntrico; e por eles, hispanos, antecipado ou previsto quase sociologicamente. Quase cientificamente. Donde antropólogos modernos não hesitarem em considerar de valor cientificamente antropológico vários dos relatos de cronistas, observadores e estudiosos ibéricos, nos séculos XVI e XVII.

De "Comprehensus..." já falava Virgílio. "Comprehendere humanitate..." é expressão que se encontra em Cícero. "Comprehensiveness... the power to understand many things"*, define o Webster, ratificando a idéia clássica.

Até que em atualíssimo filósofo da ciência se encontra sobre o assunto o reparo de que "... to become a scientific observer is, not to put an end to perception, but to bring the raw materials of one's sensations into a new context. [...] Memories will continue to enrich sensations but they will be memories of scientific significance. Imagination will continue to prolong the present by anticipating the future, but anticipations with a practical moment that will give way to anticipations that bear on a scientific issue. Just as the woodman, the craftsman, the artist,

---

* "Compreensão... o poder de entender muitas coisas". (N. da E.)

the expert in any field acquires a spontaneous perceptiveness lacking in other men, so too does the scientific observer".* São palavras de Bernard J. F. Lonergan, à página 73 de *Insight, a Study of Human Understanding*, obra aparecida recentemente em Nova York. A transcrição é longa. Mas — pensa o autor — essencial. Tanto que vai estendê-la.

Pois o mesmo filósofo da ciência continua à página 275 dessa obra monumental: "Durkheimian sociology and behaviorist psychology may have excuses for barring the data of consciousness, for the business of the scientist is not to allege difficulties as excuses but to overcome them, and principle of empiricism can be advanced as reasons for ignoring the data of consciousness... human science has to be critical. It can afford to drop the nineteenth-century scientific outlook of mechanist determinism in favour of an emergent probability. It can profit by the distinction between the intelligible emergent probability of pre-human process and the intelligent emergent probability that arises in the measure that man succeds in understanding himself and in implementing the understanding".**

Nessa implementação, note-se que a inteligência do homem pensador, analista, pesquisador, generalizador quando e quanto possível, prolongando o presente no futuro, também se torna contemporâneo do futuro, e não apenas do passado susceptível de desprender-se de um tempo fixo. Daí aparentes arcaísmos, repelidos por intolerâncias modernistas, tornarem-se aliados de pós-modernismo, projetando-se com ele sobre concepções de futuro possíveis. O que se apresenta certo de

---

* "tornar-se um observador científico não é excluir de vez a percepção, mas trazer a matéria-prima das sensações pessoais para dentro de um novo contexto. [...] As lembranças continuarão a enriquecer as sensações mas essas serão agora lembranças com significado científico. A imaginação continuará a prolongar o presente pela expectativa do futuro, mas expectativas com uma instância prática que darão lugar a expectativas que se relacionam com um resultado científico. Como ocorre com o lenhador, o artífice, o artista, o especialista em qualquer campo de atividade que adquire uma percepção espontânea ausente em outros homens, assim também ocorre com o observador científico". (N. da E.)

** "A sociologia de Durkheim e a psicologia behaviorista podem ter desculpas para excluir os dados do consciente, pois o trabalho do cientista não é o de alegar dificuldades como desculpas mas sim sobrepujá-las, e o princípio do empirismo pode ser apresentado como razões para se ignorar os dados do consciente... a ciência humana tem que ser crítica. Pode-se permitir descartar o ponto de vista do determinismo mecanicista do século XIX em favor de uma probabilidade emergente. Pode-se tirar partido da distinção entre a probabilidade emergente inteligível do processo pré-humano e a probabilidade emergente inteligente que surge à medida que o homem consegue compreender-se a si mesmo e implementar essa compreensão". (N. da E.)

alguns dos próprios métodos de estudo do Homem, no qual hoje ocorre uma revalorização da por algum tempo degradada abordagem imaginativa ou empática.

Tendo perdido grande parte de sua importância com a repentina ascensão das ciências chamadas positivas e das técnicas intituladas, arbitrariamente, de modernas — como se o adjetivo moderno importasse em consagração de virtudes definitivas e não de qualidades transitórias — ressurgem, em nossos dias, os saberes humanísticos — inclusive os hispânicos, mais psicológicos do que lógicos em seus métodos de análise e de interpretação da natureza humana — nos estudos sociais, não como saberes anticientíficos ou sequer antitécnicos — o que seria um absurdo — porém como conhecimentos que os científicos e os técnicos não tornam dispensáveis nem decorativos nem supérfluos em universidade alguma que hoje se preze de ser plenamente universitária; e não se envergonhe das tradições humanísticas de saber universitário pelo afã rastaqüera de parecer de todo moderna. Ao contrário: supostos arcaísmos nesse tipo de análise do Homem reaparecem, hoje, como corretivos, que tendem a acentuar-se em saberes pós-modernos já presentes nos apenas modernos, a excessos de arrivismo intelectual ou de modernice cientificista nos métodos apenas quantitativos e somente estatísticos, empregados, desde o século XIX, na mesma análise, com um furor paradoxalmente quase místico, por alguns sectários desse feitio. Furor em prol dos números — que seriam a única expressão cientificamente válida em toda espécie de saber — e contra as palavras, desprezadas, quase todas, como pura e vã retórica, quando, em tantos casos, sem elas e só com os números os homens inutilmente procurariam compreender o que neles é menos ostensivo e mais secreto.

Dos determinismos — hoje tão em crise em todas as ciências — diga-se o mesmo: já não são expressões dominantes de saber científico em face dos muitos indeterminismos. De modo que houve exagero da parte de quantos passaram a considerar, entre os cientificistas especializados no trato das Ciências do Homem, dispensável aos estudiosos mais sérios da natureza humana o conhecimento de obras-primas de saber humanístico e de genialidade psicológica sobre o Homem, como são o *Dom Quixote*, *Os Lusíadas*, a *Peregrinação*, de Fernão Mendes, as críticas de Gracián, as obras de frei Luís de León, os autos de Gil Vicente, os sermões de Antônio Vieira — sermões, tantos deles, proferidos em igrejas do Brasil colonial.

A verdade, porém, é que, desde que se definiu, entre as modernas sociologias, uma "sociologia da compreensão", da qual alguns alemães — outros se têm deixado ianquizar — vêm sendo, em anos recentes, os principais cultores, começou para a ciência do Homem de feitio hispânico — a que na Bahia desabrochou nos sermões do já citado Antônio Vieira, vários deles ainda hoje atuais no que neles é quase sociológico, além de psicológico em suas observações do comportamento humano — um período de atualização ou de modernização do que, naquele velho saber, vindo de Ramón Lulio, vinha parecendo a uns tantos modernistas dos começos deste século arcaísmo irremissível ou atraso irrevogável. Admitida uma sociologia da compreensão, diferente, por mais profunda, da positivista, dos Comtes, admite-se hoje o caráter reversível do aparente arcaísmo representado pela ciência hispânica do Homem: sobretudo pela "crítica da vida" desenvolvida em quase ciências modernas por Gracián; e pela interpretação antropológica do Homem como que já entrevisto como situado em que Vives se antecipou a antropólogos e sociólogos modernos. Antecipações proclamadas pelos próprios alemães.

Max Weber e Simmel são sociólogos modernos de língua alemã aos quais não falta parentesco com a tradição hispânica de estudo do Homem como um estudo a que não repugna — como repugna ao mais estreito positivismo sociológico — a complexidade dos temas psicossociais que escapem a medições e mensurações. É a tese de Paul Valéry naqueles seus ensaios — *Introduction à la méthode de Léonard de Vinci* e *Regards sur le monde actuel* — que são talvez dos melhores escritos na nossa época sobre a necessidade de uma reorientação das ciências do Homem como ciências que se assemelham leonardodavincianamente, em seus métodos, às artes plásticas, em sua mesma busca de um homem inteiro, vivente e existente, consciente e subconsciente. Uma como convergência de particulares que só considerados gestaltianamente adquirem pleno sentido, em vez de um homem quebrado em fragmentos para regalo ou conveniência de especialistas quase mórbidos em seus especialismos. Pois convém não confundirmos a atenção que se deva dar aos particulares concretos — a insistência dos nominalistas contra os abstracionistas de outrora — com a obsessão pelo estudo autônomo apenas de um ou dois particulares, à revelia dos complexos para que eles pluralisticamente concorrem, com vários outros particulares, em inter-relações dinâmicas.

Foi contra esse risco de particularismos autônomos, considerados isolada e estatisticamente, que Husserl procurou, como sabemos todos, desenvolver seu essencialismo ou sua fenomenologia sem que tal busca de essências deixasse de contribuir para o desenvolvimento do critério de estudo do Homem, voltado para as situações de existência humana, modificadoras de um homem apenas essência, chegando-se à conclusão de ser o indivíduo principalmente um homem e não a Humanidade dos sociólogos comtianos. Um habitante — como lembra Everett W. Knight, em trabalho recente — de uma casa particular; um indivíduo vestido de trajos também particulares; um ser em constante intercurso com particularidades de que Husserl e vários pensadores dos nossos dias vêm fazendo objetos de especulação filosófica, transferindo o prestígio, outrora atribuído às abstrações, para o concreto; e fazendo o abstrato depender do concreto, como acentua, a propósito de algumas das tendências atuais da filosofia alemã, o professor Georges Gurvitch, em seu notável livro sobre o assunto. Mas o essencialismo, não tendo resolvido, para alguns dos mais inquietos pensadores do nosso século, os problemas mais pungentes das particularidades com as quais o Homem coexiste, não tardou a desenvolver-se, através de dois ou três desses pensadores modernos, o aliás já antigo existencialismo: aquele existencialismo no qual se consideram objeto de estudo não só os objetos materiais visados pela consciência do homem mas também a existência mesma dessa consciência; e sendo sempre a consciência voltada para alguma coisa que existe, o sentimento nela envolvido tem significação; pois "revela parte da verdade". A "parte da verdade" a que se refere Mr. Everett W. Knight, à página 28 do seu *Literature Considered as Philosophy* (Londres, 1957). E que é idéia já esboçada por J. P. Sartre, apoiado em Heidegger, em sua *Esquisse d'une Théorie des Emotions* (Paris, 1948).

Admitido esse critério, todo estudo do Homem incluiria, para ser completo, um "meio de compreensão", reabilitando-se assim, em psicologia, senão também noutras ciências do Homem, a noção pascaliana de serem certas verdades, acerca da chamada natureza humana, verdades para serem antes sentidas — ou percebidas — do que verificadas por meios sempre demonstráveis: quantitativamente ou estatisticamente demonstráveis. Certas profundidades do que existe nessa natureza só por esse meio psicológico, introspectivo, empático, se deixariam apreender pelo analista do Homem e do Mundo — sugerem existencialistas modernos; e Knight salienta que, para os existencialistas, conduta e compreensão do mundo são inseparáveis, em vez de a compreensão ser apenas um método de identificação de essências, como pretendem Husserl e os fenomenologistas; e a conduta, um estilo de existência.

Se há impacto filosófico que venha se fazendo sentir — não de agora, com Jaspers, Gabriel Marcel, Heidegger e a revivescência de Kierkegaard, mas desde Nietzsche e até desde Pascal — sobre as ciências do Homem, em sentido oposto ao da sua absorvente quantificação — precisamente o sentido, o não quantitativo, que desagregou os estudos hispânicos de comportamento humano, dos estudos mais cientificistas ou mais convencionalmente europeus e científicos sobre o assunto, tornando para norte-europeus e, sobretudo, para uns tantos cientistas sociais apenas, ou principalmente, estatísticos, aqueles estudos hispânicos, "arcaicos", "místicos", "literários", "impressionistas", "orientais", "extra-europeus" — esse impacto é o que hoje, sob aspectos diversos, provém, no Norte da Europa, do chamado Existencialismo. E havendo quem o considere a "redescoberta do concreto" — uma redescoberta que seria uma das atitudes mais características do homem de hoje, através dos seus estudos de si próprio — nessa redescoberta estaria uma reabilitação de modo tradicionalmente hispânico do homem estudar-se menos como ser abstrato que como ser situado: integrado, como pessoa, inclusive como sexo, em algum ambiente ou meio particularmente ecológico do qual seria inseparável; e sentido na sua totalidade — inclusive a totalidade tempo, sem separar-se rigidamente presente, de passado ou de futuro — de ser homem, assim até carnalmente situado; e apenas mensurável em alguns dos aspectos de sua condição ao mesmo tempo pan-humana e situacional.

Método brasileiro que a alguns de nós parece coincidir com uma tradição de estudo do Homem em parte vinda do Islã; mas que teria se desenvolvido — repita-se — nas Espanhas em contato com saberes tanto judaicos e islâmicos como cristãos. O professor Américo Castro, à página 231 de *La Realidad Histórica de España*, referindo-se à "la estructura del hispano cristiano", acentua que, dentro dela, a realidade do "objetivo" e a do "vivido" se entrecruzam em indefinido arabesco, mediante uma experiência afetiva e sensorial, nunca racional e discriminatória. Daí o próprio tempo — assunto sobre o qual apareceu, em inglês, na revista *The American Scholar*, e posteriormente em língua alemã, em edição da Universidade de Münster, o ensaio, do Autor, "On the Iberian Concept of Time" — tornar-se, com relação ao homem hispânico, valor menos susceptível de ser mensurado do que observado, vivido e sentido, o amanhecer, por exemplo, tornando-se para ele, homem, "um fenômeno vital, objetivo-subjetivo" em que deslizam seus afetos e suas sensações, ao ponto de poder o indivíduo amanhecer ele próprio — e não o tempo fora dele — "alegre" ou "triste".

A realidade é assim, tradicionalmente, para o hispano — ou para o que há nele de europeu islamizado, além de israelitizado pelo semita judeu — uma realidade "vivida pela pessoa total", não sendo para esse hispano, tão argutamente caracterizado pelo professor Américo Castro, "un dia una cantidad de tiempo que corre por fuera de la persona..." Nem o tempo, o simples que o indivíduo ganha ou perde econômica ou comercialmente dentro da idéia calvinista de estar o bom êxito nos negócios ligado à bem-aventurança eterna.

O tempo — inclusive os futuros possíveis de um indivíduo ou de uma sociedade — é, em grande parte, o próprio Homem. O tempo é a própria vida vivida pelo Homem: indivíduo ou sociedade. E não o da idéia calvinista, que o professor Pedro Laín Entralgo, à página 164 do seu *La Espera y la Esperanza: Historia y Teoría del Esperar Humano*, aparecido em Madri em 1957 — e ensaio verdadeiramente notável — acentua estar ligado àquela "bem-aventurança eterna" quando dos fins do século XIX ao atual degradou-se em servo de negocismo cronométrico alheio a qualquer espécie de valor eterno. Desligado, portanto, da supremacia da vida sobre a economia; sobre os valores monetários, acentue-se mais uma vez.

Enquanto a monetarização do tempo — inclusive do futuro — vinha sucedendo entre os povos desde o século XVIII tecnicamente sobredesenvolvidos, nas Espanhas o próprio artista plástico vinha, neste particular, se assemelhando ao hispano analista do Homem e seu intérprete, através de estudos entre psicológicos e filosóficos que, de Gracián a Ortega y Gasset, de Vives a Marañon, mantêm, na língua espanhola, nesses estudos, a constante da compreensividade levada até a excessos autobiográficos. Aqui não nos esqueçamos de que Menéndez y Pelayo, ao repelir, em trabalho de mocidade — tinha vinte e dois anos quando o escreveu — a tese de Azcárate, de ter faltado "por completo à Espanha, durante três séculos, atividade intelectual", por sua vez, exagerado, na idade madura, em destacar o valor de obras de ciência natural produzidas pelo espanhol durante os séculos XVI, XVII e XVIII, sem que esse exagero tenha sido mistificação ou invenção de erudito, de todo turvado pelo fervor de apologista. Foi exagero mas não invenção apologética.

É que, em seu conjunto, os estudos realizados por espanhóis e portugueses nesses três séculos, deficientes nos séculos XVII e XVIII nas ciências chamadas naturais, formam uma sistemática de crítica e de interpretação da personalidade humana e das suas relações com os meios naturais e com os tempos por assim dizer vivos, que nada tem de que se desculpar perante os sociólogos e antropólogos norte-europeus mais modernos. Uma sistemática na qual, para escândalo de alguns desses outros europeus, quando homens de ciência ortodoxamente modernos — mas não para um Claude Lévi-Strauss, em *Tristes Tropiques*, por exemplo, — o elemento autobiográfico se junta ao antropológico, não por excesso de vaidade ou de narcisismo da parte do analista, mas por ser essa fusão essencial à sua compreensão do processo não apenas analítico, porém criador — "integrativista", dizem autores espanhóis — de interpretação, pelo artista ou pelo místico ou pelo cientista do Homem o mais possível situado no seu ambiente tanto quanto no tempo: um ambiente que alcança por vezes o próprio intérprete. Um tempo inseparável do interpretado como vivido pelo mesmo intérprete.

Daí Velásquez muito hispanicamente ter se incluído a si mesmo, ao seu cavalete, a sua palheta, a sua ação mesma de pintar um quadro particularíssimo, em *Las Meninas*, projetando-se em pessoa sobre o tempo futuro através de uma das suas criações. O que fez o professor Américo Castro comentar que, nessa intrusão do intérprete entre os interpretados — intrusão, também, pode-se acentuar, de indivíduo de um presente efêmero num futuro duradouro, através de identificação da sua pessoa tanto mortal como imortal com a sua arte mais capaz de sobrevivência que essa pessoa — estava a tradição islâmica viva entre artistas, pensadores, homens de estudo e, sobretudo, homens do povo hispânico, menos ocidentalizados, de "sufismo", de "autobiografismo", de "integración de la conciencia con la totalidad de la persona y las circunstancias que la rodean". Tradição responsável por formas de expressão, entre tais hispanos, que o insigne filólogo e intérprete da cultura ibérica não hesita em chamar, à página 327 do seu ensaio *La Realidad Histórica de España* (México, 1954), de "desbordadas" e "orgiásticas".

A um possível maior regresso, em dias próximos, a essa tradição — pelo menos por neo-hispanos e hispanos — talvez venha a juntar-se uma como valorização do que, sendo oral, nas culturas, tende a reduzir a importância do que nelas seja estritamente alfabético, literário, gráfico, sem extinguir, evidentemente, esses meios de expressão. A verdade porém é que a própria tecnologia cada dia oferece aos homens de um tempo pós-moderno a anunciar-se no moderno maiores facilidades de se comunicarem pela própria voz — sem o auxílio da escrita — com seus continuadores ou sucessores com homens de um tempo já futuro: sob vários aspectos desgarrados biologicamente, além de socialmente, dos antecessores.

Não se estará verificando o fato de começarmos já a viver, sob favores tecnológicos, uma época mais de oralidade do que de escrita: a prevista pelo russo genial que foi V. V. Rozanov? "Bem pode ser" — sugeriu há dezenas de anos o chamado Amiel russo — "que estejamos já vivendo no fim da época das literaturas", isto é, das literaturas alfabéticas. O que lhe parecia saudável, dado a circunstância da muita cultura de alfabeto, de letra, de livro, vir, segundo ele, trazendo às culturas, devido a esse excesso, artificializadas ou sofisticadas no mau sentido, uma "profunda desintegração de vida" e comunicando essa sua "literaturidade" desintegradora — Rozanov criou um neologismo para o fenômeno — ao conjunto, quer da existência humana, quer das culturas nacionais representadas tão-somente por literaturas estritamente alfabéticas, estilizadas, mallarmelizadas. Mais de composição do que de expressão. O caso muito mais de parte considerável de literaturas norte-européias que das hispânicas. Que da espanhola particularmente cheia de oralidade capaz de sobreviver a tempos fixos.

Se é certa a previsão de Rozanov, as culturas hispano-tropicais, pelo que nelas existe de virginalmente analfabético e de potentemente e até antiacademicamente e, mesmo, antiliterariamente oral — característico presente nas próprias literaturas hispânicas e hispanotropicais, nas quais a língua oral se vem manifestando mais forte que a aliteratada nos Cervantes e nos Unamuno, nos José de Alencar e nos Lima Barreto, nos García Lorca e nos José Lins do Rego, nenhum dos quais escritor exemplarmente correto ou literariamente precioso como mestre de composição castiça ou de requinte estilístico — são culturas que se apresentam com condições favoráveis ao seu esplendor como forças de expressão psicocultural capazes de se ajustarem melhor do que as requintada e especificamente aliteratadas ao futuro que venha a corresponder ao declínio da "literaturidade" previsto, com olho clínico, pelo intelectual intuitivo que foi Rozanov.

O que aqui se sugere sobre um provável futuro mais extra que intraliterário, das culturas hispanotropicais, concorreria para dar ao Brasil, nação ao mesmo tempo hispânica, na sua formação básica, e tropical, na sua ecologia, responsabilidades culturais de considerável importância. Sobretudo na fase de transição aguda de culturas ou de civilização menos exclusiva e convencionalmente alfabéticas para culturas mais complexamente e mais corajosamente telúricas, intuitivas, vitais, mímicas, coreográficas, musicais, existenciais, no seu modo de serem expressões de pensar, de sentir, de intuir, de criar, da parte de sociedades humanas. No caso, sociedades humanas que juntam a uma herança européia hispanocristã — menos prejudicadas que outras culturas européias, pelo impacto, sobre elas, do sentido de tempo como tempo-dinheiro — a sua situação de sociedades em desenvolvimento em espaços tropicais: os mais favoráveis ao contato de homens ou de populações com ambientes naturais. Os mais favoráveis a criações artísticas como expressões de vidas e de personalidades situadas e desenvolvidas, em grande parte, em ambientes naturais: ao ar livre, ao sol, ao relento, em grande parte, em contato sensual com águas.

Sugerindo o que, não se sugere que as Ciências chamadas sociais, ao se tornarem, quando Ciências aplicadas, ecológicas, se tornem Ciências estritamente ou oficialmente ou estatalmente nacionais. Ecologismo não significa tal extremo. Nem do critério de considerar-se o conjunto de expressões socioculturais de origem principalmente hispânica, em áreas tropicais, se pode dizer que se aproxime de afã estreitamente nacionalista. As perspectivas que ele abre, sendo a pan-hispânica e a pantropical combinadas, não é possível que sobre elas se procure projetar, em plano sociológico ou antropológico, um afã apenas estatalmente nacionalista, a favor de qualquer membro do todo: o todo que seja gestaltianamente configurado através daquelas perspectivas combinadas. Essa configuração que inclua a valorização de valores analfabéticos junto com os alfabéticos.

Os que somos universitários, quer como mestres, quer como aprendizes, não nos bastamos a nós mesmos como agentes eruditos de culturas. Daí precisarmos de contatos extra-universitários de vários tipos: inclusive com os analfabetos, donos de uma sabedoria folclórica que, por vezes, excede o saber acadêmico pelo que nela é intuitivo ou poético.

Contatos fora da rotina dos cursos universitários regulares e que sejam também oportunidades para diálogos de estudantes universitários — outrora chamados entre nós "acadêmicos de Direito", "acadêmicos de Medicina", "acadêmicos de Engenharia" — com esses analfabetos inacadêmicos e com esses práticos ou rústicos de diferentes atividades: operárias, religiosas, agrárias. Contanto, é claro, que tais contatos não afastem os estudantes acadêmicos dos estudos. É bonito que alguns deles se dediquem a ensinar o á-bê-cê a rústicos: mas sem que, nesse esforço, deixem eles próprios de procurar aprofundar-se no conhecimento do x, do y e do z da sua própria e não de todo fácil alfabetização total. Que a semi-analfabetização esta é quase sempre um perigo.

Mais: ao estudante universitário de hoje, consciente de sua relação com o tempo tríbio, toca inteirar-se com espírito o mais possível livre de compromissos estreitamente presentocêntricos, não só das tendências de sua época como dos saberes acumulados pelos mais velhos do que eles e que sejam, além de mais velhos, bem mais velhos — e não apenas gente de meia-idade — quer em dia com essas mesmas tendências, quer, mesmo, representantes de saberes, ou aparentemente arcaicos ou — repita-se — analfabéticos. São velhos com uma perspectiva, que só a experiência já longa dá à inteligência ou à sensibilidade humana, dos vários tempos: o atual e os já vividos. Não há cultura sem esse tipo de experiência. Pode-se ir além e dizer-se um tanto acacianamente: não há arte sem vivência; não há futuro sem presente; não há presente sem passado. O tempo que o homem vive é, afinal, um só, sendo assim tríbio, quer este homem seja erudito, quer seja analfabeto e a sua arte ou a sua cultura a denominada popular ou folclórica ou analfabética.

Daí a necessidade dos jovens, dos novos, dos aprendizes, dos estudantes, dos eruditos, dos mestres de agora, se inteirarem do que sejam valores já experimentados pelo tempo na cultura, quer erudita, quer folclórica, do seu país, sem deixarem, é claro, de procurar viver, eles próprios, novas experiências e até novas aventuras ligadas à vida da sua gente e às angústias da sua época ou, mesmo, às possibilidades de futuros já à vista. Mas sempre à base ou, pelo menos, com o conhecimento daquelas experiências já vividas por outros que constituem o lastro — lastro vivo e não morto — de uma cultura regional, nacional ou transnacional. Esses outros, lembremo-nos sempre de que não são apenas aqueles cujo talento está manifestado em livros ou em artes eruditas, clássicas nos seus feitios ou em música desse tipo ou em arquitetura acadêmica, também desse tipo. São também os anônimos, os rústicos, os orais, os folclóricos no seu modo de ser artistas ou de ser cultos.

O que é preciso, para termos um sentido assim total e assim dinâmico, quer de tempo, quer de cultura, é que não nos deixemos seduzir, como é a tendência de alguns, por um lado, pelo que é transitoriamente moderno como se fosse um estado definitivo de tempo ou de cultura; por outro lado, pelo já consolidado em valor erudito, valor clássico, valor alfabético, como valores que constituíssem outro estado definitivo ou único de tempo e de cultura. O moderno apenas moderno é efêmero e mal se define como moderno e já está sendo superado por um tempo mais-que-moderno. O eruditamente clássico nunca é a perfeição definitiva: para sua própria compreensão plena, profunda, precisa de ser reinterpretado por sucessivas gerações que sejam sucessivamente modernas e, como modernas, críticas de valores antigos e rebeldes à aceitação passiva desses valores. Precisa, quando de origem apenas acadêmica, de tornar-se extra-acadêmico, de sofrer a crítica da rua, e, se é literatura, de tornar-se oral, em vez de conservar-se apenas em papel.

Estamos no começo de vasta e complexa revolução biossocial, que se está processando em nossos dias, nas relações entre os atuais grupos de idade que constituem umas como pátrias no tempo semelhantes às que dividem os homens no espaço; e, como estas, susceptíveis de se completarem com suas deficiências, em vez de apenas se hostilizarem com suas diferenças de pontos de vista convencionalmente temporais ou geracionais. Essas pátrias no tempo parecem a alguns de nós pertencer a três tipos: o dos constituídos pelos muito jovens; o dos constituídos pelas gentes de meia-idade: espécie de alta burguesia no tempo, com tendências a dominarem os muito jovens e os muito idosos; o dos constituídos pelos idosos que, lúcidos e favorecidos por crescente aumento de média de vida e de conservação de saúde, se consideram com o direito de agir, de participar, de intervir na política, nas artes, no pensamento gerais; e que, já independentes de compromissos que prendem a alta burguesia no tempo a interesses estabelecidos, tendem a compreender, melhor que essa burguesia, as inquietações, os anseios, os experimentos dos muito jovens, de cujas invasões nos seus domínios a alta burguesia no tempo procura defender-se tanto quanto das atuais invasões dos seus novos inimigos: as gentes de idade e saúde prolongadas cujas atitudes, cujos interesses, cujos motivos de vida já não são os dos mesmos burgueses no tempo. Assunto a que voltaremos.

Mas não é só essa grande burguesia no tempo que está deixando de ser a única força para a qual o artista cria arte, deixando inteiramente de lado os muito jovens ou os muito velhos como possíveis colaboradores desses seus esforços de criação. Também a grande burguesia no espaço está perdendo esse privilégio, pois é evidente que estamos no começo de uma época em que a televisão principia a tornar possíveis formas de comunicação oral e visual de artistas, independentes das convenções burguesas de ser a cultura sempre alfabética, sempre erudita, sempre senão acadêmica, para-acadêmica. A televisão torna possível uma maior valorização de artes rústicas, e cria maiores oportunidades do próprio artista analfabeto, ou quase analfabeto, comunicar-se com um público numeroso e dos próprios analfabetos ou quase analfabetos terem a seu dispor, como telespectadores, para teatro, canto, música, recitais de poesia, exposições de artes plásticas, públicos heterogêneos. São meios de comunicação, os que se anunciam que prescindem da cultura alfabética ou erudita ou acadêmica de parte dos mesmos telespectadores. Isto para a época de transição que começamos a viver, provável como é que as divisões entre alfabéticos e analfabéticos tendem a desaparecer.

Salientam-se, nas páginas que se seguem, duas das mais significativas expressões do Homem mais-que-moderno e, sobretudo, do Homem além-de-moderno que já se sobrepõe ao apenas moderno: suas novas relações com o tempo, numa época de predominância de tempo livre sobre tempo ocupado; suas novas relações com a cultura, numa época em que da criação dessa cultura — inclusive do que nela é arte — tendem a participar, com crescente vigor, grupos de idade outrora considerados incapazes dessa participação: os de indivíduos de mais de sessenta ou mesmo de mais de setenta e até oitenta anos. Os picassianos.

Essa crescente participação e aquela crescente predominância constituem aspectos de uma revolução biossocial em começo, talvez maior, pelas suas projeções, do que a chamada Revolução Industrial e, certamente, mais vasta, pelas suas dimensões, do que a Revolução Francesa ou que a Revolução Russa ou do que, até agora, a Revolução Chinesa. Liga-se ela ao crescente aumento de automação, ao crescente aumento de lazer e ao crescente aumento de média de vida humana.

Tende a resultar, de modo ostensivo, em novos sentidos — saliente-se — do que sejam homens gastos pelo tempo e do que seja tempo gasto pelos homens. São dois gastos que tendem a processar-se sob novas perspectivas e com novas conseqüências para o desenvolvimento das atuais culturas regionais, nacionais e trans-regionais — como a hispânica — em particular, e da cultura pan-humana, em geral. Ao desprezo tão dos dois ou três últimos séculos, no Ocidente, pelo homem, dado ao aparente gasto ou desperdício de tempo e ao também desprezo, pelos grupos dominantes de idade, pelo indivíduo de idade avançada, tido pelos de meia-idade — essa espécie de classe média ou de burguesia no tempo, repita-se — por inutilizado pelo tempo mas, na verdade, inutilizado apenas por um tipo de tempo — o estritamente econômico, associado, por um lado, à incessante produção de dinheiro ("time is money"), por outro, ao trabalho físico incessantemente produtivo também de valores materiais — tende a suceder-se a valorização ou a reabilitação daquelas duas figuras, pelo que nelas é capacidade, em potencial, de concorrerem para novas expressões de vida e de cultura dentro de novas dimensões de tempo e de novas noções de valor.

Caminhamos, assim, através dessa imensa revolução biossocial, para uma total e definitiva desmoralização, quer do capitalismo ortodoxo, quer dos seus opositores, também ortodoxos, vindos da época por excelência do tempo-dinheiro e do tempo-trabalho, isto é, do século XIX, e que são, em suas formas mais ostensivas, o Comunismo, o Sindicalismo, o Laborismo, o Trabalhismo. São eles *ismos* gastos — estes sim — ou quase superados, pelo tempo; e seu sentido, para o homem além-de-moderno que já começa a sobrepor-se ao apenas moderno, é cada dia menos significativo.

Aliás, todo homem de hoje, seja um intelectual ou um empresário, um técnico ou um industrial, é um indivíduo em luta com o tempo para evitar não a velhice, nem a morte, que ninguém as evita, mas a obsolescência. Somos uma geração — sugere James T. McCay no seu *The Management of Time* (Nova York, 1959) — cuja educação mal termina, já corre o risco de se haver tornado obsoleta. Tanto é assim que o técnico que seja encarregado de dirigir um reator nuclear, por mais sábio que seja nessa especialidade ao graduar-se nela em curso pós-graduado de universidade, precisa de conservar-se — na palavra de McCay no seu estudo das relações de tecnologia moderna com o tempo — "a perpetual student". Não é de admirar. De 1945 para cá, de quatro em quatro anos, tem havido um novo tipo de avião, cada um dos quais exige do moderno técnico em aviação que seja outro "perpetual student".*
Daí o comentário dramático de McCay: "the most striking aspect of obsolescence today is its suddenness".** Contra o que, a seu ver, a única garantia está na inteligência que se mantenha criadora. Ora, essa criatividade só é possível pelo estudo incessante, que não permita, em momento algum, nessa corrida do Homem com o Tempo, que o saber deixe de acompanhar o tempo e, se possível, ultrapassá-lo, projetando-se, pelo estudo animado da imaginação científica, sobre o futuro.

A Física, a Geologia, a Geografia, a Química, a Economia, a Antropologia, a Psicologia, a Sociologia vêm se alterando de tal modo e em tal ritmo, nos últimos decênios, que as suas atualidades anoitecem e não amanhecem. Nada nelas se firma sob forma de obras soberanamente clássicas. O privilégio de se perpetuarem como clássicos dessa espécie é um privilégio dos autores de obras principalmente místicas e poéticas como San Juan de la Cruz e Shakespeare, como Virgílio e Dante, como Molière e Pascal, como Montaigne e Goethe, como Santo Agostinho e Proust, como Cervantes e Tolstói: obras que são por sua própria natureza desafios ao tempo. No caso das próprias obras filosóficas, o triunfo do tempo sobre o Homem se vem fazendo sentir, se não

---
* "estudante perpétuo". (N. da E.)
** "o mais surpreendente aspecto da obsolescência hoje em dia é a sua subitaneidade". (N. da E.)

de todo, em parte, em constantes renovações, algumas delas radicais: o platonismo se atualizando em neoplatonismo, o tomismo em neotomismo, o darwinismo em neodarwinismo, o marxismo em neomarxismo, o positivismo em neopositivismo.

As forças criadas pelos modernos avanços tecnológicos ameaçam de sorver — como observam, alarmados, educadores de hoje — todo homem moderno que não aceite o desafio do tempo, correndo com ele e desenvolvendo-se sem parar: nunca se dando por satisfeito do que sabe. Sendo um constante estudante. Nunca deixando de estudar. Aliás, os indivíduos que, por sua criatividade genial, têm sobrevivido, em obras essenciais, aos outros homens, têm sido todos grandes homens capazes de concentração criadora nos seus estudos embora raros de estudos convencionalmente acadêmicos ou apenas livrescos. De Shakespeare, por exemplo, nos dizem seus biógrafos que rara é a sua obra que não seja, de certo modo, um plágio. Serviu-se desassombradamente de estórias já escritas por outros e de lendas já recordadas por outros. Mas, homem de estudo a seu modo, recriou-as. Recriou-as salvando-as da ação do tempo sobre as obras medíocres e dando-lhes condições poéticas de sobrevivência.

Dos tempos que se interpenetram constituindo um tempo só, uno e plural, pode-se dizer que vêm acolhendo, da parte de certos autores, uns como que plágios shakespearianos, como sugestões, antigas atualidades, recriadas, valorizadas de acordo com novas circunstâncias. Nem de outro modo se explicariam, dentro desses tempos, suas interpenetrações no plano das grandes criações intelectuais, artísticas, científicas. Quase sempre tais plágios são de obras já remotas ou de autores de terras distantes. E menos de pais por filhos sociológicos.

O jogo de contradições entre pais e filhos, entre suas épocas sociais, entre suas gerações biossociais, parece dar um ritmo saudável ao desenvolvimento humano: aos embates, nesse desenvolvimento, ao que vem se apresentando simplesmente como passados ou presentes específicos em face de futuros também específicos. É preciso que esse ritmo não se torne desvairadamente galopante e sim seja contido, como, aliás, vem sendo contido, por aquela inércia histórica que é representada principalmente pelo pai com relação ao filho, pela época em declínio com relação à época em ascensão, pela geração que o tempo só biologicamente mata de todo com relação à geração que nasce como expressão biossocial de uma energia humana sempre a renovar-se no tempo e como que contra o tempo. Mas só aparentemente contra o tempo. Porque, na realidade, o tempo é comparsa — através daqueles como que plágios — na renovação dessa energia dentro dele e por processos aparentemente cruéis de morte, pelo tempo, de indivíduos biológicos. Indivíduos que, entretanto, já socializados em pessoas, em homens de uma época, membros de uma geração, são, assim socializados, quando superiores pelo talento, pelo gênio, pelas virtudes, pelas ações, como que socialmente imortais.

O tema das gerações, já muito versado por sociólogos, historiadores, filósofos, é dos que se situam à margem de assunto geral — o Homem e o Tempo — que pode ser considerado de vários pontos de vista: desde o antropológico ao biográfico e até ao autobiográfico. Ao biográfico e ao autobiográfico porque se há assunto de interesse geral com intimidades personalíssimas é esse da relação do Homem com o Tempo, dado o fato de que cada homem, individualmente, tende a ter sua própria e particular relação com o Tempo. De tal maneira que o ganhar tempo de uns é o perder tempo de outros, o tempo-dinheiro valorizado por uns é considerado por outros como degradação da relação Homem-Tempo pelo afã do Homem apenas econômico. O tempo cronométrico seguido pelo anglo-saxão como um tempo quase sagrado é desprezado pelo hispano para quem isso de pontualidade absoluta, regulada pelo relógio ou pelo cronômetro, seria subordinação humilhante do Homem, não ao tempo autêntico, com o qual o hispano tanto se identifica — amanhece triste, anoitece preocupado ou alegre — mas à hora ou ao minuto tirânico, que seria na verdade uma espécie de antitempo: uma espécie de a criatura — a hora, o minuto, o segundo — pretender ser mais do que o criador: o Tempo total. O tempo não matemático.

Estes, alguns aspectos gerais da relação Homem-Tempo. Quando essa relação toma o aspecto da quase simbiose Geração-Tempo, o problema com que nos defrontamos é uma particularização importantíssima do geral: já não se trata da relação de um indivíduo biológico, de uma pessoa especificamente pessoal-social — sem que tal importe na perda de sua base biológica — com o tempo, mas da relação de um todo maciço, coletivo, complexamente social ou sociocultural, ao mesmo tempo que biossocial, com tendências gerais de pensar, de sentir, de agir, de comportar-se, de considerar o passado, de olhar para o futuro que, como tendências gerais, lhe são próprias; e que, retrospectivamente, têm que ser consideradas válidas mais em ligação com certos espaços físico-sociais — a Europa, o Ocidente, o Oriente, os Estados Unidos, o Japão, o Brasil, a Rússia, a Suíça — do que com aquele todo universal, aquele espaço pan-humano, aquela superfície supranacional, que só agora começa a ser, sob alguns aspectos, uma realidade total do ponto de vista da relação Geração-Tempo. Pois só agora começa a haver uma relação Geração-Tempo que, incluindo russos e americanos dos Estados Unidos, principia a incluir também egípcios e paraguaios, senegaleses e canadenses, brasileiros e suecos. Por mais étnica e culturalmente diversos que sejam pela biologia e pela sociologia desses grupos étnico-culturais, a biologia e a sociologia de uma idade comum a todos esses mesmos grupos os aproxima, dentro de condições gerais de espaço e tempo crescentemente interdependentes embora diversas.

Talvez até esteja já se verificando o fenômeno de um japonês de vinte anos começar a assemelhar-se mais a um alemão ou a um uruguaio ou a um nigeriano seu contemporâneo, isto é, também de vinte anos, quando do mesmo grau de instrução ou do mesmo tipo geral de educação — é claro — que de seus antepassados japoneses, aos quais outrora tanto tendia a assemelhar-se um japonês típico de vinte anos, mesmo exteriormente ocidentalizado: vestindo fraque, bebendo uísque, jogando tênis, gostando de patê. A realidade dessa tendência importaria na superação do *status* nacional de um jovem de hoje, de sua herança cultural também estritamente nacional, da sua condição étnica, da sua situação ecológica no espaço físico-social, pelo seu *status* no tempo. Este o tornaria solidário com jovens de outras nacionalidades, ecologias, etnias, espaços, por um conjunto de interesses e aspirações comuns a esse *status*, aliás, transitório — porque ninguém tem sempre vinte anos — e até flutuante, no tempo. Por aí se explicaria que as explosivas revoltas juvenis dos nossos dias sejam tão monotonamente semelhantes em suas formas psicossociais — as formas comuns às insurreições de jovens da mesma geração, situados diversamente em espaços físico-sociais e portadores de heranças culturais até antagônicas — ainda que os conteúdos das revoltas não sejam os mesmos; e, como já foi notado por um observador arguto, jovens espanhóis em revolta atiram pelas janelas crucifixos enquanto jovens poloneses se insurgem contra o que consideram insultos de comunistas soviéticos, seus governantes, a crucifixos ou a imagens de santos.

Na fase de transição mais aguda de civilizações caracterizadas pelo afã do negócio para civilizações tendentes a valorizar o ócio sobre o negócio, tende a acentuar-se o pendor das minorias de indivíduos atualmente, nas civilizações industriais, mais despreocupados de negócios — isto é, os extremamente jovens e os passados dos setenta anos — para confraternizarem, formando umas como brigadas revolucionárias de choque contra os representantes, por excelência, da ordem estabelecida que são, nas mesmas civilizações, os indivíduos ainda em decisiva e, por vezes, despótica atuação sobre as demais gerações. Esses como que déspotas são os homens de meia-idade ou de idade média — de vinte e cinco ou trinta a cinqüenta e cinco ou a sessenta ou setenta anos. Constituem eles — repita-se — dentro do tempo social da nossa época, uma espécie de classe média ou de equivalente de burguesia, empenhados na defesa de interesses que são principalmente os de ordem, de organização, de estabilidade, através de métodos principalmente racionais, lógicos, jurídicos, contra os impactos, vindos quer dos mais jovens, revoltados contra o domínio excessivo dos pais, quer dos mais velhos, temerosos do possível, e este, exclusivo, dos filhos, sobre a política, a economia, a arte, a cultura, a sociedade. Temos então alianças de equivalentes, em termos psicossociais de gerações, de netos com equivalentes, nos mesmos termos, de avós. Uns e outros em atitudes revolucionariamente semelhantes, contra as excessivas estratificações da ordem, da estabilidade, da racionalidade, encarnadas nas gerações intermediárias e, pelo seu atual volume ou prestígio quantitativo, dominantes e até — acentue-se mais uma vez — despóticas. Representam elas o rígido organizacionalismo — vá a longa palavra, nada brasileira: ainda intrusa — em que se extremam as gerações assim dominantes, em atuais sociedades industriais tanto do tipo eficientemente neocapitalista e neodemocrático — o caso dos Estados Unidos — como do tipo igualmente eficiente, parassocialista e totalitário: o caso da União Soviética.

A tirania do moderno ideal organizacionalista — vá, mais uma vez, o adjetivo ainda exótico — de sociedade, que se projeta sobre a cultura — sobre a religião, sobre a filosofia, sobre as artes, sobre as ciências e não apenas sobre o ensino e sobre as técnicas, sobre a economia e sobre as indústrias — dificilmente se conservará — pelo menos como é agora nas sociedades superindustrializadas — sob a automação ou sob a automatização. Já aquelas brigadas revolucionárias de choque — a dos muito jovens e a dos de mais de setenta anos — se apresentam, sob vários aspectos, convergentes, nas suas revoltas e nas suas idéias, quanto à necessidade de serem as sociedades, para de fato exprimirem atitudes e motivações de homens livres, menos organizadas e até desorganizadas; menos realidades já formadas e mais realidades em constante formação ou, pelo menos, em constante estado mais plástico do que rígido. Até mesmo em constante predisposição revolucionária.

Ora, esse estado psicossocial não é senão um começo pós-moderno de ressurgência, sob novos aspectos e sob o estímulo da crescente automação, do crescente lazer e do crescente aumento de média de vida humana — e esta sadia — do ideal anarquista, no sentido em que esse ideal parece corresponder ao que há de mais avançado como processo não de estabilização mas de equilíbrio, entre as várias tendências através das quais os homens buscam conviver, menos uniformizando-se que conservando, ao lado das suas naturais semelhanças, suas também naturais diferenças.

É o que admite um dos mais lúcidos pensadores dos nossos dias, Kenneth Burke, ao reconhecer no ideal construtivamente anarquista a busca de um estado de absoluta continuidade através de outro, de absoluta descontinuidade. Precisamente a contradição que o igualmente lúcido e, além de crítico de arte, crítico social e de idéias, Herbert Read, apresenta no seu livro *Poetry and Anarchism*, que é um manifesto atualíssimo a favor de uma espécie de neo-sindicalismo, ou seja, segundo Burke, uma como que um tanto "desorganizada organização" social.

Para Read, forma, padrão, ordem, sendo aspectos essenciais da existência humana, são, entretanto, em si mesmos, atributos não de vida, mas de morte. O que já é perfeitamente formado, já perfeitamente ordenado, já plenamente completo, é antes morte do que vida, em contraste com o que está em processo de tornar-se forma ou de tornar-se ordem ou de reformar-se como ordem e que é vida, negação de morte. O ideal comunista marxista, segundo o qual, atingida a sociedade sem classes, estaria atingida a ordem social perfeita, é um ideal que, em vez de afirmação ousada de vida, é uma negação da continuidade da vida. Por conseguinte, antes morte do que vida. Sua própria lógica o destrói; e perde para o que nele é poesia, certo como é do gênio de Marx que foi poético e não apenas lógico; intuitivo e não apenas científico.

Quando Read sugere que a verdadeira paz está, como a verdadeira liberdade, e por mais paradoxal que isto pareça, na anarquia, não quer dizer que a paz ou a liberdade necessitam de ser apenas destruidoras, para que, dessa destruição incessante, resulte a vida em continuidade através de ordens constantemente descontínuas. Isto tanto no setor da organização econômica como da política, tanto no da organização religiosa como no da organização universitária.

O que ele quer dizer, se bem o interpreto, é que para haver indivíduos e sociedades quanto possível livres para se exprimirem, para criarem, e para se afirmarem, é preciso que haja, com o tempo poeticamente livre predominante sobre o ocupado por afazeres não-poéticos, liberdade de expressão poética, isto é, criadora, quer seja em filosofia, quer em religião, quer em arte, quer em ciência. Nunca a submissão dessa expressão a um fim, seja político ou religioso, a um esquema, seja econômico ou acadêmico, a que os indivíduos de ânimo criador, isto é, poético, tenham que se conformar, executando ordens de procedências não-poéticas.

Daí — ao que parece — suicídios, como os de poetas, que se têm verificado na Rússia Soviética — o caso, entre outros, de Maiakovski; e aos quais se assemelham (acrescente-se a Read) os quase suicídios de ocidentais, como os de americanos dos Estados Unidos que, para realizarem obras criadoras, têm sentido a necessidade de se identificarem com estilos de vida e ambientes não-americanos, mas, ao contrário, anárquicos ou desorganizados em comparação com os dura e rigidamente ordenados e organizados do seu grande país. Alguns desses estilos de vida — note-se — já agora em dissolução, ao passarem de modernos a um ainda indefinido estado de pós-modernos. O caso de Eliot, o de Pound, o de Santayana, que foram encontrar, um na Inglaterra, os outros dois na Itália, seus ambientes congeniais, são expressivos. Expressivos do fato do que é tempo ou espaço ideal para uns é infernal e intolerável para outros.

Pergunte-se entretanto: a um ideal saudavelmente anárquico — a palavra "anárquico" sugere a muitos péssimas implicações: daí ser necessário adjetivo ou advérbio que a qualifique — não se oporá, em perspectiva pós-moderna, a tendência para um controle genético que consagre, favorecido por avanços de ciência genética, um uniforme ideal eugênico? É possível que venha a verificar-se um choque entre os dois.

Em números recentes, revistas científicas tanto de biologia como de química vêm admitindo, em artigos de origem idônea, a possibilidade de uma "evolução sintética", ao lado da natural, significando, essa evolução chamada sintética, nova forma de controle, pelo homem, do processo da sua evolução. Admite-se que para corretivo das conseqüências de triunfos médicos sobre doenças — triunfos sob o aspecto da sobrevivência, em descendentes, de seres humanos cacogênicos que, sem essa interferência médica, teriam desaparecido, assim como de outras deficiências genéticas na humanidade, inclusive as que estão resultando de explosões atômicas — desenvolva-se uma como eugenia preventiva. Semelhante eugenia preventiva controlaria casamentos, evitando uniões entre indivíduos geneticamente deficientes. Seria, entretanto, essa política, por mais genética ou biologicamente certa que se apresente, para garantia do futuro humano nesse setor, eticamente aceitável em sociedades como as cristãs? Não viria esse controle eliminatório de deficiências genéticas atingir outros caracteres, talvez inseparáveis dessas deficiências, e valiosos do ponto de vista humano ou do futuro humano, como a eclosão de gênios criadores à revelia de origens cacogênicas?

Possível o controle, pela ciência, do mecanismo genético, através do qual se preparasse, desde agora, um homem futuro mais eugenicamente saudável que o atual, o assunto escapa, ao passar-se da técnica ao saber ou à competência dos cientistas apenas biológicos. É problema social, ético, religioso. Pois escapa — repita-se — à competência do biólogo ou do geneticista a determinação do tipo ideal de futuro homem, tanto quanto cientificamente possível, eugênico. Dos cientistas puramente biológicos, os mais fascinados com as possibilidades que lhes oferecem sua especialidade científica, porém deficientes em visão sociológica ou humanística do problema, podem chegar a conclusões monstruosamente inumanas. Consta, de um deles, ter sugerido que o futuro homem perfeitamente eugênico venha a ser, por meios biológicos, a seu ver possíveis, privado de toda solicitação sexual, que seria considerada sobrevivência do homem mais animal irracional que homem, propriamente dito. Imprópria, portanto, de um tipo eugenicamente ideal.

De onde um alemão, o Dr. Walter Theimer, observar com malícia que a fórmula para o futuro homem eugênico que seja um homem ideal é mais complexa que a destinada a criar tipos de vacas leiteiras mais produtivas. Assunto que já o grande mestre de Antropologia, que foi Franz Boas, versava nas suas aulas na Universidade de Colúmbia, investindo contra o que lhe parecia simplismo dos biólogos eugenistas daqueles dias.

A verdade, porém, é que os cientistas sociais reconhecem o valor da colaboração que, para a relativa organização ou o flexível planejamento do futuro humano sobre bases científicas, possa ser trazido pelas pesquisas, em curso, de especialistas em genética bioquímica. A resistência que venha a ser cientificamente desenvolvida no homem às radiações atômicas está entre os possíveis triunfos modernos dos cientistas bioquímicos. Resistências, também, a outros inconvenientes graves dos modernos desenvolvimentos tecnológicos que, fazendo facilidades e vantagens ao homem e abrindo novas perspectivas ao seu futuro, trazem-lhe, em contrapartida, desvantagens. Algumas imensas. Desvantagens que estão afetando, de modo por vezes letal, o seu bem-estar físico e, principalmente, o psíquico. O aumento de doenças mentais em vários países, dentre os tecnologicamente mais desenvolvidos, é um dos aspectos dessa contradição, que não pode deixar de preocupar ou de inquietar o futurólogo.

Impossível, em qualquer cogitação sobre o futuro pan-humano, deixar-se de considerar o das Artes e o da Literatura; deixar-se de considerar certa tendência, que de moderna pode passar a pós-moderna, para dar-se, em Sociologia da Arte, maior relevo ao número, à interpretação matemática, à análise quantitativa no estudo de estilos de artistas e de escritores literários; no estudo da estrutura desses estilos ou da própria estrutura de criações literárias como criações estéticas de que sejam inseparáveis suas expressões estilísticas. Já o antropólogo-sociólogo Lévi-Strauss antecipou-se a versar o assunto do ponto de vista de sua "antropologia estruturalista". E já há quem considere a análise por meio de computadores o método ideal para a identificação de característicos de estilos literários, quer novos, quer antigos.

A verdade, porém, é que da Sociologia da Literatura como de outras sociologias especiais em torno das Artes, e tanto quanto da sociologia geral, se pode sugerir que dificilmente se deixarão mecanizar ou matematizar numa pura sociologia servida por computadores ou por números. Dificilmente ela se passará de moderna a pós-moderna, deixando de depender, como as sociologias mais antigas vêm dependendo, para sua maior ou menor grandeza, para a maior ou menor profundidade das suas análises, para a maior ou menor pungência das suas interpretações do Homem social, dos sociólogos. Isto mesmo: dos sociólogos.

Não há indícios de que, à medida que o moderno passe a pós-moderno, as sociologias e a Sociologia se tornem de todo impessoais. Ou que a Literatura, por sua vez, deixe de ser criação de poetas ou de artistas, nem sempre racionais, para se tornar construção de puros lógicos refinados em supratécnicos, uns mestres deste, outros, mestres daquele gênero literário. Ao contrário: o crescente tempo livre parece que conduzirá as artes, em geral, a Literatura, em particular, para formas de expressão mais pessoais ao mesmo tempo que mais sociais. Haverá, provavelmente, mais tempo livre, quer para a criação literária como expressão de criatividade pessoal ou geral, quer para a continuação, senão diretamente pessoal; quase pessoal — através de meios técnicos — pelo criador de obras literárias, com ouvintes, espectadores, telespectadores, leitores, sem que isto venha a importar na mecanização simplista e crua daquela expressão e desses tipos de comunicação. A psicologia, entretanto, terá, possivelmente, um papel mais importante a desempenhar, quer na orientação a ser seguida por alguns escritores analistas literários, quer nos vários tipos de sua comunicação com vários tipos de público. Não só a psicologia: também outras ciências do Homem. Também outras ciências, entre elas, a genética. Se o homem pós-moderno adquirir sobre os destinos humanos — destinos biológicos — controle que os desenvolvimentos da genética, projetados sobre o futuro, parece que vão lhe permitir exercer quase — nesse plano — o papel de um como associado do próprio Deus, o reflexo desse controle sobre as artes, sobre a literatura, será imenso: várias situações hoje dramáticas, como temas ou sugestões para artistas plásticos, compositores, romancistas, contistas, dramaturgos, ensaístas, filósofos, humanistas, deixarão de sê-lo. Ou perderão a intensidade.

É provável que, com alterações de natureza antropológica que a ciência ou a técnica torne possíveis, outras situações humanas venham a perder grande parte da sua dramaticidade, refletida em obras literárias, quer clássicas, quer modernas. Com a cirurgia plástica, por exemplo, não haverá mais "o nariz Cleópatra", muito menos o de Cyrano de Bergerac. Até característicos étnicos de pigmento, de formas de orelha e de lábios, de cabelo, além de vários outros, perderão seu potencial dramático como motivos para desapontamentos entre pessoas ou entre grupos: desajustamentos que têm inspirado escritores literários. Tudo indica que se tornará relativamente fácil, em futuro próximo, passar o indivíduo biológico já socializado em pessoa da condição de macho, ou de homem, para a de fêmea, ou mulher; da de preto para branco; da de indivíduo de temperamento frio para indivíduo de temperamento quente ou vice-versa. Com tais possibilidades, desajustamentos interpessoais e inter-regionais em termos dos quais se têm construído, além de composições musicais, interpretações esculturais e pictóricas, romances ou dramas literários, perderão seu potencial nesse como noutros setores, para se nutrirem de novos estímulos a serem supridos por novas situações possivelmente pungentes. Por novos desajustamentos que substituam os modernos, desafiando a imaginação criadora de artistas e escritores literários; ferindo de modo insólito sua sensibilidade; projetando-se sobre as artes e sobre a literatura com provocações surpreendentes. Inclusive no setor sexual, onde o tédio de extremos de facilidades nas relações entre os sexos — espécie de tristeza do pós-coito generalizado ou a fadiga ou o desencanto — poderá suscitar saudades talvez mórbidas, talvez saudáveis, de atitudes arcaicas a respeito dessas relações; e reminiscências românticas de algumas delas.

Um outro possível, e não muito remoto, futuro humano precisa de ser aqui considerado, embora de modo rápido e fazendo-se violência à complexidade do assunto: a perspectiva que nos deixa entrever, em mais de uma parte do mundo, revivescências religiosas, sob formas estéticas e místicas. É o que parece estar ocorrendo na União Soviética e de que é sinal ostensivo o caso de Yuri Titov: artista a quem a música de Bach fez voltar às fontes russas de misticismo. Delas tendo passado a inspirar-se sua arte, artista e arte tornaram-se, para os dirigentes da União Soviética mais ortodoxos no seu ateísmo, casos de polícia. Mas a esses dirigentes seria difícil, segundo conhecedores idôneos da atual situação russa, conter tendências semelhantes às de Titov entre jovens, e não apenas entre artistas, daquele país, onde o ateísmo, por ser oficial, é há anos "reacionário", e onde as erupções espiritualistas, religiosas, místicas, inclusive da parte de jovens, tornaram-se "revolucionárias". O que mostra como é precário dividirem-se tendências humanas pelas etiquetas convencionais.

Também no Brasil, com a Igreja católica tendo se tornado antimística e racional, em alguns dos seus setores — isto pela ação de uma parte do clero convicto de ser esta atitude a mais esclarecida, quando é apenas, segundo alguns dos seus críticos, a mais superficialmente intelectual — começa a verificar-se — como aliás na França — considerável revivescência mística entre importantes e numerosos elementos da população. Daí estarem a projetar-se sobre o futuro, no Brasil — como na África equivalentes africanos do socialismo ou do marxismo europeu, nos quais surgem, sob novas formas, irredutíveis energias ativas de caráter menos racional e mais instrutivo — equivalentes brasileiros do catolicismo até há pouco ortodoxo. Nesses equivalentes brasileiros desse catolicismo europeu, surgem elementos não-europeus de cultura e de *ethos* que correspondem a anseios de expressão religiosa, que deixaram de encontrar acolhida, favor ou simpatia naqueles setores ostensivamente modernizados ou racionalizados da Igreja católica. Tais umbanda, seitas afro-brasileiras, seitas evangélicas do tipo mais misticamente efusivo. Seu desenvolvimento, no Brasil de hoje, é notável e nele como se afirmam, com possíveis exageros, contínuos pós-modernos comportamentos religiosos. A ser exata a sugestão que aqui se faz, estamos diante de outro caso de substâncias arcaicas a tornarem-se, sob novas formas, pós-modernas, à revelia de antiarcaísmos apenas modernos nos seus aparentes triunfos racionalizantes de constantes irracionais. Ou de arquétipos, como diria um adepto de Jung.

Pode-se, entretanto, admitir desenvolvimentos em futuros próximos, quer nas expressões religiosas e estéticas, quer nas estéticas literárias, filosóficas, de temas, de símbolos e de motivações inter-relacionados. Um critério profundamente mais ecológico, das relações do homem com a natureza e das suas culturas com os ambientes, principalmente, parece tender a animar parte considerável desses temas e dessas motivações, pendor para estilos unissexuais e de comportamentos concorrerão para dar estímulos novos a esses temas e a essas motivações. Os próprios ideais de beleza da figura humana receberão os impactos dessas e de outras tendências pós-modernas já a se anunciarem em arrojos de artistas modernos mais experimentais ou mais autênticos. As mais recentes exposições européias, como em Londres as da Serpentine Gallery, é o que começam a revelar. O inglês Noel Black se está fazendo notar por sua arte pós-moderna de justaposição de formas masculinas e femininas que, no Brasil, Flávio de Carvalho, artista admirável, prevê que dentro de pouco tempo comece a orientar estilos unissexuais de trajo: saiote-calça, por exemplo. Outro inglês, John Knox, começa a especializar-se numa pintura de formas inspiradas em imagens de miscigenação e de interconexões: arte já desenvolvida no Brasil por Francisco Brennand, sob sugestões de uma minha já antiga interpretação da paisagem — ou da natureza — mais característica dos trópicos como uma paisagem ou uma natureza — interpretação pioneira — de interpenetrações entre formas humanas, animais e vegetais. Com o crescente sentido ecológico — ou biológico telúrico, segundo sugestão brasileira — do homem situar-se não como dominador absoluto da natureza mas também como parte dessa natureza, a tendência para essa integração tenderá, ao que parece, a corrigir excessos em contrário da ação antinatural, sobre o comportamento humano, daquela automação ou daquela cibernética mais alheias a compromissos do homem com a natureza; e esse critério talvez se reflita mais nas artes, na literatura, na religião, nos estudos inter-relacionados de ciência e de filosofia, de sociologia e de ecologia, do que nos estímulos que lhe chegam da automação, *per se*. E tenderá a desenvolver novas formas nas relações inter-humanas e nas do homem com a natureza.

EM TORNO DE ALGUNS ASPECTOS PARADOXAIS DE UMA REVOLUÇÃO BIOSSOCIAL

Pode-se falar numa complexa revolução substantivamente biossocial que se processa no nosso tempo de forma rápida e com alguns aspectos paradoxais. Por isto mesmo difícil de ser caracterizada.

Consiste, principalmente, na busca de uma maior adaptação, por meios tecnológicos, do Homem, ou de homens, a ambientes e de ambientes a homens. Esses meios tecnológicos, ou esses conjuntos de meios tecnológicos, estão entre os que constituem hoje objeto de estudo de uma engenharia denominada humana, incluindo supertécnicas de calefação e refrigeração, aperfeiçoamento de veículos capazes de levar rapidamente homens de um clima a outro clima e até de uma atmosfera a outras atmosferas ou a supra ou estratosferas, sem dano — é o que se deseja — para o organismo humano. Consiste também, esse aperfeiçoamento, em triunfos médico-sociais que já se exprimem no sensacional aumento, nos últimos decênios, de média de vida; criando-se um novo tipo biossocial de homem-sênior cuja presença poderá equilibrar-se de tal modo com a do homem-júnior, nas populações pós-modernas, que nestas a ancianidade poderá vir a ter importância igual à maturidade ou à juvenilidade.

São situações que caracterizam as sociedades atuais nas suas formas mais afetadas pelo processo de transição em que vive o Homem moderno a tornar-se pós-moderno quase à revelia do tempo: dos ritmos de tempo a que as sociedades humanas do tipo chamado civilizado estavam habituadas desde a denominada Revolução Industrial.

Consiste mais, a transição em ritmo acelerado em que estão vivendo essas sociedades, no crescente desaparecimento de fronteiras rígidas entre os sexos, admitindo-se já a normalidade legal, além da biossocial, de formas intermediárias de sexo e do próprio amor homossexual, favorável, aliás, ao controle da natalidade. E, ainda, além da mudança, por meios cirúrgicos e outros meios, de condição e aparências de idade, a própria como que mudança do sexo: o homem pode atualmente mudar de sexo, assim como, até certo ponto, de característicos de raça e de característicos de idade e também de temperamento ou de personalidade. É um ser crescentemente plástico ou mutável.

Coincide, assim, o crescente desaparecimento de fronteiras rígidas entre etnias e entre culturas associadas a etnias, com a conseqüente valorização de tipos bioculturalmente, ou biossocialmente, mestiços, de homem. E ainda — acentue-se — com a possibilidade de, pela cirurgia plástica, e por outros meios, alterarem-se — destaca-se a sugestão já feita — sinais ou características de uma etnia, tornarem-se passíveis de serem substituídos pelos de outros, como os olhos oblíquos pelos redondos, o nariz africano pelo grego, a cor preta pela morena, além do cabelo crespo pelo liso, do preto pelo castanho ou louro, consiste na crescente oportunidade de negros se tornarem morenos, de japoneses deixarem de ter olhos oblíquos, de europeus adquirirem característicos orientais de fisionomia.

Consiste grande parte da revolução biossocial que começamos a viver na crescente automatização, da qual pode-se, senão prever, supor resultados biossociais de importância máxima, entre os quais já estão se fazendo notar, paradoxalmente, tendências para um gozo de tempo pelos jovens, despreocupados, contrária à mística, até há pouco dominante no Ocidente, do "time is money". Há uma evidente inclinação, da parte de vários desses jovens, para um tipo de relação com o tempo antes romanticamente desinteressado do que pragmaticamente calculado quanto a resultados dos chamados práticos do trabalho glorificado em alta virtude.

Estamos diante, em certas áreas de comportamento da parte de jovens, de um surpreendente regresso, característico de toda uma mocidade mais anticonvencional, a arcaísmos românticos ou romanticóides no trajo, nos penteados, no uso de bigodes, costeletas, barbas, por jovens e até por adolescentes logo que podem ostentar tais arcaísmos. Saudosismo, portanto. O quase pós-moderno, repudiando o moderno e com saudade do pré-moderno: do arcaico, até. Inclusive em tendências nas artes: em algumas das artes, pelo menos. E também na religiosidade agora menos racional que há alguns anos: os de anti-religiosismo confundido com antieclesiasticismo. Jesus Cristo volta a ter entusiastas: novos Joões Evangelistas e novas Marias Madalenas.

A crescente automação e o crescente tempo livre talvez estejam para favorecer, entre jovens e mesmo entre provectos, o revigoramento de outros arcaísmos românticos ou o regresso a outros usos de épocas desfeitas. São os mais jovens, em certos países europeus de onde vinham desaparecendo os antigos cafés, as confeitarias, as cervejarias, as tascas, as tavernas, substituídas por bares de feitio ianque onde se bebem conhaques, chopes, uísques, aperitivos, cafés, e se engolem biscoitos, sanduíches, sorvetes, sempre de pé ou sentados, os apressados, em incômodos tamboretes, os mais inclinados a regressos a arcaísmos nesse setor.

Somos, nas grandes cidades brasileiras, uma civilização em que o próprio cafezinho deixou de ser o pretexto — que, paradoxalmente, está sendo noutros países — para pausas, não solitárias porém sociáveis, no trabalho. Pausas lúdicas, recreativas, até. Pausas não dentro dos escritórios ou das repartições, porém fora deles: em redor de mesinhas de cafés, ainda tão vivos em certas cidades da Europa e dos próprios Estados Unidos onde não chegaram a tornar-se arcaicos; e agora em fase de revalorização, em algumas áreas, como prováveis instituições pós-modernas.

Que se passa, então, no Brasil? Talvez isto: nas cidades principais do Brasil estamos vivendo dias frenéticos de transição de uma época paleotécnica, de ritmo ainda lento de vida e de trabalho, para outra, neotécnica mas não ainda caracteristicamente automatizada; e, nestes dias de transição — transição retardada — a tendência está sendo para identificar-se um tanto arcaicamente "tempo com dinheiro", com "não há tempo a perder", com "nada de perder-se tempo", com "depressa, que estou sem tempo!" Um atraso no processo de pós-modernização no nosso país.

Sob esse atraso, talvez sejam muitos os urbanitas brasileiros de agora calvinistamente convencidos de que não devem gastar ou desperdiçar tempo sorvendo café ou chope ou refresco de coco ou comendo doce ou pastel, sentados, em cafés, cervejarias, confeitarias, tascas. Aí teríamos mais uma infiltração de ética calvinista num Brasil em crise de fé católica: infiltração que, entretanto, não parece estar chegando ao extremo de fazer os mesmos urbanitas brasileiros uns ascetas do paladar, para os quais doces e outros regalos deveriam ser desprezados, bastando ao homem ativo comer rapidamente, ao almoço ou ao jantar, sua carne assada simplesmente com um pouco de arroz: sem temperos nem molhos. Sem vinho nem cerveja: acompanhada somente d'água. Sobremesas: uma ou outra fruta mais virtuosa. Mesmo porque os doces, como os molhos e os guisados, engordam; e o urbanita brasileiro de hoje parece muito cioso da sua linha quanto possível delgada de corpo.

Nada de formas redondas no sentido de barrocas, com curvas em vez de sempre retas. Esta — a antibarroca — é outra mística, não já calvinista, porém higienicista, que parece estar concorrendo para o declínio daquelas confeitarias, muito burguesas e até aristocráticas, outrora célebres, no Rio de Janeiro, pela sua elegância; e onde, sentados, cavalheiros e senhoras tomavam chá, chocolate, refresco, vinho do Porto, e muitos se regalavam de doces. Recorde-se que, a esse hábito, associava-se, então, não só a condescendência, da parte de muitos homens então de bom gosto, para com as senhoras opulentamente gordas, e, ao mesmo tempo, bonitas, como até a admiração, da parte de alguns deles, pelas formas graciosamente barrocas dessas senhoras. Apreciadoras de bons-bocados e de pastéis de nata, uma Laurinda Santos Lobo, no Rio de Janeiro, ou uma Laura Sousa Leão Cavalcanti, no Recife, não se envergonhavam, de modo algum, de ser bem mais gordas do que magras.

No mundo de agora, estamos diante de todo um complexo social ou sociocultural em transformação de moderno para pós-moderno: processo com relação ao qual o Brasil está em grande parte retardado ao procurar passar de arcaico ao apenas moderno. Quem toca no assunto aparentemente frívolo que é o desaparecimento, do Brasil urbano, de cafés, confeitarias, tascas, agora desejadas, cafés e tascas, acampamentos como que de ciganos ou boêmios sob novos aspectos, pelas novas gerações, européias e dos Estados Unidos, toca num conjunto de hábitos e de valores que com ele se relacionam de modo ostensivo ou

sutil e, em alguns pontos, contraditório. Toca em relações dos homens
— dos jovens e dos idosos: dos vários brasileiros de agora ou vindos de
passado ainda recente — com o sentido de tempo. Toca em atitudes dos
homens para com as formas das mulheres: barrocas ou brevilíneas, as
preferidas outrora pelos homens, quer jovens, quer idosos — nos dias do
muito doce comido lenta e voluptuosamente nas confeitarias e ainda
hoje apreciadas por muitos dos idosos — góticas ou longilíneas, as preferidas atualmente pelos jovens quase sem exceção no Ocidente e parece que, revolucionariamente, no próprio Oriente Médio. Toca em predominâncias de conceitos ou de preconceitos de higiene e de estética —
inclusive de higiene de alimentação e de estética de formas de corpo —
revolucionários com a revivescência, pelos jovens, dos hábitos de demorados encontros de amigos com amigos, em cafés, em tascas, em acampamentos boêmios: hábitos abandonados sob a tirania da ética do tempo-dinheiro. Ética que não permitiria tais demoras e suas correlações:
cafés e refrescos, almoços e vinhos, sorvidos ou saboreados lentamente.

Ao revelar-se, em certos países europeus, adepto de um regresso
a esses encontros demorados, lúdicos, despreocupados do valor do tempo como dinheiro, em cafés e tascas, o jovem revolucionário de agora
— muito mais social ou culturalmente ou psicossocialmente revolucionário do que política ou ideologicamente revolucionário — não parece
mostrar-se desejoso de restaurar as condições especificamente burguesas em que se verificavam outrora esses encontros: conotações que
implicassem a reabilitação do gosto burguês por formas redondas de
mulher que o muito e lento comer de doces nas confeitarias contribuía
para engordar do mesmo modo que o muito sorver de chopes nas cervejarias concorreria para arredondar em paxás não só burgueses — no
Rio de Janeiro da *belle époque*, um Lopes Gonçalves, por exemplo —
como até boêmios do tipo de Emílio de Meneses.

Outro paradoxo: há um saudosismo da parte do jovem mais caracteristicamente revolucionário de hoje que faz que ele volte às cabeleiras
e barbas de seus tetravós de 1830, e se deixe encantar por formas
romanticóides de arte e de literatura em que a nostalgia de certos aspectos do passado se faz sentir. No revolucionarismo juvenil de hoje há um
saudosismo, que se confunde com seu pós-modernismo: seu repúdio ao
presente e seu desejo de projetar-se no futuro não vem implicando aver-

são ao passado, em suas confusões do que no tempo é tríbio em vez de isto, isso e aquilo separadamente. Verificou-se, não faz muito tempo, na Alemanha, em pesquisa sociológica, decidido pendor, da parte de não poucos jovens, para modestos porém fervorosos colecionadores de antiguidades. De certas antiguidades: são discriminadores.

Sua atitude para com o passado, do qual procura reviver formas a que dê, porventura, novos conteúdos, é o que revela: discriminação. Seu gosto — o de muitos — é por formas românticas de arte, de música, de cultura, de vida e mesmo — a seu modo — de amor. Formas sociais, culturais e biossociais de existência e de convivência. Sob certos aspectos, parecem muitos jovens de hoje ter por modelo — inconscientemente, talvez — aquela George Sand que, romântica em extremo, já se vestia de homem, sendo, no essencial, embora em seu romantismo, extremamente mulher. Mas em vários aspectos do seu modo de ser, pessoa unissexual. Dentre os românticos por assim dizer clássicos, destaque-se como predecessor de certos jovens de hoje o Heine revolucionariamente romântico, contraditório, misto — alemão afrancesado, judeu cristianizado — que, sem ter chegado à negação de Deus, chegou a uma concepção ultracristã e caracteristicamente juvenil de Jeová, mais como avô de jovens do que de pai de adultos. "Il pardonnera — c'est son métier"*, dizia Heine, do Deus que ele concebia tão à brasileira como um "pai com açúcar", como diria o nosso Lauro Müller. Um Deus avô de netos que são travessos, rebeldes, violentos por vezes, destruidores de convenções menos por serem maus do que por se sentirem desajustados num mundo em aguda fase de transição com não pouco de valores tradicionalmente protetores de sociedades e de homens em tal estado de crise que eles é que necessitam de ser protegidos pelos homens e pelas sociedades a fim de não se despedaçarem de todo. A fim de resistirem a dissoluções que, imediatas e radicais, sem substitutos também imediatos, criariam situações provavelmente catastróficas tanto para destruidores como para guardiões de coisas, crenças, mitos, símbolos que fossem assim súbita e radicalmente destruídos.

E aqui — note-se outra vez o paradoxo — são os aparentes destruidores de coisas presentes, contemporâneas, saídos da juventude

---

* "Ele perdoará — é seu ofício". (N. da E.)

que se vêm erguendo como românticos saudosistas de certas formas de vivência e de convivência a que se ligavam — e se ligam — conteúdos em crise. E voltando a essas formas, adotando-as, revivendo-as, atualizando seus arcaísmos estilísticos, indiretamente revivem partes ou resíduos dos seus conteúdos.

Pode-se já fixar novo tipo, paradoxal, certamente, de jovem moderno com alguma coisa de pós-moderno, como que anfíbio na aparência — nem rapaz, nem moça, porém rapaz-moça — a quem começa a corresponder uma personalidade igualmente paradoxal ou anfíbia: a do jovem revolucionário sem convicção nem ideologia revolucionária, porém revolucionário apenas na sua forma de ser jovem ou, antes, de ser transitório; sem que essa forma tenha conteúdo definido. Uma espécie de arte, a desse revolucionário por um gosto de ação anticonvencional, anticonservadora mais do que antitradicional. Espécie de violência pela violência — e não apenas de arte pela arte — que começa por ser contra a própria convenção do jovem do sexo masculino ostentar arrogantemente insígnias de sexo forte de todo contrárias às do belo sexo; e a jovem do sexo feminino diferenciar-se nos menores detalhes da sua aparência de jovem do sexo forte. Exceção: a ostentação por jovens do sexo masculino de cabelo no peito.

Está havendo da parte desse tipo anticonvencional, inovador, revolucionário de formas de jovem, quer de um sexo, quer do outro, com a tendência do jovem do sexo masculino a vestir-se e pentear-se de modo mais decorativo, mais colorido, mais ostensivamente estético do que a jovem, outro pendor característico de uma época de transição notável pelas suas contradições e pelos seus paradoxos; antilógica e não apenas anticonvencional; por vezes revolucionariamente anti-revolucionária e não de todo logicamente ou coerentemente revolucionária. Esse outro pendor paradoxal está a definir-se em atitudes de uns tantos jovens para com o sexo que de tanto se extremarem em afãs como que cientificoidemente experimentais estão desromantizando as aventuras, as experiências, as próprias audácias sexuais. O resultado é uma contradição entre esse anti-romantismo e a tendência maior da parte de muitos jovens de hoje que é — ou parece ser — para atitudes românticas em relação com as suas situações em tempos e espaços sociais.

A serem exatas algumas das sugestões aqui lançadas, as contradições do nosso tempo não poderiam ser mais flagrantemente contraditórias. Talvez se possa ir além e sugerir que várias delas ocorrem por não haver, atualmente, no mundo — nem no Ocidente nem no Oriente — um modernismo ingenuamente convencido, como tem ocorrido com modernismos no passado, de ser de fato redentor, messiânico, decisivo em termos absolutos. Não havendo essa força de convicção entre modernistas de hoje — força que deu ao marxismo, nos dias em que foi um modernismo desse tipo ou quando assim interpretado por alguns dos seus campeões mais atuantes —, os modernos atuais nem se sentem de todo firmes na sua oposição total a valores e normas do passado nem estão certos de ser o seu modernismo capaz de qualquer duração, dada a rapidez de mudanças tecnológicas com projeções sobre situações socioculturais em que vivemos. Dos jovens rebeldes de hoje, cuja presença se vem fazendo sentir em tão diferentes partes do mundo, são poucos, pouquíssimos, os que se destacam por comunicações que possam ser identificados como expressões de uma absoluta ortodoxia modernista de feitio messiânico ou redentor ou salvador sobre as bases — aquelas em que pretendem se associar *ismos* apenas modernos — racionais, científicos, lógicos. São violentas na forma sem que à sua violência correspondam, como conteúdos, absolutas ortodoxias revolucionárias. Ou convicções de validade absoluta como fundamento de ações ou atitudes modernistas de sentido revolucionário.

Em trabalho publicado já há alguns anos, sugeri que a influência, no mundo dos nossos dias, denominada "capitalista", por um lado, ou a influência chamada "comunista", por outro — *ismos* já convencionais e até, na sua pureza de sentido, já arcaicos — vêm sendo substituídas, em certas áreas, por uma influência eslavizante, por um lado, e, por outro, americanizante, isto é, anglo-americanizante ou ianquizante. Impactos de sistemas socioculturais, totais, hoje consciente ou inconscientemente imperiais, muito mais que impactos de puras superestruturas ideológicas ou de puras infra-estruturas econômicas, relativamente fáceis de ser, senão separadas de todo, destacadas até certo ponto daqueles sistemas, nenhum dos quais, aliás, é, nos nossos dias, rigidamente comunista ou inflexivelmente capitalista.

Será que os jovens alemães — perguntava eu naquele trabalho, referindo-me às Alemanhas que acabava de visitar — introspectivos como são, vêm procurando desenvolver tendências, desde o pós-guerra, no sentido de um arrojado ultrapassar de *ismos* convencionais que é também característico, atualmente, de vários outros europeus, dos próprios anglo-americanos menos simplistas ou mais lúcidos e que — segundo um eminente homem de ciência inglês de quem ouvi, não faz muito tempo, valiosas informações sobre o atual estado de espírito de certos setores da população russo-soviética (com os quais ele conviveu fraternalmente na sua qualidade de físico) — também se encontra nos mesmos setores de modo cada vez mais vivo e com possibilidades de projetar-se cada vez mais decisivamente sobre setores de comando político? Evidentemente sim. Nem seria de esperar que outra viesse sendo a situação alemã, tratando-se de um povo, mais do que qualquer outro, da Europa, filosófico, introspectivo, analítico, hamletiano, até, nos seus pendores, embora salvo, quase sempre, dos exageros analíticos que tais pendores implicam, pelo que conservam de vitalidade empreendedora, de capacidade realizadora, de ânimo construtivo e — não nos esqueçamos desse aspecto de sua maneira de ser — de ânimo romântico: um ânimo que torna vivamente atuais, não digo seus líderes, mas vários dos seus extremos de júnior e de sênior..

Da filosofia de Heidegger — da qual talvez se possa dizer que a de Sartre é um conjunto de plágios brilhantes — a quem não falta esse ânimo e essa atualidade românticos (não se deve confundir atualidade com modernismos), já houve quem dissesse que sua importância se exprimiria no fato de vir repercutindo, mais do que se tem verificado com outras filosofias modernas, na teologia, na arte, na pedagogia, e, por conseguinte, impregnando de modo imediato zonas de vida cultural que, de ordinário, só lentamente se deixam afetar por uma filosofia nova. Isto porque a filosofia existencialista, representada na Alemanha principalmente por Heidegger, vem concorrendo para uma superação de *ismos* convencionais, e, em face de situações novas e complexas, simplistas. Entre os *ismos*, em face de tais situações, talvez inadequados, por falta de amplitude ou de flexibilidade, estariam o racionalismo cartesiano, o positivismo francês, o pragmatismo anglo-americano, o behaviorismo quer russo, quer anglo-americano, o neotomismo. *Ismos* através dos quais vinham se exprimindo marxistas, por um lado, liberais, por outro, e, ainda, numa terceira área filosófica, cristãos.

São *ismos*, esses e outros, como *ismos* fechados ou estabilizados, que não atraem, atualmente, senão raros jovens em qualquer parte do mundo. A tendência entre os jovens, quer na Europa quer fora da Europa, é para uma filosofia que, tendo alguma coisa de existencial em seu modo de ser, não um sistema mas uma atitude, não é sequer existencialista em sua maneira de ser anti-essencialista. É romântica. Desdenha de lógicas e coerências. Parecendo ser solidarista — uma solidariedade de geração inquieta — e até certo ponto solidarista sem deixar de ser personalista. Romanticamente personalista.

Com o desprestígio dos *ismos* com pretensões a messiânicos está se verificando uma pluralidade de atitudes e de idéias aplicadas à solução de problemas humanos que tornam o atual panorama político-social uma projeção mais honesta de diferentes situações concretas: regionalmente diferentes. Diferentes pelo impacto, sobre elas, de desiguais heranças socioculturais.

Daí, por exemplo, não haver atualmente um marxismo único, monolítico, exclusivo, e sim uma constelação de diferentes interpretações de Marx e de suas idéias. Que o digam os socialismos africanos em que a sugestões marxistas se estão juntando, com crescente vigor, africanismos cada dia mais decisivos. Os africanismos estão se afirmando como substantivos. Os asiatismos também. E os latino-americanismos. O marxismo, diferentemente interpretado ou diversamente aplicado a situações desiguais, como adjetivo. O mesmo se pode dizer que vem acontecendo com o freudismo, com o cristianismo, com o próprio catolicismo — até há pouco tão cioso de uma unidade com pretensões absolutas, como o islamismo. A pluralidade cada dia caracteriza mais, no setor ideológico, a transição, em que vivemos, de um tempo social a outro.

A essa pluralidade no setor ideológico se junta — repita-se — outra que está a se manifestar no setor biossocial-cultural com um vigor, uma extensão, uma variedade de efeitos somáticos e, por vezes, estéticos e de conseqüências socioculturais, como nunca se verificou antes, na história humana. Essa pluralidade se afirma, por um lado, na crescente superação das chamadas raças puras pelas combinações de etnias as mais somaticamente diferentes, e, por outro lado, na também crescente superação de culturas isoladas por culturas em processo de interpretação. Trata-se de dois fenômenos atuais com projeções sobre o futuro de uma importância difícil de ser exagerada, tais as novas dimensões que um e outro fenômeno abrem à condição humana. São duas interpenetrações que se estão acelerando, intensificando, estendendo, de modo surpreendente, tais os redutos como que, até há pouco sagrados, de purismo étnico e de purismos que vêm sendo atingidos nos últimos anos.

Exemplos de áreas aparentemente intocáveis que estão sendo atingidas em cheio pela revolução biológica que se está tornando a miscigenação: o casamento de uma filha de primeiro-ministro britânico com um retinto negro africano; o casamento de uma filha de secretário de Estado dos Estados Unidos com um jovem de cor. Tais uniões teriam sido impossíveis há vinte anos. Hoje a esses exemplos mais ostensivos se juntam vários outros, menos sensacionais. No Brasil a situação já é metarracial.

Também se está verificando outra espécie de exogamia nas relações amorosas entre jovens de hoje com alguma coisa de pós-moderno a juntar-se à sua modernidade. Essa outra espécie de exogamia, isto é, de uniões de contrários atraídos um ao outro pelas suas profissões, extremos de suas diferenças, e aquela de que a figura romântica de Julieta tornou-se o símbolo. É a atração da mulher muito jovem pelo homem de idade já avançada, porém viril, e do homem de idade já avançada, porém viril, pela mulher muito jovem. Atração que, contrariada por vezes por convenções, sempre existiu e foi, em tempos remotos, bem compreendida pelos hebreus. A verdade porém é que vinha sendo mais que dificultada pela convenção de só serem biossocialmente saudáveis as uniões, no tempo social, endogâmicas, isto é, entre indivíduos biológicos pertencentes ao mesmo grupo de idade. Com a atual liberdade ou a atual revolução sexual este é um dos tabus que estão sendo quebrados. Rompendo-o, destacou-se Charlie Chaplin ao casar-se, já homem provecto, com uma filha quase menina de Eugene O'Neill; quebrou-o mais de uma vez Picasso; quebrou-o recentemente, sem escândalo entre sua gente, mas provocando surpresas entre ocidentais, ilustre jurista paquistanês; e, mais recentemente, outro jurista provecto, este ocidental, membro até a idade-limite de egrégia Suprema Corte; quebraram-no Leopold Stokovski e continuam a quebrá-lo Casals e Segovia, do modo mais rasgadamente romântico e até romanesco; quebrou-o Bertrand Russell, também partidário ostensivo de casamentos sucessivos em vez de monogamia permanente; e acaba de quebrá-lo o romancista Henry Miller, casando-se, já homem de idade avançada, porém vigoroso, com mulher não só extremamente jovem porém de cor, sendo ele branco e ianque.

Enquanto a ortodoxia que vinha regulando, dentro de normas consagradas pelo século XV, mas nem sempre praticadas — e dessa contradição foi exemplo o nosso romântico Pedro I — casamentos e uniões amorosas, quanto à sua correspondência a grupos de idade semelhantes, ou endogâmicos, vem sendo quebrada pelos triunfos sobre a sua rigidez de uma como exogamia no tempo, outra ortodoxia vem se dissolvendo sob impactos românticos que, na Inglaterra, já se projetaram sobre leis pioneiras. Essa outra quebra de ortodoxia burguesa por um romantismo antes antiburguês que anticristão é a que consagra "casamentos" ou uniões amorosas homossexuais, através dessa consagração reabilitando, como pessoa socialmente normal e não monstruosa, o homossexual. É uma forma nova — assim consagrada — como que de endogamia, esta não no tempo, mas no espaço social. É a consagração do direito ao amor, já em alguns meios considerado normal, dos biossocialmente e psicoculturalmente tão semelhantes que são do mesmo sexo. Extremamente semelhantes. Portanto endogâmicos, em vez de dessemelhantes, como os indivíduos de etnias diferentes, de idades diferentes, de culturas diferentes, de classes diferentes, de regiões diferentes; exógamos cujas uniões amorosas, permanentes ou sucessivas, modernas características de mobilidade no espaço físico e de contato ou convivência no espaço social, vêm favorecendo e concorrendo assim para dar a esse setor da revolução romântica em que vivemos aspectos de uma substituição em predominâncias de valores estéticos e de normas éticas que tornam o que é moderno em nossa época já pós-moderna, tal a maneira por que as resistências às inovações estão capitulando em face de arrojos mais que ousados.

Não se deixe sem menção o fato de que, nos últimos decênios, vem se atenuando, ao ponto de estar se tornando quase insignificante, o preconceito contra o homossexual. Preconceito que, nos dias de Oscar Wilde, atingiu extremos verdadeiramente dramáticos. De tais extremos não viriam a padecer, nos nossos dias, homens ilustres, declarada ou encobertamente homossexuais, como Marcel Proust, Lawrence da Arábia, André Gide, Jean Cocteau, embora a inteira normalização social da figura do homossexual como a da figura do mestiço esteja ainda por processar-se. Mas a ninguém escapa a aceleração do processo dessas duas normalizações como expressões da revolução romântica em que vivemos e que tem entre suas tendências de sentido ético a reabilitação dessas duas grandes vítimas, durante séculos, em várias sociedades, de uma injustiça social aparentemente fundada em razões biológicas: a de serem o homossexual e o mestiço desvio como que monstruoso de uma perfeita normalidade biológica. Normalidade tão difícil de ser rigorosamente determinada, certo como é que ela é também plural e não singular, não se sabendo se um possível controle da genética, já entrevisto por alguns biólogos, permitirá essa normalidade dirigida de acordo — se a tanto se chegar — com padrões inevitavelmente arbitrários quanto ao que se venha considerar um homem idealmente normal ou, talvez, um super-homem menos nietzschiano que clinicamente eugênico.

Se nos voltarmos para possíveis futuros nos quais se prolonguem substituições de normas anti-romanticamente burguesas — palavra que não é aqui empregada com qualquer sentido pejorativo — por estilos romanticamente ou romanticoidemente antiburgueses de convivência como os que vêm sendo sugeridos, vamos nos deparar com uma perspectiva de reorganização das relações amorosas entre os homens que importará numa concepção, em grande parte nova, do que se deve entender por função da família. Assim como há, entre teólogos de hoje, os que, pretendendo dar Deus como morto, se suicidam como teólogos, há futurólogos que se arriscam a considerar a família, como instituição, quase morta: "near the point of complete extinction",* diz o futurólogo Ferdinand Lundberg, no seu *The Coming World Transformation*. No que é acompanhado pelo psicanalista William Wolf, para quem "the family is dead except for the first year or two of child bearing".** São opiniões radicais sobre o assunto que outro futurólogo, Alvin Toffler, acolhe no seu recentíssimo *Future Shock*, sem adotá-las, embora admitindo a emergência de uma organização de família pós-moderna sob vários aspectos tão revolucionariamente nova de modo a poder ser entrevista,

---
* "próximo ao ponto de total extinção". (N. da E.)
** "a família está morta exceto nos primeiros um ou dois anos de criação do filho". (N. da E.)

por alguns ortodoxos por sua conceituação em relação com a instituição atual, como uma espécie de antifamília ou de ex-família.

Essa perspectiva não é, entretanto, atualmente, a de todos aqueles biólogos, sociólogos, psicólogos ou antropólogos que se incluam entre os futurólogos mais idôneos. De acordo com alguns — um deles o professor Irwin M. Greenberg, do Colégio Albert Einstein de Medicina —, a família, como se apresenta modernamente, será em face de um mundo pós-moderno mais vulcanicamente revolucionado — durante algum tempo — que o moderno, uma espécie de "raiz portátil", permitindo que o homem, alterado por mudanças em suas idéias, suas atitudes, suas formas de convivência, resista a excessos e como que se mantenha, até certo ponto, estável no meio da violência das transformações.

O futurólogo Toffler dá relevo ao impacto revolucionário sobre a família, tal como ela ainda se apresenta modernizante, do que chama "uma nova tecnologia" quanto à procriação e ao planejamento de prole, não apenas quanto à sua quantidade — assunto atualmente mais que debatido — como quanto à sua qualidade, certo como é que se admite ser possível, dentro de pouco tempo, planejar-se biologicamente um futuro filho quanto à sua figura física, o seu sexo, a sua personalidade, a sua inteligência. Tal virá a acontecer se vingar a idéia do em inglês chamado "babytorium", isto é, uma espécie de equivalente de banco de sangue no qual se adquiram embriões classificados segundo os característicos de cada um e que implantados no ventre de uma mãe desejosa de um tipo certo de filho lhe dará esse tipo certo, resguardando-a de riscos por ela, em face de sua hereditariedade ou da do seu companheiro, temidos ou receados. Segundo Toffler, tais possibilidades pós-modernas implicam uma revolução nas noções, até agora em vigor, de maternidade, que podem alterar nas bases a futura organização da família.

Em ligação com este ponto, surge a advertência da antropóloga Margaret Mead de ser possível a emergência de famílias que se especializem, por vocação ou gosto, em criar filhos menos seus que de outros indivíduos, enquanto casais ou indivíduos sem as mesmas tendências para a estabilidade, a paternidade, a maternidade, a criação de filhos, se sintam livres para uma vida mais nômade, quer conservando-se os mesmos casais, quer através de sucessivas uniões amorosas.

Pois mais de um futurólogo prevê, para os dias pós-modernos de que nos aproximamos, a intensificação deste aspecto, já em começo no

Ocidente, de revolução romântica em que vivemos: o que consagre uma como que neopoligamia. Uma neopoligamia que entre os ocidentais existe hoje, disfarçada, no meio da monogamia consagrada pela ética e pelo Direito dominantes. Mas que não se confessa: é inconfessável. Para mais de um futurólogo é inevitável sua consagração nos dias pós-modernos de que nos aproximamos. Admitindo-se que essa normalização, em sociedades ocidentais, de uma como neopoligamia, por sucessão de uniões, venha a verificar-se, ela significará outra vitória de tendências românticas sobre resistências anti-românticas, embora sexologistas como Gregório Marañon nos digam que os grandes amores — grandes e, por conseguinte, românticos — têm sido os monogâmicos como foi o que ligou os dois famosos poetas ingleses do século XIX: Robert e Elizabeth Barrett Browning. Para mais de um psicólogo de hoje, as uniões amorosas dificilmente se poderão manter senão quentes e líricas, mutuamente compreensivas sob formas monogâmicas permanentes, se lhes faltarem estímulos que as novas circunstâncias de convivência humana, sob novos impactos tecnológicos, talvez tendam antes a desfavorecer que a favorecer. Que efeito, sobre uniões monogâmicas permanentes, terá o aumento de média de vida, em conseqüência das diferentes idades sobre os cônjuges; ou o aumento de tempo desocupado? Ou o aumento do lazer? Como tendem a resistir a novas circunstâncias de convivência humana as noções, quer cavalheirescas, quer burguesas, de honra conjugal monogâmica? Não se verificará uma romântica tendência, já em começo nos dias atuais, para trocas como que normais de cônjuges que introduzam em predominância monogâmica aventuras poligâmicas?

É evidente que tais alterações de comportamento no tocante às relações entre os sexos serão condicionadas pelo maior ou menor impacto sobre elas de formas éticas que venham a desenvolver-se quer de seus próprios conteúdos — os éticos — quer do condicionamento que lhes foi, ou já esteja lhes sendo dado, por alterações, entre as gentes modernas, de atitudes religiosas. Pois é de prever para futuro não de todo remoto uma revivescência religiosa com projeções de caráter ético talvez regressivo sobre atitudes e sentimentos. Qual o futuro dessas atitudes? É talvez o futuro mais difícil de ser previsto ou mesmo imaginado. Uma coisa, porém, parece certa: a permanência ou a persistência ou a projeção sobre o futuro de uma religiosidade que, atualmente, não sendo atendida pelas religiões como que clássicas que, no Ocidente, vinham sendo representadas por Igrejas grandiosamente organizadas como a católica de Roma, a anglicana, algumas das protestantes mais eruditas — como a presbiteriana — está encontrando amparo ou refúgio em religiões românticas ou romanticóides: no Brasil, como em alguns outros países, em formas mais ou menos anarquicamente — no bom sentido de anarquia — evangélicas de cristianismo, em seitas afro-européias, ou de todo ou quase de todo africanas, na magia, na astrologia, em revivescência de cultos pagãos. O que se procura é a satisfação do pendor para o místico: um pendor romântico que vem resistindo, há séculos, às vitórias das ciências, das técnicas, dos meios racionais e anti-românticos de conhecimento em setores que, por mais importantes, não são totalmente importantes para o Homem. Não é de esperar-se do homem pós-moderno que se torne anti-romanticamente alheio ao mistério de que se vem nutrindo no passado e se nutre atualmente a religiosidade em oposição à racionalidade absoluta. Não é de esperar do homem pós-moderno que venha a ser um ser totalmente racional em sua vivência, em sua convivência e em suas crenças.

GERAÇÃO E TEMPO:
ASPECTOS DE SUAS INTER-RELAÇÕES

Aos vinte e dois anos, regressando ao Brasil depois de uns tantos anos de estudos universitários e de inquietações de adolescente em transição para jovem nos Estados Unidos e na Europa, proferiu o autor uma conferência a que pedantemente deu o título, em latim, de *Apologia pro generatione sua*. A geração de que procurava fazer a apologia menos retórica que discriminadora, era a dos então jovens ainda quentes da adolescência: os jovens quase juvenis de vinte anos. Considerava-os seus compatriotas no tempo. O que dizia, animado por essa espécie de patriotismo, era que a essa geração de inquietos o excepcional das circunstâncias impunha-lhe o dever de retificar pais transviados voltando-se por vezes aos avós desprezados porém valorosos. Isto no Brasil tanto quanto noutros países mais feridos do que nós pelas repercussões da Primeira Grande Guerra sobre seus jovens.

Retoma-se aqui o tema, menos para procurar-se fazer nova apologia que para tentar o autor uma interpretação da sua geração, não como o júnior que já não é, mas como o sênior que se tornou: um sênior que não repudia o que sua geração vem realizando, neste seu mais de meio século de relações com o tempo, embora o faça sem renunciar à responsabilidade de vir, um dia, a criticá-la pelas suas deficiências, criticando-se. Mas análise comparada: dando relevo às relações entre o sênior emergente com o júnior em declínio. Autocrítica no tempo.

As considerações a que se aventurará serão menos em torno de aspectos específicos do assunto — relações entre gerações dentro de um tempo histórico — que a propósito das relações do júnior com o sênior, à revelia dos tempos históricos que as condicionem, isto é, como relações quanto possível sociologicamente válidas para tempos sociais além de históricos.

Pois todo sênior tendo sido júnior, todo júnior — a conclusão é acaciana — é um sênior em potencial. Isto dá a dois tipos aparentemente contrários de homem uma íntima solidariedade superior a simples circunstâncias de tempo que os separam. Autobiograficamente, o júnior, pela imaginação prospectiva que faz de todo jovem um futurólogo amador, projeta-se em futuro sênior sob a forma de um triunfador sobre o tempo, seja como intelectual ou como político, como industrial ou como artista, como sacerdote ou como técnico, conforme a vocação ou a aspiração ou o sonho que cada um sonhe acordado — "wishful thinking"*, diz-se em inglês.

Seria, entretanto, um extremo de simplificação e, o que é pior, de simplismo, dividir-se uma geração, considerada em suas relações com o tempo, apenas em júnior e em sênior. Uma geração caminha pelo tempo através de várias fases que vão, como ninguém ignora, da infância à meninice, da meninice à adolescência, da adolescência à primeira mocidade, da primeira mocidade à segunda, da segunda mocidade à meia-idade, da mais ou menos longa meia-idade à primeira velhice, da primeira velhice à segunda. Ousarei sugerir que há um quase constante jogo político de conflitos e de alianças nas relações entre quatro ou cinco dessas situações temporais passíveis de ser reduzidas a três: a adolescência prolongada em primeira mocidade, a meia-idade e a primeira velhice, por vezes prolongada na segunda. Ou seja: relações de netos com avós, quase sempre como alianças, ao lado de relações de filhos com pais, quase sempre sob o aspecto de conflitos mais ou menos dramáticos. Mas não nos antecipemos sobre este ponto. Ele é de tal modo o sumo destas considerações com alguma pretensão a originais que não desejo procurar versá-lo senão no momento exato.

Antes de chegarmos a tal ponto, consideremos o homem histórico. Todo homem, grande ou pequeno, comum ou incomum, é um homem histórico, sendo também trans-histórico, como um indivíduo

---

* "pensamento otimista". (N. da E.)

socializado pelo meio e pelo tempo em pessoa a quem sucessivas situações no tempo, e não apenas, por vezes, no espaço, dão à sua personalidade ou, simplesmente, à sua pessoa diferentes aspectos. O grande mérito desses três grandes novelistas com alguma coisa de biógrafos e até de historiadores — historiadores sociais mais que científicos — que foram Defoe, Balzac e, sobretudo, Proust, foi terem se apercebido dessas alterações de caráter e de atitude que sofre todo homem ao mudar, biológica e socialmente, de situação, no tempo, mesmo quando não se altere o espaço social em que viva, de criança a velho. O fracasso de algumas biografias em que o biografado é do começo ao fim uma estátua quase indiferente ao tempo vem daí: de não considerar o biógrafo no biografado tais alterações. São alterações que fazem do homem, através de suas diferentes situações no tempo, não um ser sempre o mesmo, mas um constante estar sendo, como talvez dissesse Ortega. O jovem não é: está jovem. O próprio provecto não se fixa em provecto absoluto: está sendo provecto, e, entre nós, um Eugênio Gudin, um Cassiano Ricardo, um Silva Mello, um Fróes da Fonseca não foram, uns, nem são, outros, impedidos pela idade avançada de agir, de participar, de intervir na política, nas artes, no pensamento, nas ciências; e que, já independentes de compromissos que prendem a alta burguesia no tempo — os homens de trinta e cinco a sessenta e tantos anos — a interesses estabelecidos, tendem a compreender melhor que essa burguesia as inquietações, os anseios, os experimentos dos muito jovens, de cujas invasões nos seus domínios a alta burguesia no tempo tanto procura defender-se quanto das invasões dos seus novos inimigos: as gentes de idade e saúde prolongadas cujas atitudes, cujos interesses, cujos motivos de vida já não são os dos mesmos burgueses no tempo.

Daí a tendência, que é sociologicamente interessantíssima, para os equivalentes de netos formarem alianças com os equivalentes de avós, com esses dois grupos de idade numa como oposição aos grupos de idade madura — os equivalentes de pais — que formam aquela já referida espécie de alta classe média no tempo, presa a interesses econômicos, políticos, sociais que comprometem — admitidas exceções — sua independência. A tese é esta: são aqueles dois grupos — os de equivalentes de netos e os equivalentes de avós — os de ânimo mais renovador e de atividades mais independentes, embora essa independência, acentuada nos muito jovens, decline, em numerosos casos, nos jovens já em fase de pensarem em empregos, postos políticos, posições vantajosas em empresas. É quando sua verdadeira independência declina e começa, para muitos, sua fase de menor independência e de maior aburguesamento: aburguesamento no tempo social.

Duas das mais significativas expressões do Homem moderno e, sobretudo, do Homem além-de-moderno, que já se sobrepõe ao apenas moderno, são estas: suas novas relações com o tempo, numa época de começo de predominância, em várias sociedades, de tempo livre sobre tempo ocupado; suas novas relações com a cultura, numa época em que da criação dessa cultura — inclusive do que nela é arte — tendem a participar, com crescente vigor, grupos de idade de ordinário considerados incapazes, até por força de lei, dessa participação em termos ativos ou criadores: os de indivíduos de mais de setenta e mesmo de mais de oitenta. Os Joões XXIII, os Le Corbusier, os Adenauer, os De Gaulle, até há pouco tão influentes. Os Paulo VI, os von Braun, os Picasso, os Charlie Chaplin, os Segovia, um Toynbee, os Heidegger — ainda na militança em suas várias especialidades. É assunto que interessa ao biólogo, ao político, ao educador, ao sociólogo da Medicina, ao sociólogo da Arte, ao sociólogo do Lazer — que é já uma nova especialidade sociológica; e, de modo particular, ao futurólogo.

Essa crescente participação e aquela crescente predominância constituem aspectos de uma revolução biossocial em começo, talvez maior, pelas suas projeções, do que a chamada Revolução Industrial e, certamente, mais vasta, pelas suas dimensões, do que a Revolução Francesa ou do que a Revolução Russa ou do que a Revolução Chinesa. Liga-se ela ao crescente aumento de automação, ao crescente aumento de lazer e ao crescente aumento de média de vida humana sadia. Assuntos, em alguns dos seus aspectos, futurológico-médico-sociais. Em outros aspectos, mais do que isto: antropológicos, sociológicos, filosóficos.

Tende essa revolução biossocial a resultar, de modo ostensivo, em novos sentidos do que sejam homens gastos pelo tempo e do que seja tempo gasto pelos homens. São dois gastos que tendem a processar-se sob novas perspectivas e com novas conseqüências para o desenvolvimento das atuais culturas nacionais, em particular, e da cultura pan-humana, em geral. Ao desprezo, tão dos dois ou três últimos séculos, em grande parte do Ocidente, pelo homem desperdiçador de tempo e ao também desprezo pelo indivíduo, ou pela pessoa, de idade avançada, tido pelos de meia-idade — essa espécie de classe média ou de burguesia, repita-se, no tempo — por inutilizado, de tão gasto, pelo tempo mas, na verdade, inutilizado apenas por um tipo de tempo — o estritamente econômico, associado, por um lado, à incessante produção de dinheiro — "time is money" — por outro, ao trabalho físico incessantemente produtivo também de valores tão-somente materiais — tende a suceder-se a valorização ou a reabilitação dessas duas figuras, pelo que nelas é capacidade, em potencial, de concorrerem para novas expressões de vida e de cultura dentro de novas dimensões de tempo e de novas noções de tempo-valor.

Caminhamos, através de imensa revolução biossocial, para uma crescente desatualização, quer do capitalismo ortodoxo, quer dos seus opositores, também ortodoxos, vindos da época por excelência não só do tempo-dinheiro — o tempo capitalista — como do tempo-trabalho — o tempo trabalhista — isto é, o século XIX, prolongado nos primeiros decênios do século XX. Em suas formas mais veementes ou puras, o tempo trabalhista se fez notar por movimentos, em sua época, compreensíveis, justos e úteis: o Comunismo, o Sindicalismo, o Laborismo ou o Trabalhismo. São eles, entretanto, *ismos* quase de todo gastos ou meio superados pelo tempo além-de-histórico; e quase sem sentido para o homem além-de-moderno que já começa a sobrepor-se, aos olhos do futurólogo, ao apenas moderno.

Note-se o seguinte: que, de modo geral, numa típica população de moderno país dos chamados desenvolvidos, as alterações, nas relações, em números, entre grupos de idade, vêm sendo tais que no período de um século estatisticamente analisável sob este aspecto — 1850-1950 — apresentam-se surpreendentes e até espantosas, deixando de corresponder às previsões dos estatísticos mais ousados de há meio século. É assim que a presença, numa população assim típica, do grupo de idade constituído pelos indivíduos de idade superior a sessenta e cinco saltou, de 1850 a 1950, de 2,5% em 1850 para 8% em 1950. É o que já indicavam Louis Dublin e seus colaboradores, no seu *Length of Life* (Nova York, 1949). O fato vem destacado pelos professores Robert Havighurst e B. L. Neugarten no estudo *Society and Education* (Boston, 1957), em que examinam novas expressões de mobilidade na estrutura social de uma sociedade moderna do tipo da dos Estados Unidos, embora não se fixem no estudo de aspecto novíssimo de mobilidade dessa espécie: o constituído pela formação de um também novíssimo tipo de estudante universitário ou para-universitário: o de idade provecta. O de mais de sessenta e cinco anos. As universidades precisam de preparar-se para nova explosão de população estudantil que acrescente os jovens vindos de famílias pequeno-burguesas e operárias; e também os provectos, já pais e avós porém de ânimo estudantil. Com as previsões de, breve, o homem sênior e ocioso constituir-se em 25% de populações nacionais, em áreas superdesenvolvidas, a tendência será no sentido de acentuar-se, entre a gente assim sênior e ociosa, o desejo, já manifestado e realizado por seus pioneiros, de freqüentarem cursos universitários e de aí adquirirem novos saberes e novos motivos para viverem inteligente e ludicamente a vida.

Esses tipos novos, inesperados, quer de homem pós-moderno, quer de novas relações entre grupos de idade, é que se está procurando aqui destacar como uma das expressões mais interessantes da revolução biossocial do nosso tempo em conseqüência, em grande parte, do aumento de média de vida, por um lado, da crescente automação seguida de maior lazer ou ócio, por outro lado. Formam esse novo tipo de homem indivíduos de idade superior a sessenta ou sessenta e cinco ou setenta a quem a crescente automação, o crescente lazer, além desse crescente aumento de média de vida — vida sadia — induzem, em sociedades de economia, de organização social e de sistema cultural mais desenvolvidos, a nova espécie de aculturação: sua atualização efetiva na cultura em desenvolvimento ou em transformação. Mais: sua participação ativa no controle político da sociedade a que pertencem começa a ser um fato no equilíbrio entre poderes representado pelo equilíbrio entre gerações.

Isto principia a verificar-se com conseqüências que se tornarão provavelmente consideráveis sobre as relações dos assim idosos com a mesma sociedade, quer no plano intelectual, em geral, quer no especificamente político, e até político-eleitoral, em particular. Exige já o fenômeno, dos médicos, crescente reorientação de suas relações de médicos com pessoas de idade superior a sessenta e cinco anos, que, com o aumento de média de vida e de saúde, se tornam, por vezes, quase jovens. São pessoas não mais a serem tratadas, quando enfermas, simplistamente, como senis desprezíveis, já quase inúteis, porém como ainda biossocialmente válidas. Geriatria e Gerontologia é a orientação que agora seguem em contraste com uma medicina para velhos que vinha sendo uma espécie de caridade da parte da burguesia no tempo para com seus rivais, em potencial, pós-burgueses, na ocupação de postos ou posições de liderança, com maior saber, mais experiente inteligência e maior independência para decisões, no exercício dessas funções de liderança.

Há agora, em sociedades mais desenvolvidas, mobilidade social, não só de uma classe a outra, mas de uma posição ou de um *status* — sociocultural e psicossocial e até biossocial — até há pouco associado a um começo de inércia tido, de ordinário, como inevitavelmente biológico, para um *status* senão semelhante ao de indivíduo na primeira mocidade, e, portanto, em período intenso de atuação, rival, sob alguns aspectos, desse *status,* capaz de ultrapassá-lo sob outros aspectos. No que se refere ao ânimo renovador, o indivíduo idoso reaculturado, ou atualizado na sua cultura, será, com relação às tendências estabilizantes dos grupos de indivíduos na segunda mocidade ou na idade madura — espécie de burguesia no tempo biossocial, repita-se sempre — um elemento incomodamente, mas valorosamente, renovador, em face do estabilizado. Note-se que não se está a dizer dessa burguesia no tempo que não seja necessária e até essencial, como força estabilizadora, ao equilíbrio das sociedades modernas em transição para pós-modernas. O que se deseja sugerir é que igualmente necessários e essenciais a essas sociedades são os seus extremos: o extremamente júnior, já atuante, e o extremamente sênior, capaz de tornar-se quase tão atuante como o extremamente júnior; e um e outro caracterizados pela independência de atitudes, pelo ânimo livremente crítico e quase sempre, senão pelo que se considere vagamente idealismo, pelo que se defina como *élan* renovador. Ou criador.

Parece fora de dúvida que a tendência dos indivíduos biológicos que, como indivíduos dessa categoria, e como pessoas sociais, compõem, em sociedades modernas, os grupos de idade econômica e politicamente dominantes que, pelo número, são aqueles entre os trinta ou os trinta e cinco anos e os sessenta ou os sessenta e tantos anos, é para a conformidade, da parte de uns, com a ordem social e a ideologia ainda em vigor da parte de outros, com a ordem social e com a ideologia, de todo dominantes, e, pelos menos jovens ou pelos mais mercuriais, desse grupo de idade, consideradas em vias de se tornarem triunfantes sobre outros grupos biossociais já em declínio. A essa conformidade é que dão mostras de que se opõem, de modo, além de desinteressado e sincero, independente e construtivamente crítico, os grupos de idade nas fronteiras biossociais mais distantes daquela como que burguesia no tempo: os adolescentes e os jovens em estado mais prolongado de adolescência que chegam, por vezes, aos trinta ou trinta e cinco anos com esse ânimo; e os indivíduos de idade superior aos sessenta e aos sessenta e tantos, setenta anos, quando insistem em — constituindo-se, como estão se constituindo em várias sociedades modernas, num novo tipo de estudante e num novo tipo de cidadão — se conservarem não só vibrantemente em dia com os avanços culturais no espaço-tempo a que pertencem como em aplicar, pela atividade política, cívica, intelectual, artística, seu saber atualizado e sua inteligência aguçada pela experiência à consideração e à solução dos problemas da comunidade a que pertencem.

Sendo assim, em vez de esteios da ordem estabelecida, como ordem estática ou inerte, o que tais indivíduos-pessoas tendem, atualmente, a ser é críticos e renovadores dessa ordem, tendo como aliados os jovens ainda não seduzidos pela tendência — tendência de vários deles, após os vinte e cinco anos, os trinta, os trinta e cinco, e, por vezes, os precoces, antes dessa idade — a deixarem de ser independentes e espontâneos para cuidarem de sua estabilização sócio-econômica e política, pela adesão passiva, e, por vezes, calculada, a valores que lhes pareçam de todo dominantes. Sendo assim, nos modernos equivalentes sociológicos de netos, e na talvez crescente aliança entre eles e os modernos equivalentes sociológicos de avós, nós teríamos, nas sociedades modernas do tipo geralmente considerado mais desenvolvido, expressões de espontaneidade, de autenticidade, de independência, de crítica, que estariam concorrendo para corrigir excessos de conformidade e de adesão a ordens sociais estabilizadas, ou tidas por inevitavelmente triunfantes e insubstituíveis, pelos grupos de idade social dominantes.

As idades biossociais podem ser assim classificadas: de 15 a 25 ou 30 ou 35 — conforme o aumento de média de vida — adolescência e começo de mocidade, com uma duração de mais de dez ou quinze anos; de 25 a 35 ou a 40, mocidade plena, com uma duração de dez anos; de 35 ou 40 a 50 ou a 55, maturação, com uma duração de dez a quinze anos; de 50 ou 55 a 60 ou a 65, a considerada plena maturidade — a grande burguesia no tempo —, com uma duração de dez a quinze anos; depois dos 60 ou dos 65, idade provecta ou avançada, até à senil, cujo começo pode ser fixado — há exceções: Bertrand Russell aos noventa e poucos anos não se tornara um senil, nem senil é Pablo Casals, aos noventa e poucos, nem senil morreu há poucos anos Menéndez Pidal, aos noventa e tal, nem senil morreu Picasso, aos noventa e um anos.

As ciências sociais e as ciências biológicas precisam de caminhar juntas, em face do problema biossocial aqui apresentado: considerá-los através dos seus futurólogos. Medicina e Antropologia, Medicina e Sociologia, e até Medicina e Ciência Política, tendem a precisar de juntar-se cada vez mais para, sob o mesmo critério futurológico, concorrerem para orientar o desenvolvimento da civilização brasileira, como civilização moderna situada em espaço tropical e animada de um sentido também tropical de tempo e de ritmo de vida. Se nem todos os líderes políticos do Brasil atual, nem todos os legisladores, administradores, líderes industriais, líderes operários, líderes religiosos, educadores, são homens que se mostrem sensíveis aos esclarecimentos que lhes venham de cientistas naturais ou de cientistas sociais sobre o que sejam condições ecológicas de desenvolvimento humano, há, decerto, uns tantos a quem não falta essa sensibilidade; e para os quais a advertência dramática de antropólogos e de sociólogos com alguma coisa de pensadores e, como futurólogos, até dos outrora chamados profetas — de que, ao lado da proteção ao operário, as sociedades modernas estão no dever de proteger, médica e socialmente, não só a mãe e a criança — como já se vem fazendo —, nem apenas o doente — tantas vezes susceptível de ser reabilitado em elemento valioso, mesmo continuando doente, para a comunidade — como o indivíduo ou a pessoa de idade avançada e o indivíduo ou a pessoa, principalmente o de idade avançada, supradotado de inteligência, numa valiosíssima combinação de idade avançada com seu "saber de experiência feito", e com inteligência superior ou com seu gênio. Merece ele ser protegido pela comunidade no interesse da sua cultura. É uma advertência a que pode faltar ressonância retórica, mas a que não escasseia significação social. Particularmente médico-social ou médico-sociológica ou médico-antropológica, de modo ainda mais específico.

Sociedades da complexidade das modernas são sociedades que a todos, homens e mulheres, operários manuais e trabalhadores intelectuais, crianças e velhos, retardados e supradotados, urbanitas e ruralitas, devem estender sua proteção médica e seu amparo social a todos, preparando cada sociedade, conforme sua ecologia, seu espaço-tempo e sua dinâmica cultural, para atividades específicas segundo também diferentes capacidades individuais e tendo em vista diversos ambientes regionais de atividade. De todas essas diferenças poderá uma sociedade beneficiar-se de modo também diferente, porém dentro daquela complementaridade que caracteriza as organizações constituídas por energias ao mesmo tempo diferentes e inter-relacionadas, ou inter-relacionáveis, tanto no espaço como no tempo.

Qualitativamente, não falta ao Brasil de hoje a presença, em uns tantos postos de comando, senão político, intelectual, de indivíduos de idade superior a sessenta e tantos anos, sem que ela venha significando, da parte dos líderes brasileiros de várias especialidades, dentre os de idades assim já avançadas, o chamado reacionarismo, em qualquer de suas expressões caturramente conservantistas. Expressões que aliás não caracterizam, de modo algum, as nações de populações classificadas como sociologicamente e biologicamente idosas. Note-se das populações idosas que são as desenvolvidas em comparação com as de populações predominantemente jovens, que são as subdesenvolvidas.

A França, por exemplo, é hoje exemplo notável desse tipo de população — a idosa — sem que lhe falte inquietação renovadora nos vários setores de sua vida nacional. A Suécia, cuja medicina todos sabemos ser, sob vários aspectos, a mais arrojadamente experimental da atualidade, juntando-se esses arrojos médicos e outros tantos de caráter sociológico aplicados à organização social, é outro exemplo de não significar população idosa, população conservantista. A Dinamarca, com seu avançadíssimo cooperativismo, os Estados Unidos, em plena vibração renovadora da sua sociedade, da sua cultura e da sua economia, sob expressões a um tempo neocapitalistas e neo-socialistas, a Grã-Bretanha, com líderes, quer neoconservadores, que têm, em alguns pontos, ampliado e até ultrapassado idéias trabalhistas e convencionalmente socialistas a favor da valorização de elementos jovens vindos de populações operárias, quer neotrabalhistas — e é grande o aumento da população universitária naquele país, como verificou o autor em recentes contatos com universidades inglesas — são outros exemplos do mesmo sabor sociológico.

O Brasil não está no grupo de nações de populações idosas que alguns intérpretes de estatísticas, pelo critério apenas quantitativo, temem ser nações dominadas, como democracias eleitorais que são — o caso da França — por cidadãos idosos — cidadãos em número crescente, entre elas, e, proporcionalmente, em ascensão de número e de influência. Mas repita-se que isto se deve ao impacto de certas situações regionais sobre outras, sabido como é que o Brasil é numas áreas nação subdesenvolvida e, noutras, desenvolvida.

Qual a média de vida neste Brasil, numas áreas desenvolvido e, noutras, subdesenvolvido? Uma das mais baixas do mundo. Daí ser também estatisticamente baixa — é claro — a presença de indivíduos de idade superior a 65 anos na sua população. A percentagem de grupos de mais de 65 anos era em 1950 (segundo *The Aging Population and its Economic and Social Implications*, Nações Unidas, Nova York, 1956) a seguinte:

França	13,8
Reino Unido	12,3
Suécia	10,9
Itália	8,8
Estados Unidos	8,5
Países Baixos	8,0
Índia	3,8
Brasil	2,7

Vai, entretanto, aproximando-se o Brasil atual de um nível menos juvenil e mais adulto, na composição biológica, por idades ou por gerações, de sua população, com a média de vida da sua gente em moderada porém constante ascensão. Trata-se de fato honroso para o trabalho que, entre nós, vem sendo realizado por engenheiros físicos e por engenheiros, além de físicos, sociais — inclusive os sanitaristas e urbanistas; por médicos e por sociólogos; por higienistas e por educadores; por psicólogos e por economistas; por legisladores e por administradores; e, até mesmo, por aqueles bons políticos que, sufocados pela maioria dos maus, quase não dão na vista do grosso público, cada dia mais injustamente desdenhoso dos políticos de toda a espécie; mais desencantado deles; mais desenganado das promessas e mais desesperançado da retórica dos próprios demagogos carismáticos, alguns deles assuntos tanto para estudos da parte de sociólogos como da parte de psiquiatras. Como assunto a um tempo para médicos e para sociólogos é o papel que possa vir a desempenhar nos próximos anos, no Brasil, o crescente número de eleitores não só de mais de cinqüenta como de mais de sessenta anos, no sentido de um julgamento mais agudamente crítico e mais efetivamente independente — mais independente da ação do dinheiro sobre eleitores — através do voto, de governantes, de legisladores, de políticos a serem eleitos, pelo menos em parte, pelos mesmos eleitores. O mesmo poderia dizer-se quer de candidatos, quer de idéias defendidas por candidatos, do mesmo grupo de idade, em relação com os eleitores. Politicamente imaturos são uns tantos jovens; sem independência, isto é, social ou economicamente comprometidos com interesses estabilizados, apresenta-se grande número de eleitores de meia-idade. Não poucos candidatos de meia-idade se encontram, ao que indica seu comportamento, na mesma situação.

No fato de terem, em anos recentes, ganho a confiança de eleitores brasileiros — categoria que atualmente existe, por mais que a ignorem certos estrangeiros — em áreas das mais politizadas do país, candidatos de idade próxima de, ou superior a, sessenta anos, talvez já seja indício de que, no Brasil, como nos países de populações chamadas idosas, manifesta-se a tendência, da parte de grupos decisivos de eleitores, de valorizarem nos candidatos a maturidade adiantada — e a própria idade avançada. O caso, entre nós, de vários líderes de hoje. O caso, até há pouco, na Europa, do general Charles de Gaulle e o do Dr. Konrad Adenauer são expressivos. Sempre que esses idosos não se apresentem intransigentemente conservantistas ou reacionários mas, ao contrário — o caso de vários deles —, animados de idéias políticas ou de propósitos administrativos — estes, principalmente — renovadores, vêm despertando confiança além de esperança. Os propósitos que caracterizaram, sob vários aspectos, de modo notável, a ação do idoso De Gaulle, na França, conquistaram para eles, durante anos, na França, confiança superior à despertada por homens públicos de meia-idade.

Saliente-se, de passagem, que a própria experiência histórica brasileira nos oferece exemplos de indivíduos de idade avançada que foram, nessa idade, indivíduos renovadores e até revolucionários. Entre esses, Deodoro da Fonseca, ao tornar-se o líder supremo da revolução republicana de 1889; Rodrigues Alves, ao fazer-se, como presidente da República, ousado renovador dos métodos nacionais de administração, cercando-se, aliás, de jovens extremamente jovens como o então médico Osvaldo Cruz e o engenheiro Lauro Müller e tornando-se, assim, uma espécie de avô sociológico completado por netos sociológicos; Pereira Passos, ao salientar-se, já idoso, como renovador ainda mais ousado da cidade do Rio de Janeiro; o barão do Rio Branco, ao empreender, igualmente já idoso, completa renovação dos estilos brasileiros de política exterior, contrariando a rotina e as praxes do visconde de Cabo Frio e apoiando-se em verdadeiro jardim-de-infância de talentos jovens (Euclides da Cunha, Graça Aranha, Hélio Lobo, Araújo Jorge, Moniz Aragão e outros) equivalentes de netos sociológicos do seu avô sociológico; Rui Barbosa, ao chefiar, de modo inovador, a delegação do Brasil à Conferência de Paz de Haia em 1907; e, em Pernambuco, Estácio Coimbra, já idoso, ao incumbir, como governador do Estado, o então ainda jovem educador A. Carneiro Leão de traçar reforma do ensino adiantadíssima para a época e que ele, Estácio Coimbra, executou com desassombro e firmeza de jovem.

Foram esses provectos equivalentes sociológicos de avôs que se aliaram com equivalentes sociológicos de netos. Foram provectos aos quais se aliaram principalmente jovens extremamente jovens — equivalentes sociológicos de netos — para obras consideradas imprudentes por indivíduos de idade madura e equivalentes sociológicos de filhos, para com os pais.

Na Suécia atual — onde é tão alta a média de vida e tão desenvolvidas a Higiene e a Medicina social — se não é tão acentuada, como na França, na Alemanha e na Grã-Bretanha, a tendência para o eleitorado eleger cidadãos do tipo chamado sênior para grandes cargos políticos e administrativos, é fato que seus reis — que ali simbolizam a um tempo a estabilidade e o desenvolvimento nacionais — vêm se distinguindo pela longevidade. A participação dos cidadãos do mesmo tipo — sênior — nas eleições é também significativamente decisiva entre os suecos, rivalizando, já, em presença nas urnas, com a dos cidadãos de meia-idade e ultrapassando a dos eleitores do tipo júnior mais jovem; e todos se manifestando no mesmo sentido revolucionário-conservador que caracteriza, há anos, as tendências da democracia sueca.

Sucede, ainda, que, na Suécia atual, é crescente a freqüência de indivíduos de idade superior a sessenta e cinco anos, nos cursos de nível secundário ou universitário: cursos cada vez mais freqüentados por adultos com tempo livre. São muitos os suecos que, de idade superior aos sessenta anos, se juntam aos apenas de vinte e até a adolescentes — inclusive, considerável número de operários de tempo desocupado já quase igual ao ocupado e até mais longo que o ocupado — todos procurando instruir-se, tanto quanto os jovens, filhos de pais ricos ou burgueses, em universidades, em literatura, em ciência. Inclusive em ciência médica aplicada no cotidiano com os possíveis doentes tendendo a ser, em parte, seus próprios médicos. E também, com grande vantagem para a sua função de eleitores controladores dos eleitos, dedicando-se, noutros cursos, ao estudo de problemas sociais contemporâneos.

O que vem sucedendo também na Grã-Bretanha, na República Federal Alemã e nos Estados Unidos, notando-se que se vem verificando em indivíduos de idade superior a sessenta e a sessenta e cinco anos a capacidade de assimilarem plenamente, em cursos de literatura, de ciência, de filosofia, de arte, valores em muitos casos mal assimilados por estudantes de idade ainda verde. De modo que a Universidade moderna tem isto de revolucionário: começa a ser um centro de estudos — inclusive de aperfeiçoamento como que platônico, desinteressado de vantagens práticas, em várias ciências e artes — para indivíduos idosos tanto quanto para indivíduos juvenis, destruindo-se com isto o mito de que estudo é só para jovem; ou que é apenas aprendizado pragmático. Tal estudo — repita-se — é agora, em vários casos, aprendizado também lúdico, superiormente cultural no sentido de desinteressado, grande parte dele, de vantagem da chamada prática. Um modo de o indivíduo enriquecer sua sensibilidade e sua inteligência dispondo do tempo, imensamente livre, que o aumento de automação e o prolongamento de vida não lhe proporcionaram nunca, em épocas anteriores.

Referiu-se já o caso da França. Qual a sua exata situação com relação à composição biológica por gerações de sua população e às conseqüências de ordem sociológica dessa composição? Pelo último censo, a França se apresenta revolucionariamente — é esta uma nova revolução francesa — com 54 indivíduos de mais de sessenta e cinco anos para cada grupo de 100 crianças, enquanto os Estados Unidos têm 30 indivíduos da mesma situação de idade, e o Canadá, 25, para os mesmos grupos, respectivamente, de 100 crianças. Tal revolução biossocial na composição da população francesa concorre para nos esclarecer tanto o discutido fenômeno De Gaulle como o fato das violências estudantis em Paris em 1968 terem sido antes internacionais e chefiadas em parte por estrangeiros do que castiçamente franceses. Na França castiça está se verificando crescente aliança de equivalentes sociológicos de netos com equivalentes sociológicos de avós, deixando os equivalentes sociológicos de pais numa como posição defensiva.

Os maiores aumentos na relação dos indivíduos de mais de sessenta e cinco anos para com as crianças vêm sendo, no último meio século, nos Estados Unidos e no Canadá, com as grandes elevações, nesses países, como, aliás, na já citada Suécia, da média de vida. A correlação entre os dois aumentos vem sendo evidente.

Vê-se que, devido, em grande parte, à ação de ciências médicas em conjunto com as sociais, está em crise todo um importante monopólio com relação a estudos universitários: o monopólio desses estudos pelos jovens. Ao mesmo tempo, tais estudos em vez de pragmáticos estão se tornando — acentue-se mais uma vez — não só lúdicos como terapêuticos, podendo-se falar deles como substitutos, em benefício de indivíduos de idade avançada, aposentados, e de indivíduos de tempo desocupado — operários, técnicos, donas de casa, tornados ociosos pela crescente automação — da antiga e, em vários setores, arcaica, laborterapia. Do que mais se cogita agora é de uma ludoterapia: inclusive — repita-se — através de extensões da cultura universitária ou secundária tornados, quer ludoterapias, quer laborterapias, pelo tempo mais desocupado com a crescente automação. A crescente freqüência a cursos universitários, tornando-se atividade lúdica ou deleitosa e não apenas útil — o útil ligado ao ganho, ao dinheiro, ao rendimento em termos monetários — da educação adquirida em escolas por estudantes apenas pragmáticos. Corresponde esse novo tipo de estudo universitário à maior revolução biossocial já vivida pelo Homem. A que tende a mais alterar as relações entre grupos de idade e as relações de gerações, quer entre si, quer com o tempo.

FUTUROLOGIA:
ALGUNS DOS SEUS POSSÍVEIS MÉTODOS DE ANTECIPAÇÃO DE FUTUROS POSSÍVEIS

Do sociólogo se espera — salienta em trabalho recente o professor Paul F. Lazarsfeld, da Universidade de Colúmbia — que converta, através da sociologia, o conjunto quanto mais complexo, mais flutuante, de relações sociais em que vive o homem, num sistema compreensível ou numa sistemática de conhecimentos. Esse sistema de conhecimentos ou essa sistemática é que precisa de ser especificamente sociológico.

Para ser específica, a Sociologia vem renunciando a favor de outras ciências, de outros estudos, de outras sistemáticas, considerável quantidade de matéria indistintamente social. Também enorme massa de substância cultural cujo domínio lhe foi por algum tempo atribuído.

Em que direção e sob que orientação vem a Sociologia se tornando especificamente sociológica? Por que critério e caminhando para que conceitos-mestres sociológicos e para que objetos especificamente sociológicos de estudo — pessoa social, grupo, comunidade e outros — vem ela renunciando o domínio sobre aquela matéria indistintamente social sobre essa vasta substância cultural? É o que em *Sociologia* o autor vem tentando indicar desde a primeira edição desse livro, através de alguns conceitos sociológicos essenciais. Essenciais à caracterização da Sociologia como estudo de matéria especificamente sociológica, à parte — para que tal especificidade se defina da biológica e, quanto possível, separada da indistintamente social. Mas sem que o sociólogo perca, por amor à especificidade sociológica, o sentido de interdependência que os estudos sociais cada vez indicam mais precisar de ser seguido ou atendido, em suas relativas independências por especialistas: por todos os cientistas sociais com relação aos mesmos estudos. E também pelos biólogos e pelos filósofos e escritores e artistas preocupados com a condição ou com o destino humano.

Essas considerações em torno do que seja a especificidade sociológica dentro da galáxia de estudos sociais aplicam-se de alguma maneira ao que já possa ser considerado, dentro da mesma galáxia, especificidade — ainda em começo — futurológica. O que nos leva à questão de métodos que venham a ser utilizados ou desenvolvidos em estudos futurológicos.

Sabe-se que quando o sociólogo Max Weber falava do "processo de racionalização", como característico das sociedades modernas, referia-se ao impacto sobre essas sociedades de toda uma série de transformações e de reorientações rápidas de vivência e de convivência humanas, como resultados da maior aplicação das ciências, não só naturais como sociais, a assuntos sociais. Há quem pense ter a racionalidade se institucionalizado nas mesmas sociedades, tendo essa institucionalização por conseqüência — uma das conseqüências — a crescente instabilidade do homem moderno. É um homem, o moderno, a quem falta a segurança que lhe davam os mitos antigos — a palavra "mitos" não é usada aqui em sentido pejorativo — ainda não adaptados à moderna tecnologia racional que nos cerca. Pois não se pense dos mitos que facilmente se deixam extinguir pela racionalização da vida através da tecnologia: esperam sempre o momento de ressurgir sob novo aspecto.

O homem moderno vive no meio de um tal número de constantes inovações tecnológicas — novos tipos de avião, de submarino, de automóvel, de barco, de trator, de máquina de escrever, de calcular, de lavar roupa, de varrer, de refrigerar, de registrar, de gravar, novos processos de manufatura de ferro, de aço, de têxteis — que não tem havido tempo para essas manifestações de racionalidade se conciliarem com suas persistentes tendências no sentido de se assegurar da constância de sua não de todo racional condição humana e da constância do que há de ultra-racional em sua cultura. O choque entre essas duas tendências do homem civilizado moderno vem sendo o principal objeto de estudos daqueles moderníssimos psiquiatras sociais que têm o seu centro em Zurique; e para os quais o homem, por mais cercado de técnicas racionais, necessita do irracional para sua segurança, sua estabilidade e sua criatividade. Recorda-se aqui este fato para que não pareça pertencermos ao número dos pan-racionalistas que consideram ser possível a solução científica dos problemas do Homem civilizado através da pura tecnologia, por mais fecunda e engenhosa que ela seja. A psiquiatria, a psicologia, a antropologia, a sociologia também são ciências; e não se pode dizer dos seus principais cultores modernos que concordem em atribuir essa importância absoluta à tecnologia *per se*.

As modernas ciências do Homem — às quais começa a incorporar-se, com preocupações pós-modernas, uma possível Futurologia do mesmo modo que uma também biológica, e não apenas social, Tropicologia — já não obedecem às filosofias positivistas ou às neopositivistas que, durante quase um século, tiveram sobre ela influência preponderante, colorindo também suas relações com a engenharia física e com a engenharia social. Já não são maioria, porém minoria, os cientistas sociais que se julgam obrigados pelas normas filosóficas das ciências do Homem a se fecharem de tudo a quanto sejam projeções de ordem moral e estética e de caráter emocional — sobre o comportamento do Homem Social, que só seria susceptível de análise e de explicação científicas em termos do que um moderno e lúcido intérprete das mesmas ciências chama, repudiando-os, de "orientação racional do mundo"; ou nas exatas palavras desse escritor, que não é outro senão Bernard Barber, à página 259 do seu *Science and the Social Order:* "... positivistic social scientists who ignore or deny the whole area of the moral-esthetic-emotional and who try to understand human behavior entirely in terms of man's rational orientation of the world".* Quando a verdade é que "not all that is not rational in human life is ignorance and error and irrationality; not all that is non-empirical is unreal".** É assunto de que se ocupam magistralmente Hans J. Morgenthau no seu *Scientific Man and Power Politics*, publicado pela imprensa da Universidade de Chicago, em 1946, e Alexander H. Leighton, em *Human Relations in a Changing*

---

* "... os cientistas sociais positivistas que ignoram ou negam a área completa do moral-estético-emocional e que tentam compreender o comportamento humano inteiramente em termos da orientação racional do mundo". (N. da E.)
** "nem tudo o que não é racional na vida humana é ignorância e erro e irracionalidade; nem tudo o que é não-empírico é irreal". (N. da E.)

World (Nova York, 1949). Veja-se também sobre o assunto o conhecido livro de Lewis Mumford, *Technics and Civilization*, que, publicado em Nova York, em 1934, conserva sua atualidade. O que é certo também de *The Engineer in Society*, de John Mills, publicado em Nova York, em 1946, com relação a circunstâncias socioculturais que nem sempre racionalmente vêm condicionando a profissão e a atividade do moderno engenheiro em sociedades tidas por orientadas racionalmente.

Neste ponto, é preciso que se considere como de máxima importância, para o planejamento de futuros nacionais, os possíveis desprestígios que venham a sofrer atividades atualmente prestigiosas ou a desvalorização que venha a atingir atividades atualmente valorizadas. Assunto que se prende ao da orientação profissional com projeção sobre aqueles futuros; e que aqui não será referido senão de passagem e por alto.

Defrontamo-nos com problema interessantíssimo que é o do ensino da Matemática e das Ciências Físicas às novas gerações sejam quais forem as atividades a que se destinem. Sobretudo em país em desenvolvimento como o Brasil, precisa esse ensino de ser, quanto antes, reorientado no sentido de tornar-se, através de mestres psicologicamente, e não apenas tecnicamente, mais capazes do que os atuais, um ensino mais atraente e menos árido do que é, atualmente, em grande número de casos. Pois o mundo futuro parece vir a exigir, para ser compreendido, de quase todos os homens, e não apenas dos indivíduos que se destinem a atividades de base matemática, uma iniciação geral na Matemática e na Física, superior à atual. Será um mundo matematizado em parte considerável da sua cultura geral. Às novas gerações é preciso que as atuais cuidem, sem demora, de dar essa iniciação, correspondendo assim a um apelo inconfundível que nos vem de um futuro já próximo. Não se admite que se prolongue o estado atual das duas subculturas, a humanística e a científica, a se conservarem reciprocamente hostis, com o iniciado numa delas desdenhoso da outra; e o humanista ignorante da expressão matemática e empenhado na verbal. Seria nos resignarmos à pior das guerras civis.

Porém não só a Matemática e a Física são disciplinas em que os futuros homens precisam de ser iniciados desde os estudos primários: também noutras disciplinas científicas é preciso que se faça essa iniciação de crianças destinadas a ser futuros homens plenos; e não mancos ou em desarmonia com as exigências culturais de uma nova época. As chamadas ciências naturais são outras em que a criança de hoje precisa ir sendo iniciada de modo mais incisivo.

Em obra notável, *The Forest and the Sea* (Nova York, 1960), o ecologista Marston Bates destaca que a importância das relações do Homem com os animais e com as plantas não tende a diminuir ou a desaparecer com os progressos tecnológicos já em curso ou a serem desenvolvidos no futuro. O Homem necessitará sempre — repita-se — para que haja equilíbrio entre as relações desses progressos com ambientes naturais diversos, de uma "consciência ecológica". De modo que a solução do problema da alimentação humana não estaria — insista-se neste ponto — na possibilidade de o Homem futuro vir a nutrir-se, em qualquer parte do mundo, através de soluções químicas que dispensassem as próprias algas como alimento universal: um prodígio de simplificação de um problema complexo. Para o ecologista Marston Bates, o problema complexo de alimentação humana continuará a exigir soluções ecologicamente diversificadas e essas soluções exigirão conhecimentos íntimos, por diferentes grupos humanos, dos seus diferentes ambientes ecológicos; e a manutenção, nesses ambientes, do que neles é animal e vegetalmente diversificado, contendo-se ou retificando-se tendências para qualquer espécie de monocultura absorvente que por motivo estreitamente econômico faça violência a essa diversificação.

O que será preciso — pensam os ecologistas atuais — será uma crescente harmonização entre avanços tecnológicos até certo ponto uniformizadores da vida humana e recursos e ambientes naturais diversificados, para que dessa coexistência de tecnologia com natureza diversa resultem equilíbrios ecológicos que permitam ao Homem futuro ser uno e, ao mesmo tempo, diverso. Viver borealmente em ambiente boreal e viver tropicalmente em ambiente tropical, sem pretender-se que o tipo de vida adequado a um ambiente seja imposto imperialmente a outro ambiente, destruindo nesse outro ambiente as relações saudáveis entre o Homem e a natureza regional. É claro que o futurólogo precisa, a este respeito, de admitir a possibilidade de consideráveis mudanças de clima por meios tecnológicos. Mudanças dentro de certos limites.

Daí Sir Charles Galton Darwin, no seu futurológico *The Next Million Years* (Nova York, 1953), destacando que nós começamos a viver num período de revolução científica como nunca houve igual no passado humano, salientar, ao mesmo tempo, que leis biológicas continuarão a condicionar, por vezes contra certos progressos tecnológicos, relações essenciais, básicas, do Homem com a natureza. Donde o fracasso, já constatado no passado, de alguns desses aparentes progressos. Uma dessas leis é a variação das espécies que impõe à natureza humana uma constância só possível de ser avaliada em termos de milhões de anos; e tornando, assim, impossíveis alterações radicais no que é biológico nessa natureza tão constante no seu lastro biológico.

É claro que a chamada natureza humana só em parte é biológica. Mas não nos devemos esquecer de que parte dela é irredutivelmente biológica, e, como tal, constante e não plástica, impondo ao Homem relações de caráter biológico com ambientes e com situações naturais que, desprezadas ou ignoradas, tornam vãos aqueles planejamentos de todo antibiológicos, de caráter quer econômico, quer educacional ou político ou sociológico, para o Homem, em geral, ou para certas sociedades ou culturas, em particular.

Haverá, portanto, uma necessidade irrecusável do futurólogo que seja um especialista em Ciências Sociais de ser um iniciado em Ciências Naturais; e conhecer alguma coisa de Matemática ou de Física. Isto para lhe ser possível entender-se, em reuniões pluricientíficas, com cientistas naturais, físicos e matemáticos, para esforços coletivos de planejamentos de futuros nacionais ou regionais.

Os projetos de planejamento em torno do futuro global de certas áreas nos oferecem exemplos expressivos da crescente necessidade da articulação desses saberes — científicos sociais e científicos naturais, físicos-matemáticos e humanísticos — pois toda tentativa de planejamento assim regional — e o mesmo é certo de planejamentos nacionais que se faça sob um só critério ou uma só perspectiva — será, com certeza, não só falho ou precário como perigoso para a área ou a região, objeto de sua futurologia manca, se o plano passar do papel a execuções arbitrárias. É, por exemplo, o que se vem verificando com a Amazônia brasileira que não foi, até hoje, objeto de um estudo pluricientífico, ao mesmo tempo que humanístico, sobre o qual se baseasse um projeto de planejamento ecológico para o seu futuro global. Repetição do erro verificado em Brasília.

Aos brasileiros é um caso, o amazônico, de interesse especialíssimo, pois na Amazônia atualmente brasileira verificaram-se já experimentos quase de laboratório como tentativas de colonização, daquela área, por parte de outros grupos europeus que não o português: tentativas que resultaram em fracasso. Só o português, continuado pelo brasileiro — brasileiro principalmente descendente de português porém, em grande parte, já mestiço — vem obtendo algum êxito na domesticação daquela áspera área tropical, de vida vegetal diversificadíssima. Que se pode esperar do seu futuro? Como se poderá orientar esse futuro, sem se pretender aplicar a uma maior domesticação da selva amazônica, em vez dos métodos maciçamente importados de outras áreas, métodos tropicológicos; e, como métodos tropicológicos, adaptados a um tipo especialíssimo de trópico? Que se pode aproveitar da experiência já realizada de domesticação da área com conseqüências, em alguns pontos, animadoras, e, noutros, desanimadoras?

Já não se compreende que o sociólogo ou o antropólogo ou o economista brasileiro, o que estude e procure analisar, compreender, interpretar quanto, no Brasil, se exprime em conflitos, antagonismos ou tensões, ao lado de harmonias ou de tendências a harmonias, como as que se verificam, reconhecidos todos os obstáculos ao seu pleno desenvolvimento, no setor das relações entre raças, seja um ortodoxo em sua metodologia, adotada de europeus ou de anglo-americanos; ou que, em sua ideologia, seja um marxista ou um capitalista de feitio ianque. Contra esse simplismo vêm se levantando, de acordo, aliás, com arrojos já antigos da parte de brasileiros, o próprio autor, que, em São Paulo, no ano já remoto de 1935, em conferência proferida a pedido de estudantes, na Faculdade de Direito, procurou mostrar a necessidade de orientarmos os estudos sociais no nosso país dando ênfase à análise necessária a qualquer empreendimento através de métodos adequados à nossa situação, e pondo de quarentena doutrinas importadas do estrangeiro. Europeus de responsabilidade intelectual de um Georges Balandier e de um Jean Duvignaud, em recente reunião, em Paris, em torno de problemas de tensões entre classes sociais, em que insistiram? Precisamente nisto: em serem inadequados à análise e à interpretação de tensões em sociedades não européias conceitos sociológicos desenvolvidos por europeus, para definição de situações européias, como o marxista, de luta de classes, pelo menos na sua pureza. Que disse o professor Duvignaud, a propósito desse "Tiers Monde qui représente actuellement l'univers existentiel le plus actif"* e ao qual o Brasil pertence mais que ao outro? Que as tensões que o agitam "tout cela s'exprime aujourd'hui sous aspects qui ne cadrent peut-être pas avec la rationalité européene et qui appellent de nôtre part de modes d'interprétation et de concepts opératoires inédits".** Que disse o professor Balandier? Que, com efeito, o chamado "Tiers Monde", isto é, dois terços da atual humanidade, são um desafio à imaginação científica dos sociólogos de hoje e não apenas aos homens de ação política ou econômica. São aliás os homens de ação política ou econômica — acrescente-se ao professor Balandier — dependentes dos de estudo, para várias das suas decisões que venham a corresponder a situações novas, fora das fórmulas consagradas por europeus e anglo-americanos para situações européias e anglo-americanas.

Ainda mais expressivo foi, nessa utilíssima reunião em Paris, o pronunciamento do professor Goldmann. Para ele, nas sociedades não européias de agora, "les grandes tensions, les grandes injustices et les problèmes existentiels les plus urgents, sont autres que des conflits de classe. C'est pourquoi, si nous voulons analyser notre societé et les problèmes d'aujourd'hui, il est important de forger des concepts nouveaux. Il faut créer ces concepts lors de chaque analyse concrète; on ne gagnerait rien à essayer de conduire l'étude de ces problèmes à l'aide de concepts qui ne leur sont pas adéquats".***

As tensões inter-regionais no Brasil de hoje se sobrepõem não só às de "raça" — pouco intensas ou extensas no Brasil — como às de classe, como tensões sociais que prejudiquem o desenvolvimento harmônico, entre nós, de uma sociedade que, para ser plural, ao mesmo tempo que singular, não precisa de ser social e economicamente desconexa quanto ao conjunto de suas regiões ou uniforme quanto à sua política

---

* "Terceiro Mundo que representa atualmente o universo existencial mais ativo". (N. da E.)
** "tudo isso se exprime hoje sob aspectos que não se ajustam talvez com a racionalidade européia e que exigem de nós modos de interpretação e de conceitos operatórios inéditos". (N. da E.)
*** "as grandes tensões, as grandes injustiças e os problemas existenciais mais urgentes são outros que não as lutas de classe. Eis porque, se quisermos analisar nossa sociedade e os problemas de hoje, é importante forjar conceitos novos. É preciso criar tais conceitos a partir de cada análise concreta; não haveria vantagem alguma em conduzir o estudo desses problemas recorrendo a conceitos que não lhe são adequados". (N. da E.)

de desenvolvimento econômico, com várias regiões sacrificadas ao progresso material de uma só. Precisamos de considerar as tensões inter-regionais entre nós como problema econômico e problema social. Precisamos nos convencer de que devemos dar prioridade ao estudo científico-social dessas tensões para que sobre esse estudo se apóiem de modo mais firme decisões que tenham que ser tomadas por homens de ação política e de ação econômica. Foi pensando com antecipação em problemas tão graves para o nosso país que em 1949 cogitou o autor, no Parlamento nacional — por onde passou com aquela "despreparação em Direito Público", salientada há pouco pelo eminente ex-senador Afonso Arinos, numa das páginas do seu *A Escalada*, mas não de todo desatento a problemas então desconsiderados por juristas apenas juristas e por políticos somente políticos — da fundação, no país, de três institutos para estudos sociais que seguissem orientação dinamicamente inter-regional, situando-se um no Recife, para atender à situação do Brasil setentrional, outro no centro, para cuidar do estudo do Brasil central, um terceiro em Curitiba — por exemplo — para análise do Brasil meridional. Infelizmente fundou-se apenas o primeiro que, desde então, vem prestando serviços não de todo insignificantes ao país: aos seus dirigentes mais esclarecidos e não apenas a homens de estudo, nacionais e estrangeiros. Ainda agora, saem desse Instituto — o Joaquim Nabuco — estudos como o do professor Sílvio Rabello sobre possibilidades de fusão, no Nordeste, de formas de artesanato tradicional com pequenas e médias indústrias de um novo tipo, o do agrônomo-sociólogo José Marcelino da Rosa e Silva Neto, sobre a estrutura sócio-econômica da zona canavieira de Pernambuco, o de Mlle. Collier, da Sorbonne, agregada ao instituto brasileiro em curso de doutorado, sobre a situação da mulher nordestina em face do crescente impacto da industrialização sobre a vida regional — que são trabalhos capazes de servir de orientação a homens públicos, a empresários, a educadores, para decisões de caráter prático, dentro de um critério dinamicamente inter-regional de desenvolvimento do país.

Aqui podemos nos valer de advertências, não já de um novelista, grande psicólogo, como foi o russo Dostoiévski, mas de um eminente pesquisador-médico dos nossos dias, o inglês, já consagrado pelo Prêmio Nobel de Medicina, P. B. Medowar. Autor de *The Future of Man* (Londres,

1960), em sugestivo ensaio, "Anglo-Saxon Attitudes", publicado em *Encounter* (Londres), de agosto de 1965, acrescenta ele às sugestões desse seu livro — leitura essencial a quantos se interessem por uma possível Futurologia — reparos interessantíssimos em torno das relações do Homem moderno — sob alguns aspectos já Homem futuro — e as investigações científicas por esse homem moderno consideradas necessárias ao seu desenvolvimento; mas sobre o seu rumo e a sua metodologia sobre as quais há hoje divergências profundas. Pois há quem atualmente considere que a ciência se desenvolve como atividade de tal modo imaginativa que é a criatividade que distingue o cientista, por assim dizer maior, do cientista por assim dizer menor; e a este caberá "work out", isto é, testar, verificar, confirmar os arrojos daqueles. De onde os adeptos dessa interpretação do que seja ciência pensarem que os atuais patronos da pesquisa científica — isto é, as grandes fundações do tipo da Ford e da Rockefeller — deveriam favorecer, não tanto grandes projetos coletivos de pesquisa, como grandes indivíduos de gênio, desde que a história do desenvolvimento científico seria, na sua maior parte, uma história de "criações de homens de gênio": "a history of men of genius".

Critério ao qual se opõem todos os que consideram a ciência atividade menos imaginativa do que analítica e crítica. Tanto que em ciência a imaginação — sempre necessária, admitem esses antiimaginativos — precisa de estar sempre sob a vigilância de uma como censura, além de desapaixonada, cética: espécie de permanente "advogado do diabo". Daí estar certa a orientação das fundações — pensam estes apologistas de uma ciência mais analítica do que imaginativa — que favorecem antes projetos coletivos do que atividades de indivíduos isolados, mesmo geniais. Pois a ciência moderna dependeria crescentemente do consórcio de talentos.

Qual o juízo de Medowar em face dessas duas atitudes contraditórias sobre o papel da ciência voltada para problemas atuais e futuros que ela está sendo chamada a considerar? O de que há possibilidade de conciliar os extremos que os dois critérios representam. O cientista — pensa ele — precisa de ser livremente imaginativo mas, ao mesmo tempo, cético: criador e, ao mesmo tempo, crítico. Sua ciência precisa de ter alguma coisa de poesia para ser criadora; mas precisa de ter outro tanto da contabilidade dos guarda-livros, para ser ordenada.

A idéia de que depende, por vezes, uma revolução científica é criação de uma inteligência ou de um talento ou de um gênio individual. Mas para ser testada essa idéia é preciso que se juntem, em torno dela, em atitude analítica e crítica, talentos de várias espécies e de diversas especialidades. Experimentação e crítica, além de análise, de hipótese ou de idéia. Sem hipótese ou idéia, não é possível experimento nem análise, nem crítica. Mas a idéia, tão-somente, não tem realidade científica.

No caso de idéias ou hipóteses sobre possíveis futuros dificilmente se concebe que possam ser testadas por experimento de laboratório. Mas o experimento, nas ciências sociais, nem sempre é o de laboratório: freqüentes vezes é o que se realiza a céu-aberto. Não se reduz uma comunidade a material de laboratório fechado. Nem por isto deixa-se de poder testar, através do estudo direto de atitudes da parte de membros típicos dessa comunidade para com determinado assunto, uma hipótese ou idéia levantada a respeito da mesma comunidade.

Com relação ao futuro humano, essas possibilidades de verificação direta é claro que se reduzem ao mínimo. Não nos esqueçamos, porém, de que o futuro humano global é precedido, sob vários aspectos, de futuros parciais, porventura típicos e susceptíveis de serem analisados diretamente. De modo que, assim como o cientista social que seja antropólogo pode estudar em sociedades ou culturas das chamadas primitivas, sociedades e culturas nossas contemporâneas ao alcance da nossa vista, do nosso tato, do nosso ouvido, do nosso olfato, das técnicas objetivas de pesquisa científica por nós empregadas no estudo de outros grupos humanos nossos contemporâneos — pastoris, agrários, operários, etc. — assim também se encontram atualmente grupos humanos vivendo em tempos mais futuros que presentes; e por essa sua vivência, sob vários aspectos pósteros, nossos contemporâneos. É o caso de comunidades de áreas mais automatizadas: das suas gerações de adultos, já sob vários aspectos pósteros, ao mesmo tempo que contemporâneos, da maioria humana de hoje. É o caso das suas gerações de crianças e de adolescentes, nesses grupos tecnologicamente mais avançados; crianças e adolescentes porventura ainda mais pósteros, com relação àquela maioria, do que as gerações de seus pais. Tais grupos constituem material humano quase de laboratório, dos quais o futurólogo cioso da parte analítica, crítica, experimental, da sua ciência, pode — completando o futurólogo, homem de gênio — valer-se para a verificação de hipóteses que esteja imaginativamente levantando sobre possíveis futuros humanos.

Que o diga o caso sueco. A Suécia se apresenta, sob vários aspectos, ao futurólogo especializado em ciências sociais, como um desses laboratórios abertos para o estudo direto de conseqüências visíveis de desenvolvimentos tecnológicos que, já em vigor na Suécia, tendem a estender-se, em futuros mais ou menos próximos, a outras áreas ou a outras comunidades. Estudando-se com essa perspectiva o caso sueco, pode-se chegar a admitir vantagens e a identificar desvantagens de algumas, pelo menos, das conseqüências sociais de desenvolvimentos tecnológicos, ali já em vigor. Serão susceptíveis, algumas das desvantagens, de ser evitadas ou reduzidas noutras comunidades; enquanto com relação a algumas das vantagens será possível reforçá-las noutras áreas em que, entretanto, terão que ser adaptadas ou acomodadas a situações e tendências psicossociais, diferentes das suecas.

Pode assim o futurólogo especializado em ciências sociais considerar alguns dos aspectos de sua especialidade através de técnicas de verificação, de análise e de crítica, tendo em vista o que Medowar destaca como indispensável a toda investigação científica que não se limite a ser apenas imaginativa. Como cientista imaginativo, o futurólogo se resguardará de ser utópico; ou de deixar-se empolgar por valores de uma só categoria, fechando-se aos de outras categorias. Para tanto, ele precisará de suprir as dificuldades para realizar experimentos verificadores de suas hipóteses, com o máximo de análise crítica e de ceticismo científico de que seja capaz, sendo ele próprio "advogado do diabo" contra suas idéias; admitindo o embate dessas idéias com idéias contrárias; e vendo no futuro, em vez de um futuro único, futuros possíveis susceptíveis de serem, como construções de ciência social, uma espécie de esculturas móveis que, variando ao sabor dos ventos, não da história passada, mas da vindoura, conservem suas formas essenciais, permitindo que a essas formas se ajustem substâncias diversas.

"Vivemos no mundo que nós próprios criamos", disse Hegel; e essa sua afirmativa teria repercussão intensa sobre Karl Marx e sobre sua sociologia dinâmica, atuante. Sobre o socialismo dito científico e revolucionário que o marxismo — hoje em declínio — representaria do meado do século XIX aos nossos dias.

Pode-se dizer do futuro quase o mesmo: ele é, em grande parte, criado pelo homem. Plasmado, em parte, por nós. Esculpido em pêlos que, sendo presente e sofrendo influências do passado, concorrem para que o futuro tome formas que correspondam a desígnios que, atendendo a novas situações, excedam a experiências de tempos já vividos, sem repudiarem de todo tais experiências. Pois o Homem não é um ser sem antecessores: ele continua a ação, a cultura, a obra de antecessores, mesmo quando se rebela contra algumas das criações dos seus antecessores, destruindo-as para substituí-las.

Escrevendo essa obra sociologicamente tão significativa — obra-prima de sociologia da economia — que é *The End of Laissez-faire* (Londres, 1924), John Maynard Keynes foi, como homem de gênio, um dos precursores do que se pode considerar uma futurologia em formação, como ciência. Apenas lhe faltou empatia com os vindouros: ele viu os problemas do futuro de todo situados no seu presente. Sem aquela "emphasis not on what people want now but on what they will want or ought to want in the future"* que, em ensaio também recente *(Encounter,* Londres, agosto de 1965), sob o título "The Progress (and Perils) of Planning", Andrew Shonfield atribui aos futurólogos franceses especializados em planejamento econômico. Para que o futurólogo se situe o mais possível em possíveis situações futuras é preciso que, sendo um antropólogo, ele não seja só antropólogo, ou um sociólogo só um sociólogo, ou um economista só um economista, mas um transespecialista a que não falte nunca algum saber psicológico. Só assim ele será cientificamente empático. E conseguirá imaginar-se — com muitas deficiências, é claro — no século XXI. E encaminhar, de acordo com esse critério situacional, planos que conduzam o presente ao futuro, sem que se verifique tentativa de imperialismo do presente sobre o futuro.

Essa inter-relação de abordagens de métodos e até de ciências de um tipo com ciências de outro tipo começa a ser um característico da época que principiamos a viver, apresentando-se como corretivo ou reação aos exageros de especialismos a que nos levou a cultura ocidental orientada pelos alemães, nos grandes dias dos seus professores-dou-

---

* "ênfase não naquilo que o povo quer agora mas no que irá ou deverá querer no futuro". (N. da E.)

tores especializadíssimos nesta ou naquela minúcia; e ligado monogamicamente cada um a um método único de estudo. A tendência que se acentua, atualmente, nas próprias universidades alemãs, é para a inter-relação entre saberes. Não para um generalismo perigosamente vizinho do saber dos diletantes, mas para uma dinâmica inter-relação de saberes especializados. Inter-relação de saberes, de abordagens e de métodos, em face de problemas quer atuais, quer históricos; quer históricos, quer pré-históricos. Inter-relação de saberes que é também reclamada pela tendência, entre certos estudiosos do Homem, de suas sociedades e de suas culturas, para estudos socioculturais totais que sejam estudos futurológicos voltados para futuros socioculturais possíveis. O precário PhDeísmo ianque é o último obstáculo a esses estudos totais.

Estamos no começo de uma época de homens, de grupos, de sociedades não só de Ocidente como no próprio Oriente, voltados mais para o Futuro do que para o Passado. Mais do que nunca, insatisfeitos com o presente. Como salienta o bacteriologista americano de origem francesa René Jules Dubos, no capítulo "Utopias and Human Goals", do seu *Mirage of Health* (Nova York, 1959), é o desejo de mudança que põe o Homem à parte do que, no mundo, são sociedades estagnadas, em que o presente é, ao mesmo tempo, passado, sem tornar-se futuro. Sociedades semelhantes, em vários respeitos, às sociedades de formigas e de abelhas. Tais sociedades evitam problemas de adaptação a novas situações: problemas inseparáveis das sociedades que não só se abrem a futuros como os buscam. Problemas que encerram, alguns deles, perigos de vida para essas sociedades e para suas culturas.

Donde a necessidade de serem os seus possíveis futuros socioculturais considerados o mais possível cientificamente, através de estudos e mesmo de planejamento. Porém planejamentos que se elaboram através da reunião de saberes diversos. Não se compreende, à luz da melhor ciência social, que é um conjunto de ciências especiais, que o planejamento para o futuro de uma sociedade estagnada ou retardada se faça sob o jugo exclusivo de economistas ou de peritos em finanças ou em tecnologia ou em jurisprudência ou em política. Compreende-se, sim, que se faça através da reunião de saberes inter-relacionados. Foi como um grupo dos Estados Unidos elaborou essa obra coletiva interessantíssima de futurologia que é *Prospects for America*. É como procede o grupo francês orientado por De Jouvenel. É como, dentro de limites modestíssimos, está procurando articular-se o grupo do Seminário de Tropicologia, do Recife, em torno do possível futuro do Brasil como país líder — um dos líderes — de civilização pós-moderna nos trópicos.

Todo estudo mais amplo que se empreenda, com pretensões a cientificamente social — embora sem desprezo por subsídios humanísticos — de futuros possíveis, seja o futuro o de uma pessoa representativa de uma sociedade, ou de uma cultura, ou de uma instituição, ou, ainda, o de um ecossistema — o tropical brasileiro, por exemplo — precisa de ser realizado, ou tentado, como uma combinação de abordagens: de métodos e de saberes diversos. Abordagens, métodos e saberes que se completam.

Das ciências físicas, químicas, biológicas e das tecnologias delas derivadas repara Dennis Gabor, professor de Física Eletrônica Aplicada na Universidade de Londres, no seu *Inventing the Future* (Londres, 1961), que vêm alargando imensamente os chamados "possíveis mundos" — o que sugere novas configurações no espaço. Mas também — acrescente-se a Gabor — "possíveis futuros". Ou seja, novas configurações no espaço-tempo. Uma das novas configurações no espaço-tempo que está decorrendo da própria revolução que hoje se opera nas relações do Homem com o tempo: principalmente nas sociedades superindustrializadas que são também as mais adiantadas em arrojos de automação.

Pela primeira vez — nota o professor Gabor — fazemos face a um possível mundo — poderia ter dito: a um futuro já presente em algumas áreas — na qual só a minoria precisa de trabalhar para sustentar a grande maioria em lazer ou ócio. Breve a minoria que precisa de trabalhar em benefício dessa crescente maioria ociosa será tão pequena que poderá ser recrutada dentre voluntários que prefiram ao ócio as alegrias — para esses volutuosos do trabalho — de uma vida que considerem válida como útil.

A propósito do que o físico eletrônico desdobrado em sociólogo, e, assim misto, em futurólogo, em sua abordagem do possível futuro de sociedades que venham a ser caracterizadas pelo crescente tipo livre da maioria dos seus componentes, lembra que até agora o ócio, só desfrutado por pequenas minorias privilegiadas, tem levado vários componentes dessas minorias ao alcoolismo. Pois ócio para estes ociosos tem significado tédio. Gabor é dos que temem o ócio estendido a maiorias absolutas num futuro que se aproxima de nós, pois a seu ver — e aí o físico eletrônico acrescenta à sua perspectiva sociológica de um futuro caracterizado pelo ócio a psicológica — essa extensão de ócio absoluto significaria, se não fosse de algum modo controlada, a perda, pelo Homem, nas sociedades automatizadas, do ânimo de luta que, até passados recentes e mesmo na atualidade, vem sendo, porventura, excessivo, ao ponto de vir favorecendo violências: guerras civis, guerras internacionais, guerras entre grupos de nações. Donde a possibilidade de, em face de um futuro de sociedades crescentemente ociosas — e aqui à perspectiva sociológica, já acrescentada da psicológica, temos que juntar a psiquiátrica — recorrer-se ao trabalho não como meio de sustentar-se uma economia e, através da economia, uma sociedade, mas como corretivo psiquiátrico a um desajustamento pan-social-econômico, cultural, psicossocial, sob forma de laborterapia.

Para futurologistas como Gabor — que é, insista-se neste ponto, um físico eletrônico no seu saber especializado — o futuro previsível — a parte previsível do futuro humano ou do futuro das sociedades mais adiantadas de hoje — é tarefa que, outrora, teria sido repudiada pelos costumes e até contida por especialistas em eletrônica. Mas sem que falte a esse futuro — ao seu possível rumo, ao seu rumo susceptível de controle humano — uma parte que escapa a tais especialistas como escapa aos biólogos, aos químicos e até — adianta Gabor, no caso, insuspeito — aos psicólogos, aos quais poderia ter acrescentado os antropólogos, sociólogos e economistas apenas convencionalmente científicos. Essa parte do futuro que os cientistas apenas cientistas não poderão controlar é, segundo Gabor, a que poderá obedecer a inspirações ou sugestões — nas suas palavras — de "humanistas, de poetas, de escritores".

Pena, segundo o físico britânico, que da parte destes pouco mais venha aparecendo, nos últimos decênios, do que expressões de desespero e de desgosto. Deve ter pensado, ao escrever tais palavras, mais num Sartre que num Camus, mais num Spengler do que num Toynbee, mais num Faulkner do que num Robert Lowell, mais nos "jovens zangados" do seu país do que nos velhos que vêm aventurosamente e perigosamente, como — um exemplo — João XXIII, papa, concorrendo para dar rumos experimentalmente novos a futuros humanos.

À base de recentes estudos, através de métodos idôneos, pode-se sugerir, a respeito até das "raças" até há pouco consideradas fixas, que têm, senão os seus dias, os seus séculos contados. A crescente intercomunicação tende a comprometê-las de tal modo no que lhes resta, a cada uma, de pureza fixa, que não há exagero em prever-se o seu desaparecimento das categorias antropológicas como categorias inconfundíveis em seus traços susceptíveis de mensuração e de identificação. Tudo indica que caminhamos para várias meias-raças, para diversas combinações de estoques raciais uns com outros, para numerosas variantes de tipos mestiços, miscigenados, cruzados, recruzados. Mais: para metarraças conforme sugestão brasileira. Com essa tendência, os conceitos, as místicas, as idealizações de "raças" puras tendem a assumir, ao que parece, aspectos apenas sentimentais de nostalgias e a perderem sua eficácia nos movimentos políticos, nas tentativas de identificação de religião com raça e com cultura ou com civilização. As "raças" puras, com formas de corpo, espécie de cabelo, cores de pêlo e de olhos permanentes, estão tão em crise como os sexos e os climas absolutamente fixos. Estamos — repita-se — a caminho de metarraças.

Até lá, entretanto, quais os possíveis futuros intermediários entre a atual presença de "raças" como fatores na política internacional, nas divisões de grupos nacionais em dois ou três subgrupos antagônicos, nas identificações de estilos de cultura ou de valores de civilização com os característicos raciais dominantes em grupos nacionais ou supranacionais? São interrogações que inquietam o sociólogo ou o antropólogo preocupado com os possíveis futuros que a sociedade humana, crescentemente inter-relacionada nos seus sangues e nas suas culturas, terá que atravessar. Ou que começa a atravessar em algumas de suas áreas, embora noutras sejam ainda consideráveis as resistências a suas inter-relações ou interpenetrações. De qualquer maneira não é fantasia falar-se em metarraça como um conceito capaz de definir a possível superação dos atuais conceitos de "raças" por outro que venha a ser precisamente a negação desses conceitos ainda de pé, em face de continuar cientificamente válida a caracterização de tal povo como mongolóide, de tal outro como negróide, de um terceiro como caucasóide.

Quanto a sexos fixos, admita-se ter se tornado evidente nos anos imediatamente após a II Grande Guerra a idealização do herói masculino. Refletiu-se nas próprias modas femininas: masculinizaram-se. Data daí a voga das calças externas para mulheres. Algumas das barreiras antigas de segregação do sexo feminino como sexo ortodoxamente frágil, belo, gracioso, doméstico, dependente, quebraram-se ou enfraqueceram-se para, em seu lugar, desenvolver-se considerável igualdade de formas e de funções sociais entre os sexos. Igualdade que, de favorecida por novos costumes, passou, em vários casos, a ser consagrada, prestigiada ou facilitada por novas leis. Leis que não teriam se cristalizado juridicamente se lhes faltasse o apoio de estudos sobre a sociologia do sexo, segundo métodos que, quando utilizados em larga escala pelo professor Kinsey, foram, mais que os do pioneiro Havelock Ellis, futurológicos.

Com a década sessenta, viria a acentuar-se no Ocidente, e parece que em áreas do próprio Oriente, tendência em sentido oposto a essa excessiva idealização do herói masculino: a idealização de certos característicos do tipo feminino. Alguns desses característicos vêm sendo imitados, no Ocidente, pelo menos pelas novas gerações de adolescentes e de jovens do sexo masculino: as mais novas expressões de adolescência e de juventude vêm adquirindo característicos nitidamente bissexuais que, outrora, teriam sido repudiados pelos costumes e até contidos por leis dominadoras: pela tendência para costumes e leis acentuarem a diferenciação entre os sexos, o masculino, forte, o feminino, belo. Pão, pão, queijo, queijo. Nunca a consagração — como atualmente — do unissexo. Uma consagração com projeções sobre o futuro que talvez encontre reações.

Até que ponto se está chegando, em novas leis consagradoras de novos costumes, com relação a amores e a relações sexuais? À crescente tolerância não só de práticas bissexuais como de práticas homossexuais entre adultos, já legalmente admitidas nas Ilhas Britânicas: as mesmas onde, pela prática do amor homossexual, Oscar Wilde foi condenado a dura prisão. Tolerância em que parece manifestar-se a síntese daquelas duas sucessivas idealizações de opostos ou de antítese: a idealização do tipo masculino, primeiro, e, depois, a do feminino. Apresenta-se como exemplo, essa tolerância, de que até num setor como o do comportamento sexual leis revolucionárias podem suceder-se, sem grande demora, a inovações em costumes: inovações sociais. Antecipações. Pelo que não nos deve surpreender que à crescente igualdade social entre os sexos se sucedam leis que juridicamente consagrem essa igualdade, abrindo caminho à ascensão de indivíduos do sexo feminino a postos convencionalmente só associados ao sexo masculino. Inclusive, presidências de República. Abrindo também caminho — é possível — a uma como que consagração, além de social, em geral, especificamente jurídica, em particular, de um como terceiro sexo.

Às ondas sucessivas, antitéticas e, ultimamente, sintéticas, de masculinização e de feminilização de modelos, que vêm influindo há séculos sobre as tendências socioculturais mais características do Ocidente — influências que, dos costumes, têm passado a leis — pode-se acrescentar uma terceira, ainda mais importante, nos decênios recentes, do que elas: a influência no sentido da juvenilização de atitudes, de modos e de modas, quer de um sexo, quer de outro. É de uma sociedade, a ocidental, crescentemente juvenilizada nos seus estilos de vida, nas suas modas de trajo, nos seus ritmos de existência, nas suas formas de convivência, nas suas práticas sexuais. Os velhos, noutras épocas e noutras culturas, imitados pelos jovens, vêm ultimamente, entre os povos ocidentais, imitando — muitos deles — os jovens. A moda é principalmente a que o jovem não só sugere como impõe: o idoso segue-a, adota-a, acomoda-se, quanto possível, às suas exigências. E como a média de vida vem se elevando, vem se generalizando o uso de cosméticos, perucas, tinturas, artifícios, e sobretudo, nos anos mais recentes, da cirurgia plástica. Permitem ao idoso parecer jovem, adotar modos e modas juvenis, comportar-se juvenilmente.

Parece, entretanto, estar-se levantando no Ocidente uma onda sociocultural em sentido contrário ao da tendência para a juvenilização. Pensam alguns estudiosos do assunto, à base de pesquisas recentíssimas sobre tendências e comportamento das novas ou novíssimas gerações na Alemanha — onde a sociologia das relações entre gerações tem um cultor magistral no professor H. Schelsky, da Universidade de Münster — que tal acontece. Numerosos jovens, como que entediados de terem seus modos e suas modas juvenis copiadas pelos adultos, estariam se comportando como mais adultos que os adultos juvenilizados, vestindo-se como adultos, crescendo barbas como que de velhos, divertindo-se como adultos: colecionando antiguidades, até. Antiquários e alfarrabistas estariam em moda entre jovens desse tipo psicossocial. Passatempos evitados por gente idosa, como próprios só de velhos, estariam sendo adotados por jovens e até por adolescentes, numa como afirmativa paradoxal de que, também nesse setor, seria válida a chamada lei das compensações. O júnior a fazer as vezes do sênior, já que o sênior vinha se excedendo em deixar de ser sênior para ser — ou parecer ser — júnior.

De qualquer modo, porém, já a juvenilização da cultura — cultura no sentido sociológico da expressão — terá trazido, como fenômeno social alongado em fenômeno jurídico, alterações a leis que não desaparecerão como o refluxo que esteja porventura se verificando ante a tendência juvenilizadora. Leis que estendendo limites de idade para aposentadorias em atividades prestigiosamente intelectuais como o magistério universitário, a alta magistratura, a diplomacia de carreira, firmaram já direitos de indivíduos de idade superior a sessenta e cinco anos aos exercícios de tais funções, relacionando-se juridicamente a extensão da idade, a capacidade da inteligência, além de madura, de cada um, para o desempenho dessas funções. Isto, em correspondência com um aumento de média de vida que, sob orientação de uma nova especialidade médica, vem importando em extensão de energias, atividades e atitudes convencionalmente juvenis nos indivíduos, de ambos os sexos, de idade já provecta. De modo que é de imaginar-se do Homem futuro que seja menos dividido que o atual, pelo tempo, em dois ou três. Inclusive com relação ao gozo do sexo.

Assim como dificilmente se concebe um Homem futuro, resignado a que lhe privem — sob o pretexto de fazerem dele, pelo menos quando idoso, um super-homem sem animalidade — do gozo sexual, também não se concebe facilmente um Homem futuro resignado à perda dos prazeres do paladar, para acomodar-se a uma alimentação idealmente sintética. Essa alimentação é possível. Participou o autor em 1964, na Universidade de Colúmbia, de um seminário tipo Tannenbaum, em que o assunto foi discutido por mestres de várias especialidades científicas: por nutrólogos, industriais de alimentos, por psicólogos, por sociólogos, por *chefs* de cozinhas em restaurantes de vários tipos. Ficou mais do que claro ser possível, até em futuro próximo, produzirem-se alimentos sintéticos concentradíssimos.

Entretanto, estaria o Homem futuro disposto a depender exclusivamente, ou mesmo principalmente, para sua nutrição, de tais alimentos, sacrificando à vantagem que eles representam o seu paladar? Foi o que não pareceu provável à maioria dos participantes daquele seminário. O prazer do paladar é, como o prazer do sexo, essencial à condição humana. O alimento concentrado e a inseminação artificial não serão soluções para o futuro bem-estar humano se implicarem a extinção sistemática daqueles prazeres: também eles são parte daquele bem-estar. O paladar está ligado à vista, ao olfato, ao próprio tato, sabendo-se de certos alimentos que são mais gostosos quando o indivíduo se serve deles com os próprios dedos, à maneira dos primitivos com os seus pirões ou com os seus tacos de carne crua. O alimento sintético, deixando de ter cheiro, cor, forma para as mãos do indivíduo que dele se sirva, é como se fosse cinza. Precisa, portanto, de ser um meio-termo entre o passado e o futuro. Precisa de ser sintético, concentrado, sem deixar de ser agradável ao paladar, à vista, ao olfato, ao tato. Pelo que a solução do problema da redução do alimento difuso de hoje a um alimento idealmente sintético não depende apenas de químicos e economistas: também de psicólogos, de sociólogos, de artistas.

Quando, em 1959, o inglês — muito britanicamente físico e, ao mesmo tempo, novelista — Charles P. Snow levantou seu *acuso!* à crescente separação entre cientistas e não-cientistas no mundo intelectual moderno, a ponto de se vir constituindo cada grupo em um bloco de cultura fechada à cultura do outro, tocou num dos problemas mais merecedores da atenção das universidades e dos educadores de hoje; salientou uma das tendências que mais vêm comprometendo o futuro cultural do Homem. O *acuso!* de C. P. Snow apareceu em livro naquele ano: foi conferência proferida pelo autor na Universidade de Cambridge.

Não se concebia — destacou C. P. Snow — que continuassem os dois grupos a se diferenciarem pela segregação: intelectuais literários de um lado e intelectuais científicos do outro, os intelectuais científicos incluindo como seu elemento mais representativo os físicos. Entre os dois grupos — acentuou Snow — estava a desenvolver-se "incompreensão mútua". Às vezes, "hostilidade". Mas, quase sempre, falta de compreensão mútua, cada grupo tendo do outro lado uma imagem distorcida. Intelectuais literários como Eliot pareciam a Snow vir desdenhando dos científicos. Os científicos evidentemente vinham se considerando o único sal da terra: da terra e, acrescente-se com alguma malícia, do espaço, por eles em grande parte arrebatado já de tal modo aos intelectuais literários que a própria lua vem passando, na nossa época, de objeto de romantismo literário a objeto de neo-romantismo científico.

Significará essa substituição de romantismo a morte da compreensão imaginativa? Estará o novo romantismo — o científico — abrindo o caminho para um novo tipo de homem e de cultura, ele, puramente realista e especializado nesta ou naquela função, ela, puramente objetiva, ambos matematizados, cronometrados, mecanizados, especializados quanto a saberes, prazeres, funções? Será a tendência para a segregação das duas culturas — a literária e a científica — o começo da extinção da literária para o predomínio exclusivo da científica, com a literária crescentemente reduzida a puro luxo de sobrevivência intelectual?

Não se trata — salienta Charles P. Snow no seu hoje célebre *The Two Cultures and the Scientific Revolution*, publicado pela imprensa da Universidade de Cambridge, em 1959 — de fenômeno apenas inglês embora se apresentasse na Inglaterra de forma particularmente aguda. A Inglaterra já não era na década 50 deste século o que fora no fim do século XIX: um país em que um primeiro-ministro da cultura humanística de Lord Salisbury tinha em casa laboratório científico; em que Balfour — filósofo, além de estadista — era dado, mais do que como amador, a estudos de ciências naturais; em que John Anderson entendia de química orgânica. O que acontecera em meio século? Um distanciamento tal entre os dois tipos de cultura — a humanística e a científica — que a ignorância recíproca se tornara catastrófica, com humanistas de todo alheios à Segunda Lei da Termodinâmica e cientistas de todo desconhecedores de Shakespeare. Separação acentuada pelo PhDeísmo de origem germânica e depois dominante — quando já em declínio na Alemanha — nos Estados Unidos.

A solução estaria na reaproximação das duas culturas — ou antes subculturas — para formarem a cultura reclamada pela crescente importância, para o Homem, das ciências físicas e naturais, sem sacrifício da importância básica, para ele, das chamadas Humanidades. Mais: estaria na assimilação de conhecimentos científicos pelo humanista e de conhecimentos humanísticos pelo cientista. Ainda mais — pode-se acrescentar com alguma audácia: está em reconhecermos serem vários os setores da cultura em que os dois saberes podem com vantagem recíproca não só se reaproximarem como se interpenetrarem, resultando em criações magnificamente mistas. O caso das melhores obras, predominantemente literárias, porém com lastro científico, de Aldous Huxley. Que foi senão uma sociologia mista, que só um humanista completado por um cientista poderia ter produzido, a obra, ainda hoje viva e atuante, de Simmel, repelida apenas por pequenos sociólogos pedestres por lhe faltarem, além de jargão, os números sob que esses pedestres tão confortavelmente repousam das suas andanças raramente úteis àquele conhecimento mais profundo do Homem social que tantas vezes prescinde desse jargão e desses números? Que é senão sociologia da política, da melhor, a mista de Tocqueville no seu estudo clássico sobre os Estados Unidos — obra que continua viva ao lado de tantas sociologias pedestres já mortas? Ou sociologia da História, da mais autêntica, a de Fustel de Coulanges sobre a "cidade antiga"? Ou antropologia da mais genuína a de Redfield — tão ostensivamente humanístico no seu modo de ser antropológico quanto Keynes na sua maneira de ser economista? Que fez Nietzsche senão desdobrar-se, como escritor, em psicólogo social, partindo dos rigores convencionalmente científicos da filologia como a cultivavam os alemães do seu tempo e superando-os sem os desprezar? Que é senão misto o atual Toynbee de *A Historian's Approach to Religion?* Que é senão mista a sociologia do Direito do há pouco falecido Gurvitch? Que é senão mista a obra arrojada que Jean Duvignaud acaba de publicar sobre Sociologia do Teatro: obra que só um sociólogo apoiado num humanista poderia ter escrito? O caso também de Roger Caillois que levantou o perfil sociológico da novela. O caso, em língua espanhola, de Ganivet, o de Unamuno, o de Ortega e agora o de Julián Marías, tão sociólogos a seu modo de considerar o Homem — pois a Sociologia é uma mansão com muitas moradas — e tão humanistas. No Brasil, o caso de Euclides da Cunha.

Os futuros humanos não se deixam estudar em laboratórios. Nem através das técnicas chamadas objetivas de verificação. De onde a necessidade do futurólogo recorrer a métodos imaginativos e compreensivos; a ser sociólogo mais à maneira alemã, dos Simmel, que à americana até há pouco mais em voga, embora ela própria, atualmente, em crise; ou mesmo que à durkheimiana.

Daí poder-se dizer que, com a Futurologia, certos métodos de análise e de interpretação do Homem — sobretudo certos métodos antropológicos em vigor em estudos ibéricos clássicos como os de Vives — tendem a reatualizar-se, através — por exemplo — de autobiografias projetivas. Como saberia eu, homem de trinta anos — o eu aqui é hipotético e hipotética a idade sugerida — como serei aos sessenta? Ou aos setenta? Como serei eu — outro eu hipotético — solteiro, depois de casado, no papel de pai, no de avô, no de bisavô? São autobiografias projetivas que do plano individual poderão estender-se ao coletivo, numa possível transposição do método Eugen Rosenstock-Huessy — o autor de *The Autobiography of Western Man* (Nova York, 1938) e de *The Christian Future* (Nova York, 1946) — de autobiografia coletiva, do plano histórico-pretérito para o histórico-futuro. Pois o futuro também é história, sustenta Robert L. Heilbroner, no seu *The Future as History* (Nova York, 1966).

A autobiografia coletiva assim projetiva, que aqui se sugere, talvez pela primeira vez, à margem de uma metodologia futurológica em começo de elaboração ou formação, poderá vir a ser um dos métodos mais vigorosos a serviço do futurólogo, à semelhança do já sucedido com autobiografias retrospectivas provocadas e susceptíveis de serem comparadas, como as que servem de lastro ao livro, neste ponto pioneiro, *Ordem e Progresso*. Da antropologia retrospectiva e da história social de passados, remotos e próximos, pode-se ir à antropologia projetiva e à história social do futuro para tentativas de antecipar-se o antropólogo ou sociólogo na compreensão do Homem ainda em formação ou em desenvolvimento que é o homem em transição de moderno para além-de-moderno. Homem que, sendo o próprio futurólogo, será, em parte, toda uma geração com que ele, por empatia, procure se identificar; toda uma sociedade no tempo em movimento com que ele se antecipe em procurar conviver projetando-se nesse fluxo — nas suas ondas — imaginativamente, de modo semelhante ao do historiador ao procurar imergir em ondas de vivência anterior à da sua experiência direta ou imediata.

É claro que para ser futurólogo, no próprio setor das ciências sociais aplicadas, o indivíduo precisa, antes de tudo, de ser cientista ou pensador social; e não tão-somente político ou homem de ação ligado militantemente a esta ou aquela ideologia ou atividade ou instituição. Ao contrário: quanto maior for sua independência de instituições ou de ideologias fechadas, capazes de pressioná-lo neste ou naquele sentido, melhor, do ponto de vista do que dele se possa esperar como criatividade.

Com os trabalhos de intelectuais desse tipo é que a futurologia vem se enriquecendo com conjeturas e com sugestões de planejamento, da espécie definida por Andrew Shonfield, Diretor de Estudos do Instituto de Assuntos Internacionais, de Londres, e autor de *Modern Capitalism: The Changing Balance of Public and Private Power* (Londres, 1965), como "indicativas": "indicativas" na sua forma mais pura. Neles, há, talvez, ciência da chamada pura ao mesmo tempo que da considerada aplicada, embora não falte nunca, às suas sugestões, aplicabilidade.

Há, é certo, bons futurólogos que são economistas, financistas, antropólogos, psicólogos, sociólogos, ligados a instituições oficiais: ao Estado. Há os ligados a Igrejas, a Indústrias, a Sindicatos operários, a Associações agrárias. Tais ligações nem sempre comprometem neles a condição de cientistas ou de pensadores.

Na França, sabe-se que atualmente se desenvolvem métodos de planejamento que poderíamos considerar de futurologia aplicada que são, predominantemente, combinações das atuais abordagens: a mais puramente científica e a mais diretamente aplicável a situações concretas. Na Grã-Bretanha estão ocorrendo igualmente combinações das duas abordagens: tais combinações são preferidas pelos líderes trabalhistas, ali, atualmente, ainda importantes. Na Grã-Bretanha se vêm coordenando atividades planificadoras de órgãos governamentais, agora conservadores, com órgãos não-governamentais: atividades outrora desconexas.

Semelhantemente, a orientação francesa tende a combinar — repita-se — as duas abordagens. Daí fazerem parte da Grande Comissão francesa de Planejamento Nacional, convocada pelo órgão do Estado denominado *Commissariat du Plan*, representantes dos mais fortes grupos de interesses privados do país. Acontece, apenas, que esses representantes precisam constantemente de esclarecer, definir e justificar as atitudes dos grupos que representam perante representantes do Estado e futurólogos — chamemo-los assim, desde que planejamento é futurologia — independentes, membros da Grande Comissão de Planejamento Nacional; e para ela convocados à base de seus méritos individuais, de suas obras, de suas idéias, de seus livros. Portanto, como intelectuais, cortejados pelo Estado, e não como intelectuários, tornados funcionários passivos do Estado ou do grupo político que domine o poder. O Estado, o Governo, o grupo político no poder, é que toma as decisões quanto ao futuro nacional, através de planos para cuja organização concorre aquela comissão representativa de tendências e de interesses diversos. Mas os intelectuais independentes — sociólogos, antropólogos, psicólogos, educadores e não somente economistas e financistas — são ouvidos, inquiridos, consultados e, várias vezes, seguidos. Aliás, não foi senão como intelectual independente que M. André Malraux foi convocado para colaborador do governo De Gaulle.

Recorde-se ter sido outro intelectual independente, Keynes, o grande precursor de combinações de métodos científicos e políticos em planejamento nacional, através da importância por ele atribuída em *The End of Laissez-faire* aos "grupos semi-autônomos", os quais, dentro da estrutura estatal keynesiana, representariam interesses de grupos particulares o mais possível por eles próprios harmonizados com o interesse público, ou com o interesse nacional, pelo qual o Estado, afinal, zelaria. Bom inglês, Keynes pretendia em 1924 que o Estado na Grã-Bretanha fosse expressão daqueles interesses diversos. Interesses representados ainda, principalmente, pela vontade soberana do Parlamento, não tendo o inglês sido obrigado, senão algum tempo depois, a considerar a necessidade de tornar o próprio Parlamento, com a crescente complexidade dos problemas de administração e de governo, assessorado por peritos em planejamento — e, de algum modo, em futurologia — capazes de tratar com os peritos, assessores do Executivo, em termos de igualdade técnica ou científica. Tendência, para o assessoramento de parlamento ou de congresso, por esse tipo de peritos, que vem se acentuando na Grã-Bretanha e também nos Estados Unidos. E que já se está comunicando a outros países. Inclusive ao Brasil.

Não escapa a nenhum estudioso idôneo do assunto ter havido nas idéias de 1924 de Keynes alguma coisa de semelhante às do corporativismo do tipo que então madrugava na Europa; e que veio a ser, infelizmente, pervertido e até degradado pelo fascismo italiano. O que Keynes defendia, através da sua idéia de um Estado futuro em que o poder político associasse às suas responsabilidades de direção da coisa pública ou nacional a ativa, constante e desassombrada expressão dos interesses de corporações por ele definidas como "semi-autônomas", para, através desse consórcio, planejar-se o futuro nacional, em vez de se abandonar esse futuro ao "laissez-faire" liberalóide ou democratóide, era, afinal, uma vasta, ainda que flexível, organização corporativa. A responsabilidade do poder político cresceria não só como poder coordenador porém como poder decisivo. Mas limitada pela constante expressão, junto a ele, de representantes de corporações semi-autônomas cujos vários interesses — alguns em conflito entre si ou com o poder político pan-nacional — esse mesmo poder se encontraria na obrigação de atender, sempre que, atendendo a esses interesses, agisse, ou procurasse agir, em benefício do todo nacional. Harmonizaria, quanto possível, tais interesses, uns com os outros, ajustando-os todos ao interesse público, sem entretanto poder reduzi-los a seus vassalos. O poder político estaria assim desempenhando função semelhante à coordenadora, monárquica, dentro, porém, de uma organização corporativa em que as corporações fossem vivas, atuantes, semi-autônomas.

Não é senão nesse rumo que alguns futurólogos admitem desenvolvimentos futuros nas relações entre os grupos que constituem complexos nacionais, com a predominância crescentemente necessária ao interesse público do poder político sobre os demais sem que essa predominância se extreme em ditadura ou em neofascismo. O regime De Gaulle foi uma clara manifestação dessa tendência que, atualíssima, parece ir se projetando sobre o futuro nacional francês, com não poucos reflexos sobre o futuro transnacional europeu e até mundial; e menos contrariando aspirações populares francesas do que, segundo indícios dos chamados veementes, correspondendo a essas aspirações. O que já sucedera nos Estados Unidos com o avigoramento do poder político nos dias de Franklin Delano Roosevelt, assessorado por quase futurólogos.

A esta altura, é preciso — repita-se — que se considere como de máxima importância para o planejamento de futuros nacionais os possíveis desprestígios que venham a sofrer especialidades atualmente prestigiosas ou a desvalorização que venha atingir especialidades atualmente valorizadas. Assunto que se prende ao da reorientação de estudos, dos primários aos universitários, com projeção sobre aqueles futuros, tendo-se sempre em conta que a automação vai fazer do tempo livre do Homem um tempo imenso, que exigirá desse Homem criações em artes lúdicas tanto quanto em técnicas e ciências úteis; e em ciências e artes mistas, isto é, úteis e lúdicas. Portanto, algumas delas, científicas e humanísticas.

Entende o autor, a propósito desses e de outros problemas com que tem que defrontar-se o futurólogo, que a imaginação adjetivada de científica não deixa nem de ser imaginação por ser científica nem científica por ser imaginação. Nas ciências não-exatas, as indagações sobre o futuro são mais abertamente imaginativas que nas exatas, sem que essa maior liberdade para a conjetura científica, da parte dos futurólogos desse tipo, isto é, futurólogos nas ciências não-exatas, leve aos que sejam, entre eles, de ânimo ou de formação autenticamente científica, a desvarios de videntes ou de leitores de *buena dicha*. Daí eles próprios se disciplinarem através da consideração, por métodos, é certo que mais compreensivos do que estatísticos, do futuro como futuros: futuro no plural. Futuros como alternativas. Como futuros possíveis. Como futuros possíveis dos quais as gerações atuais possam escolher dois ou três, de preferência a um só, para favorecê-los com suas providências, com sua previdência e com sua presciência.

Serão necessariamente os futuros assim escolhidos os mais de acordo com os valores que possam ser considerados os mais dignos de ser procurados ou buscados em benefício do Homem: um Homem, também ele, não só singular, como plural. Pois não devemos nos esquecer da advertência de um grande psicólogo não acadêmico, certo russo chamado Dostoiévski, que em vez de tratados escreveu novelas. Adverte ele que nem todo homem será feliz com a felicidade total: haverá sempre os que precisam de alguma infelicidade, de alguma doença, de algum fracasso, para serem felizes. O exemplo atual dos suecos parece paradoxalmente nos sugerir que nem todo homem é feliz com a absoluta segurança, a perfeita higiene, a perfeita saúde, o perfeito conforto físico. Com a felicidade total assim constituída. Pelo que, planejando futuros sociais para seus vindouros, os cientistas sociais de uma época precisariam, paradoxalmente, de deixar aos vindouros oportunidades de serem, a seu modo, infelizes; e não felizes à maneira absoluta ou totalitária ou demagógica dos planejadores da sua felicidade, que em vez de futurólogos procedam como presentólogos.

Vê-se por essas sugestões que, ao lidar com perspectivas sobre o futuro, o futurólogo, por mais científico que procure ser, quer como cientista social, quer como cientista físico, lida com implicações subjetivas e, dentro delas, com aspectos, senão ilógicos e irracionais, sutilmente psicológicos, de problemas só aparentemente susceptíveis de puro trato objetivo. Precisa o futurólogo de atender aos aspectos não-objetivos desses problemas. Precisa ser futurólogo que admita outros valores futuros — ou de sempre — que não os em voga.

O autor procurou já versar o assunto, em conferência proferida, em Londres, na Real Sociedade de Antropologia da Grã-Bretanha. E repetida na Universidade de Münster.

Já é de vários cientistas e pensadores sociais modernos com alguma coisa de pós-moderno a atitude de ser possível o emprego de métodos cientificamente imaginativos ou empáticos que se acrescentem aos empíricos, quando os empíricos se revelam incapazes de certas abordagens. É tendência hoje, da parte de uns tantos estudiosos de problemas de metodologia, admitir a inclusão, nesses métodos, daquela imaginação ou daquela empatia que permita ao analista de sociedades e de civilizações projetar-se de modo como que participante nos passados dessas sociedades ou dessas civilizações, como os antropólogos do tipo de Robert Redfield vêm se projetando nos presentes de sociedades e de culturas das chamadas primitivas que, sendo contemporâneas das gentes civilizadas, parecem em tudo pré-históricas com relação a essas mesmas gentes civilizadas.

Em alguns dos seus trabalhos, o autor tem recorrido à pluralidade de métodos na análise e na tentativa de interpretação de passados socioculturais. Principalmente o passado sociocultural brasileiro. E esse esforço, se a princípio escandalizou ortodoxos dos métodos, rigorosamente empíricos, para os quais só o presente das sociedades humanas seria susceptível de ser cientificamente estudado por antropólogo ou por sociólogo e apenas através de tais métodos vem encontrando a compreensão simpática da parte de alguns dos maiores estudiosos modernos do assunto como, na Europa, um Roland Barthes, um Jean Pouillon, um Jean Duvignaud, um Julián Marías, um Fernand Braudel e vários críticos alemães e italianos que vêm comentando as recentes edições, em várias línguas, de ensaios do autor. Edições em língua alemã, em língua inglesa, em língua italiana, na francesa, na japonesa. O que aqui se registra para destacar que a inovação brasileira, quanto à pluralidade de métodos convergentes na análise de um assunto complexo na sua singularidade, vem encontrando uma receptividade que destoa da atitude, até há poucos anos dominante entre anglo-americanos e mesmo entre europeus, de zelo como que ortodoxo a favor de especialismos fechados em matéria de métodos nas análises sociais.

Se tal pluralidade de métodos é possível com relação a passados socioculturais, por que não admitir que seja válida para o estudo de possíveis futuros também socioculturais? São futuros susceptíveis de serem entrevistos por métodos empíricos quanto ao que neles é quantitativo ou numérico, como, por exemplo, prováveis aumentos, nos próximos cem anos, de populações nacionais e, dentro dessas populações, de grupos biológicos — grupos de sexo, de idade, de doentes de certas enfermidades — e até de grupos sociológicos — profissionais. São também sociedades susceptíveis de serem empaticamente imaginadas quanto a alguns aspectos qualitativos do seu comportamento sociocultural, admitindo-se que esse comportamento tome não um rumo determinado ou fatal, que se imagine a distância, porém dois, três ou quatro rumos possíveis. Dois, três ou quatro futuros ou desenvolvimentos possíveis, à base do que se imagine cientificamente dessas possibilidades, contando-se com obstáculos a um futuro linear e admitindo-se curvas que se contraponham a retas.

Tanto mais quanto, em estudos que assim se empreendam de futuros possíveis, à base das conjeturas, está naquele presente visível que já é futuro e é ainda, no tempo social, passado. Pois para o analista de sociedades e de culturas o tempo histórico ou cronológico, com suas datas fixas, é de pouco valor em comparação com o tempo social no qual os três tempos convencionais tendem a confundir-se, interpenetrando-se. E ser, assim, tempo tríbio.

Compreende-se que a busca de uma conciliação sistemática entre o afã de compreensão e o de objetividade, nas Ciências do Homem, venha levando cultores atuais, dentre os mais idôneos dessas ciências, à elaboração de métodos entre sociológicos e psicológicos, como a que se exprime na *Psychological Anthropology*, organizada por Francis Hsu e aparecida em 1961. Ou como a que mais recentemente se manifesta na obra coletiva *Anthropology and Human Behavior*, publicada em 1962, pela

Sociedade Antropológica de Washington; e na qual um dos colaboradores mais notáveis, o professor Ulrich Neiser, refere-se, à base da obra já clássica de Frederick C. Bartlett, *Remembering* (Cambridge, 1932), ao problema antropológico ou sociológico da memória da criança projetada na personalidade do adulto. O que nos leva ao que se pode considerar uma abordagem futurológica, de caráter psicossocial, no estudo da criança como futuro adulto. Pode-se talvez dizer dos vários futuros possíveis de uma criança que um se desenvolve, sobre os demais, conforme as combinações que se processam entre fatores hereditários e fatores ambientais, em conflito nesse desenvolvimento, com a criança de ordinário educada psicologicamente de acordo com hábitos dos chamados cognitivos e emocionais dos adultos, e sociologicamente conforme estilos de vida, normas de moralidade, convenções da sociedade e da cultura dominadas pelos mesmos adultos. Pode-se também ampliar tal perspectiva de criança com relação a adultos, na de adulto, hereditariamente condicionado, com relação aos seus ancestrais e aos seus contemporâneos; e desse adulto aparentemente individual, mas, na verdade, pessoa social, alonga-se a ampliação de abordagem a grupo, cujo futuro, dentre vários futuros possíveis, também dependeria de combinação entre aqueles fatores. Combinação susceptível de ser conseguida por métodos mistos, psicológicos e sociológicos, imaginativos e objetivos, de estudo, que permitam prognósticos ou antecipações.

No referido volume, a professora Margaret Mead, no capítulo "Retrospects and Prospects", destaca as deficiências da antropologia que despreza dimensões de tempo em suas pesquisas, parecendo-lhe por isto impossível estudar-se uma sociedade, um grupo biológico de idade — adolescentes, por exemplo — fora dessa dimensão, tanto retrospectiva como projetiva. Impossível lhe parece também o emprego exclusivo, em tais estudos, de métodos que prescindam de qualidades individuais ou pessoais dos pesquisadores, colocando-se, assim, em divergência dos que desdenham de quanta técnica de pesquisa antropológica ou sociológica seja dependente de aptidões ou talentos dos pesquisadores. A propósito do que chega a ser um tanto enfática, à página 136 da obra coletiva de que a sua colaboração é talvez a mais valiosa: "We (...) regard each individualized skill as an asset to be cherished, developed and used".*

---

* "Encaramos (...) cada aptidão individualizada como um trunfo a ser apreciado, desenvolvido e utilizado". (N. da E.)

A professora Mead salienta nesse seu recente estudo haver comunicação, a seu ver, cientificamente válida, entre a análise antropológica — ou sociológica — e as dimensões de tempo, estas levantadas através do estudo, por métodos histórico-culturais, ou histórico-sociais, de sobrevivências ou de antecedentes culturais. Por conseguinte, dimensões de tempo passado, não sendo do seu conhecimento o conceito brasileiro de tempo tríbio.

A outros estudiosos do assunto, a comunicação entre aquela análise e essas dimensões de tempo pode ser estendida, através de métodos projetivos equivalentes aos retrospectivos. O que é preciso é o sociólogo que se dedique a estudos de sociologia projetiva admitir, mais do que o especializado em sociologia retrospectiva, pluralidade de futuros como o outro admite pluralidade de passados, conforme realidades vividas diversamente por indivíduos socializados em pessoas e subgrupos componentes de um grupo, constituindo-se essa diversidade de experiências em verdades particulares por vezes contraditórias. Mas susceptíveis de constituírem uma como verdade geral.

Métodos psicossociais e, em vez de histórico-culturais ou histórico-sociais retrospectivos, projetivos — aceita a tese brasileira de filosofia ou sociologia do Tempo que considere o Homem, em geral, suas sociedades e culturas, em particular, imersas sempre numa fluência histórica que tanto vem do passado sobre o presente como se adiante, como que historicamente, sobre o futuro — têm que ser empregados, atendendo o futurologista a que futuros normais, de acordo com umas culturas, teriam que ser patológicos — alguns deles — em relação com outras culturas. O futuro social humano, como o passado, é culturalmente condicionado, embora, em vários casos, diferenças culturais atuantes, no que se considere presente e no que se considere passado, tendam a empalidecer no futuro, interpenetrando-se ou cruzando-se. O professor William Caudill, em ensaio sobre as relações entre antropologia e psicanálise, que consta da já referida obra coletiva, salienta, dos episódios possíveis no desenvolvimento do adolescente, que alguns dos considerados patológicos pelo psicanalista Erich Erikson, em *Identity and the Life Cycle* (Nova York, 1959), do ponto de vista da cultura ocidental, são normalmente esperados pelos japoneses, dos seus adolescentes em desenvolvimento. O que acontece no caso particular de adolescentes acontece sem dúvida no geral do desenvolvimento — todo desenvolvimento implica futuro — de sociedades inteiras, também elas culturalmente condicionadas, nesse desenvolvimento e nesse futuro, devendo, portanto, métodos como o psicanalítico, de indagação de tendências de comportamento, considerar esse condicionamento, em vez de entregar-se a um critério futurológico arbitrária ou simplistamente pan-humano.

Isto se aplica, de modo especial, à interpretação de sonhos — estado psíquico em que o indivíduo social confunde muitas vezes os tempos de sua existência, sempre culturalmente condicionada com o que, nos sonhos, é futuro, embora haja fenômenos dos chamados metapsíquicos em que se tem constatado, em sonhos e em estados semelhantes aos de sonhos, superação — aparente, pelo menos — desse condicionamento. O normal, entretanto, é esse condicionamento fazer-se sentir nas projeções sobre o futuro tanto de pacientes como de pesquisadores que concordem em assim projetar-se. É o que indicam principalmente as autobiografias projetivas através das quais adolescentes ou jovens sejam estimulados a traçar, imaginativamente, e de acordo, é evidente, com aspirações pessoais, o próprio futuro individual-social de cada um. Aliás, o método autobiográfico é dos que, com todas as suas deficiências, mais podem concorrer para indicar relações entre pessoas e tempos: os chamados tempos passados, tempos presentes, tempos futuros.

Com relação ao primeiro tipo de relações, apresenta-se de valor metodológico, susceptível de ser estendido a relações com outros tempos, a série de autobiografias dirigidas que constitui um dos lastros do ensaio histórico-social *Ordem e Progresso*. Seria interessantíssimo, por exemplo, que se obtivessem duzentas ou trezentas autobiografias projetivas dirigidas de moradores atuais de Brasília decididos a se fixarem na nova capital do Brasil; a conviverem permanentemente com esta cidade em desenvolvimento; a envelhecerem nela; a se tornarem, portanto, parte viva, vivente, convivente, do seu futuro prolongado de um presente quase sem passado específico. Teríamos nessas autobiografias projetivas material psicossocial valioso para uma concepção nesse setor do futuro de Brasília em termos ao mesmo tempo individuais e coletivos — compreensivamente socioculturais, portanto — que incluiriam aspectos cívicos, políticos, estéticos, religiosos, econômicos, desse futuro. Relativo futuro, aliás. Pois conforme o conceito de tempo tríbio não há futuro absoluto. Quando se diz futuro diz-se um futuro relativo.

O futuro de uma comunidade é susceptível de ser estudado por cientistas sociais através de vários métodos e conforme várias preferências: a demográfica, a econômica, a política. Os aspectos demográficos e econômicos são talvez os mais fáceis de ser alcançados, até estatisticamente, isto é, matematicamente, por um futurólogo ou futurologista que se especialize numa ou noutra dessas abordagens. Mas será sempre precária a abordagem demográfica ou econômica que se realize desprendida do contexto psico-sociocultural que condicione qualquer das duas no presente e que provavelmente continue a condicioná-lo no futuro. Daí o futurologista, do mesmo modo que o cientista social voltado principalmente para o estudo de um passado sociocultural, precisar de juntar ao seu especialismo algum transespecialismo e até certo generalismo. O que só poderá realizar-se através do emprego não de uma sistemática única de investigação ou de análise, mas de vários métodos: vários métodos combinados numa sistemática pluralista. Através não de uma abordagem só, mas de diversas, também combinadas, essa diversidade de abordagens, podendo ultrapassar o inter-relacionismo intracientífico para buscar, em certos setores inacessíveis à indagação puramente científica, a cooperação dos estudos ou dos métodos humanísticos.

Como observa Robert Redfield, numa de suas páginas magistrais, dentre as recolhidas por Margaret Park Redfield em *Human Nature and the Study of Society* (vol. 1, Chicago, 1962), o cientista social se utiliza de métodos precisos, sempre que possível. Recorre a possíveis experimentos e também a possíveis mensurações. Mas seus métodos não podem ser exatamente os mesmos do cientista biológico ou do cientista físico. Seus objetos de análise diferem dos biológicos e dos físicos. São objetos-sujeitos: humanos. Daí ser-lhe necessário recorrer à sua própria condição humana para compreendê-los. O físico não precisa de simpatizar com o átomo que estuda, nem o biólogo com o inseto que analisa. Mas o analista do comportamento humano e das instituições socioculturais necessita de proceder simpaticamente — e acrescente-se a Redfield: empaticamente, por vezes — com relação aos seus objetos-sujeitos de estudo para descobrir o que esses sujeitos pensam e sentem, ao agirem deste ou daquele modo; ou a reagirem deste ou daquele modo a estímulos ou a provocações; ou o que aquelas instituições significam ou simbolizam para os seus componentes ou para os estranhos.

A propósito do que o próprio Redfield lembra C. F. von Weizsacker, que já destacara o filólogo que procura compreender o significado de um texto ou o historiador que procura identificar a intenção de certa figura histórica. Ao proceder assim, entra o seu "Eu" no diálogo com o "Tu". É o analista a projetar-se na análise. Na análise do presente, na do passado, na do futuro — ou, segundo o conceito de tempo tríbio, dos três simultaneamente — sempre que se trate do futuro humano, ou psicossocial, do Homem, em geral; ou do de qualquer das suas sociedades; ou de qualquer das suas culturas, em particular.

Precisamos de considerar, no trato de uma possível futurologia que surge como novo ramo das Ciências do Homem, que o futurólogo ou o futurologista tem que lidar com o que Robert L. Heilbroner, no seu *The Future as History* (Nova York, 1960), chamaria de "meaningful futures". Para o estudo de "futuros significativos", o cientista social precisa não só de recorrer — repita-se — a métodos compreensivos; e não apenas aos estatísticos ou cientificamente imaginativos. Mais: tem que recorrer ao que oferecem as várias ciências sociais; métodos humanísticos de estudos do Homem vizinhos dos científicos, que, além de compreensivos, sejam poéticos, novelísticos, literários, filosóficos.

HOMEM E TEMPO,
HOMENS E TEMPOS

Vaidoso, como é, o Homem às vezes se jacta de matar o tempo, de ganhar o tempo, de perder tempo, de gastar tempo, de desperdiçar tempo, de recuperar tempo perdido. Tal acontece. Mas também sucede o inverso.

O tempo mata homens, gasta homens, supera o homem, ultrapassa homens. E o que sucede com indivíduos sucede com gerações: grupos inteiros de homens que vivem no tempo vida coletiva. Uma vida coletiva una e também plural. O que, entretanto, parece certo é que há tempos que morrem. Morrem para um homem que, como Homem, os ultrapassa.

Porque uma geração está dentro de toda uma época. Inclui homens de determinada idade em coexistência nem sempre pacífica com grupos de outras idades — sobreviventes ou nascentes — com os quais, dos da geração dominante, uns se cruzam, outros competem, alguns se entendem, vários entram em conflito. Temos então três categorias: geração, que não existe por si mesma mas que — em relação com outros grupos de idade — coexiste; época, que inclui vários grupos de idade em ainda mais ampla coexistência histórica no tempo; e tempo — uma espécie de infinito que vem sendo atravessado efemeramente por épocas, por gerações, pelo homem como indivíduo e como pessoa: quer a pessoa histórica, quer mesmo a trans-histórica. Pelo homem — como indivíduo biológico — infante, adolescente, jovem, de meia-idade, provecto. Pelo homem — como indivíduo socializado em pessoa — proto-histórico, histórico, contemporâneo.

A relação homem-tempo, época-tempo, geração-tempo é constante através de inconstâncias que se sucedem ou se cruzam. O tempo, antes de matar o indivíduo biológico, faz com que ele, passando de criança a jovem, de jovem a indivíduo de meia-idade, de indivíduo de meia-idade a provecto, mude de aspecto, de personalidade, de atitudes. Antes de extinguir uma época, faz com que também ela nasça, cresça, amadureça, decline. O mesmo deixa o tempo que suceda a cada geração: permite que ela surja messiânica, que se afirme contra a geração procedente, que pretenda dar ordens às gerações seguintes. Mas a constante é nenhuma geração realizar-se senão em parte, nenhuma destruir senão em partes os valores desenvolvidos pela geração antecedente, nenhuma influir senão em parte sobre os rumos da geração seguinte. Há uma inércia histórica, como em livro relativamente recente, *The Future as History* (Nova York, 1959), sugere o professor Robert L. Heilbroner, que aliás faz a apologia daquela inércia. A qual desempenharia, no tempo histórico, um papel, segundo ele, construtivo, evitando que o homem, supostamente em progresso constante, viva de instante para instante, com um instante sendo vivido à revelia do outro, sem nenhuma continuidade social de pai biológico para filho biológico, de época social para época social, de geração biossocial para geração biossocial.

Precisamos considerar que são vários os setores por onde o futurólogo tem que estender sua ciência imaginativamente, empaticamente: imaginando-se na situação de homem futuro. Mas disciplinando cientificamente, é claro, essa sua imaginação e essa sua empatia.

Ao presente — para empregarmos aqui termos convencionais — toca procurar mais compreender o futuro do que prolongar-se no futuro com as suas atuais atitudes e as suas atuais escalas de valores: exatamente as mesmas do presente projetadas arbitrariamente sobre o futuro. Projeção até certo ponto inevitável: o futuro é em parte, repita-se, criação de predecessores. Cabe, porém, aos predecessores concorrerem para dar às bases do futuro — até onde vão as possibilidades dos predecessores nesse sentido — formas que correspondam menos a concepções e situações presentes de vida que a possíveis ou prováveis desenvolvimentos dessas situações em tempos vindouros e em circunstâncias futuras até certo ponto previsíveis. Até certo ponto porque as previsões racionais sobre o futuro têm limites que a própria razão impõe. O que é certo, aliás, de toda análise sociológica racional: mesmo a que se fixe na consideração de situações visivelmente presentes.

Aspecto interessante a ser considerado das tendências das gerações novas e atuais é este: enquanto diminuem, em quase todos os países ditos civilizados independentemente de suas religiões, as vocações para o sacerdócio e para a vida monástica, constata-se, na racionalíssima França, cujo próprio catolicismo vem se tornando crescentemente racional, o que, em recente artigo na revista de Filosofia e de Ciências do Homem que é *Diogène*, de Paris, M. Jacques Maitre chama de "vogue considérable et croissante de l'astrologie".* Essa voga — que também ocorre em países de língua inglesa — se apresenta sob a forma de vulgarizações de conhecimentos científicos e de especulações esotéricas, bizarramente misturados.

Corresponde a voga atual da astrologia, entre gerações atuais e novas de países supercivilizados, sob alguns aspectos já contemporâneos de um tempo que, para gentes menos adiantadas, é futuro, ao que M. Maitre salienta ser "le recul de la sphère religieuse confessionelle".** As religiões — a própria religião católica-romana — deixando de insistir nos seus mistérios, como que envergonhando-se do que neles é irracional, e relaxando seu zelo em torno de símbolos — inclusive o símbolo extraordinariamente atuante que é o uso constante de vestes sacerdotais por sacerdotes — se apresentam vazias, para gentes atuais e jovens, animados de preocupações com o futuro, daquelas ultra-racionalidades que "la science laisse ouvertes".*** São essas ultra-racionalidades os espaços que estão sendo tomados atualmente, por um lado, por uma astrologia, uma cartomancia, uma grafologia, um espiritismo, um teosofismo, um ioguismo — entre nós, por um umbandismo — que se dizem científicos, alguns deles, em seu modo de ser místico, divinatórios e até futurológicos; por outro lado, por um comunismo dito marxista e científico, mas com característicos místicos evidentes em sua maneira de procurar tornar-se substituto de religiões mais ou menos suicidas, pela sua crescente inclinação no sentido de se tornarem racionais, antimisteriosas e antilitúrgicas. Por conseguinte, ex-religiões com alguma coisa de místico nas suas convicções fechadas.

---
* "voga considerável e crescente da astrologia". (N. da E.)
** "o recuo da esfera religiosa confessional". (N. da E.)
*** "a ciência deixa abertas". (N. da E.)

Compreende-se assim o desprestígio atual do sacerdócio, ou da vocação missionária ou evangélica, que entre protestantes, europeus e anglo-americanos, já não atrai ao papel de "homens de Deus" e "ministros de Cristo" indivíduos do porte de um Livingstone, notáveis também pela inteligência e pelo saber; e entre católicos-romanos vem deixando de animar em indivíduos de virtudes e talentos igualmente superiores o gosto até pelo martírio religioso. Tomando o lugar desses ex-homens de Deus, tornados políticos e campeões de causas apenas sociais, tais atividades estão sendo crescentemente exercidas por indivíduos de talentos e de virtudes menores. As antigas vocações para o sacerdócio estão encontrando compensações para suas frustrações em atividades científicas, artísticas, políticas, nas quais não vêm sendo raros, nos últimos decênios, a substituição de vocações religiosas, que ainda verdes se frustraram, por substitutos políticos ou estéticos. O caso de Stalin e o de Joyce; e, entre nós, é como se apresentam casos como o do economista-político Roberto Campos e o do ex-presidente Juscelino Kubitschek: dois quase *défroqués*.

Será, entretanto, definitivo esse desprestígio do sacerdócio — desprestígio tão evidente entre sociedades modernas onde às religiões está sendo preferida a astrologia? Será que as sociedades pós-modernas não retificarão esse talvez desvio para o inferior de uma tendência superior? E, com relação a outras atividades, quais serão as inclinações das hoje crianças destinadas a participar de sociedades pós-modernas? Como poderão os adultos de hoje, em parte responsáveis por futuros nacionais ou regionais, contribuir para animar em filhos adolescentes e em netos, crianças, vocações em harmonia com possíveis desenvolvimentos, além de tecnológicos, em particular, socioculturais, em geral, dos próximos decênios? Trata-se de problema importantíssimo para o futurólogo, em particular, e de modo geral para os adultos de agora que se preocupem não só com futuros nacionais e regionais como com os futuros de suas próprias descendências imediatas.

Os futuros regionais, dentro dos nacionais e até dos continentais, são atualmente objetos de estudos sistemáticos à base dos quais se desenvolvem não só esforços consideráveis de engenharia social como se definem, em ligações com esses esforços, verdadeiras filosofias sociais: as que se referem às relações entre Estados-nacionais e coletividades; entre Estados-nacionais e regiões retardadas. Que seja recordado, a este propósito, o caso das obras, evidentemente futurológicas, do Vale do Tennessee, nos Estados Unidos, que importaram na adoção, por um Estado-nacional tido, até então, por ortodoxamente capitalista, de medidas de caráter estatal-socialista, datando daí a crescente configuração desse grande império moderno como neocapitalista. Ao mesmo tempo, obras de recuperação regional na União Soviética, sob critério futurológico, vêm importando em crescentes desvios, da parte de um império, no plano teórico, socialista, e até paracomunista, de diretrizes socialistas, pela adoção de técnicas ostensivamente associadas antes ao neocapitalismo do que ao socialismo.

No Brasil de agora, têm caráter futurológico, com possível repercussão sobre o todo nacional, e sobre o que se possa considerar uma filosofia social brasileira voltada para o futuro, ao mesmo tempo que condicionada pelo passado, estudos para as obras de recuperação regional que vêm sendo empreendidas no Nordeste e na área amazônica; e no fenômeno social que, à parte de qualquer outro, é constituído por Brasília.

O caso da área amazônica que pertence ao Brasil é dos mais significativos como exemplo de colonização européia, ou para-européia, de área tropical, em que o português, seguido pelo seu continuador brasileiro — e a Amazônia vem sendo principalmente, para o Brasil, obra de autocolonização — obteve, ou vem obtendo, alguns significativos triunfos sobre obstáculos imensos, em contraste com os fracassos de esforços, no mesmo sentido, de outros europeus ou descendentes de europeus. Daí ser assunto dos que mais se impõem a um tratamento em conjunto sob o critério de inter-relação daqueles saberes, daquelas ciências e daqueles métodos de investigação que se vêm concentrando em aspectos particulares os mais diversos da ecologia tropical, quer apenas biológica, quer, além de biológica, social, quando sobre ela se faz sentir a presença do Homem e a de suas culturas, processando-se, ao mesmo tempo, influências daquela ecologia sobre essas presenças. No caso da Amazônia, com repercussões presumíveis sobre o futuro brasileiro, em particular, e humano, em geral, de considerável importância.

Pode-se mesmo dizer da incorporação da área amazônica ao sistema brasileiro de vivência, de convivência e de cultura que constitui, hoje, o teste definitivo, ou final, da capacidade da gente do Brasil — do Homem brasileiro — para desenvolver em espaço tropical — e dentro de um tempo que obriga o autocolonizador de agora a ser ultra-rápido — uma civilização além das modernas, pós-moderna, com valores e técnicas principalmente, mas não exclusivamente, nem definitivamente, europeus. Até há pouco essa incorporação da Amazônia ao sistema brasileiro se vinha fazendo em ritmo lento, exceção feita do impulso frenético, no sentido de sua modernização ou de sua europeização — uma modernização ou europeização em grande parte artificial ou postiça — que se operou durante o efêmero esplendor da borracha chamada, pelos ingleses, do Pará; e por ingleses transferida do seu centro ecológico ideal, que era e é, segundo especialistas, o brasileiro amazônico, para terras do Oriente então sob o domínio de S. M. Britânica.

Nem assim o brasileiro de hoje, à medida que começa a aperceber-se dos valores — ou dos traços positivos, sem que se desprezem os traços negativos — da situação tropical do seu país, deixa de pensar na área amazônica do Brasil como capaz de acrescentar, em futuro cada dia menos remoto, vasto potencial ao desenvolvimento, pela gente situada neste país, de uma civilização ao mesmo tempo pós-moderna e ecológica, que reabilite os trópicos diante dos antitropicalistas.

O brasileiro é hoje, sem nenhuma dúvida, o povo que — pela extensão continental do seu país, em grande parte tropical, e pela consciência que sua *intelligentsia*, e até sua gente média, vem adquirindo de ser esta uma nação tropical — mais responsável se apresenta por essa possível reabilitação, de considerável projeção sobre o futuro não só brasileiro como humano. O outro país em situação igual à do Brasil, nesse particular, seria a União Indiana, que ocupa, como nosso país, quase um continente. Mas a cujo povo e a cuja *intelligentsia* parecem faltar a mesma consciência dos valores ou dos traços positivos de sua situação tropical com o mesmo *élan* brasileiro com relação ao futuro nacional como futuro de gentes e culturas tropicais.

A esse respeito, é interessantíssimo o recente livro em que o indiano hoje considerado o intelectual máximo do seu país — Nirad Chaudhuri — defende a arianidade da gente indiana hindu — arianidade, para ele, racial, além de cultural — opondo-a à tropicalidade da sua situação física, ou da sua ecologia. Situação, segundo esse apologista ardente da para ele "raça ariana" hindu, desprezível, negativa, incompatível com a civilização nas suas formas mais altas. O ariano seria, nas terras tropicais da Índia, um degredado a sofrer, do clima e da ecologia, um castigo multissecular. Degredado que, não fosse o regime de castas, ali ainda dominante, já teria passado de degredado a degradado: — esta parece ser a insinuação do sociólogo indiano. A degredado absoluto.

Que — insinua Nirad Chaudhuri: espécie de Euclides da Cunha — o d'*Os Sertões* — ou de Graça Aranha — o de *Canaã* — indiano; que — insinua ele em seu *The Continent of Circe* — é o moderno indiano — ariano desgarrado no trópico — senão o caso trágico de um povo, vindo de terras boreais, que perdeu nas tórridas o seu paraíso? E o que ele parece advogar para o indiano é uma solução de todo antitropicalista: voltar a Índia as costas à Ásia — e, por implicação, ao trópico — e às aventuras de um futuro no trópico e recuperar toda sua um tanto perdida condição clássica marcada por uma personalidade ariana. O que importaria na sua reeuropeização, contra — é evidente — a sua tropicalidade. Um ideal do qual o brasileiro, projetado sobre o futuro, é a completa negação, importando como importa — o ideal brasileiro — na valorização de um espaço antes romanticamente não-europeu do que classicamente europeu — ou ariano — e numa vivência em que os tempos estão se fundindo num só, uno e plural.

O PROBLEMA DO TEMPO CRESCENTEMENTE LIVRE: ÓCIO *VERSUS* NEGÓCIO

Entre os problemas para os quais tende a voltar-se cada dia mais o antropólogo ou o sociólogo ou o psicólogo social ou, ainda, o educador, o cientista político ou o jurista interessado em futuros possíveis para o Homem moderno, em geral, e para alguma das várias sociedades atuais, em particular, está o do tempo crescentemente desocupado, criado pela mecanização do trabalho e, sobretudo, em anos recentes, pela automação em começo. Já o tempo desocupado começa a avultar de tal maneira sobre o ocupado que se pode prever a redução do ocupado a verdadeira insignificância quantitativa. Problemas, portanto, como o da organização do trabalho, o da organização de trabalhadores, o dos sindicatos de atividades operárias — problemas relacionados com o tempo ocupado — tomam o aspecto, nos países mais automatizados, de problemas já meio arcaicos, ao lado dos de preenchimento e organização do tempo desocupado.

Que estes é que se apresentam ao futurólogo ou futurologista como os de importância decisiva para o reajustamento das relações interpessoais e intergrupais que a automação começa a exigir das sociedades industrializadas. Restaura-se o prestígio do *ócio* como positivo, de que *negócio* é o negativo. Restaura-se a relação do Homem com o Tempo em termos menos de produtividade de trabalho individual ou grupal que de capacidade do desocupado — indivíduo ou grupo — para preencher o tempo desocupado ou livre de modo diversamente lúdico, hedônico e, em alguns casos, criador ou sublimador: a criação artística, a invenção científica, a contemplação de caráter filosófico, a diversificação de atividades esportivas, com o máximo de participação dos indivíduos nessas atividades diversificadas, a sublimação do ócio pela meditação ou pelo êxtase religioso, quer da parte de indivíduos, quer da parte de grupos unidos por afinidades. Precisamos de pensar no futuro do tempo desocupado em termos de diversificação, deixando a indivíduos e a grupos diferenciados pelo temperamento, pelo sexo, pela idade, pela formação, pela aspiração, o maior número possível de oportunidades para ser cada um, indivíduo ou grupo, dentro de uma comunidade, ocioso à sua maneira, dispondo do tempo desocupado, conforme seu gosto, em vez de serem reduzidos, indivíduos e grupos, a multidões ou a massas; e essas massas ou multidões reunidas em anfiteatros ou estádios imensos para um só tipo de esporte, de recreação, de espetáculo artístico, de comício político ou religioso. É este o método totalitário, ou arbitrário, de ocupar-se o tempo desocupado, que se torna, assim, de todo dirigido, no interesse exclusivo dos dirigentes do Estado, enquanto o outro é o método pluralista da comunidade dispor do seu tempo desocupado diversamente, segundo as tendências, para isto ou para aquilo, dos grupos também diversamente biológicos e sociológicos que o componham. Não nos antecipemos, porém. Consideremos o assunto em alguns dos seus aspectos particulares de maior interesse para o sociólogo que seja também futurólogo ou futurologista.

 E sem nos esquecermos nunca de que não há para o tempo crescentemente desocupado, para o qual caminhamos, um futuro único, determinado por tendências num só sentido, porém vários futuros possíveis, dependendo em parte de decisões e resoluções de comunidades capazes de orientar no assunto as suas populações específicas, para o rumo que tome, nesta ou naquela comunidade, ou nas comunidades futuras, em geral, em virtude da provável interdependência entre elas. O rumo que tome a sua ocupação de tempo, a sua expressão de ócio como positivo e de negócio como negativo: positivo não só quanto à relação do homem — ou da comunidade — com o tempo porém, mais do que isto, quanto à relação de homem ou de comunidade com a existência. Com a própria vida, portanto. Vida-tempo-homem.

 Talvez se possa dizer do tempo que não há um tempo só vivido de modo unilinear pelo indivíduo; e sim vários tempos, variamente, contraditoriamente, vividos por ele. Um que morre antes do indivíduo; outros que lhe sobrevivem. O mesmo se poderá dizer das relações sociedade-cultura-tempo.

São tempos que se cruzam e se confundem, quer na vivência, quer na memória de qualquer um de nós. Daí ninguém distinguir nitidamente o tempo já morto dos tempos já vividos mas ainda vivos: aqueles que são senhores do indivíduo em vez de servos. Servos que atendam aos apelos da sua memória.

Para tal admitir-se não é preciso que se aceite a psicanálise no seu todo: apenas em algumas das suas sugestões. De modo que o melhor é não procurar discriminar o analista de si mesmo, ou de sua relação com a cultura materna, o que é, dentro dele, indivíduo socializado em pessoa, tempo morto, desses outros tempos que, sendo já passados, atuam sobre um indivíduo, ou dentro dele, como se fossem tempo presente e até tempo futuro. Como se fossem uma espécie de antecipação daquele supratempo, longo em vez de breve, buscado tão ansiosamente por um Unamuno para a sua espanholíssima pessoa: inclusive para o seu estilo de barba, o seu modo de falar, seu próprio trajo, talvez até sua residência em Salamanca, na Reitoria da Universidade.

São Paulo (1 Cor. VII, 29.30) já se referia ao tempo como sendo "breve". Pelo que lembrava aos homens ser o mundo — "o mundo que vemos" — um mundo — ou um espaço — que "passa". Que morre. Há quem pense que, assim falando, São Paulo identificava, muito antes da física moderna, o tempo com o espaço. A verdade, porém, é que a memória do indivíduo socializado em pessoa e esta, completada, de um lado, pela memória coletiva de que ele se torna participante, do outro, pela imaginação do próprio indivíduo, projetada sobre o futuro, lhe alarga, de algum modo, o "tempo breve" a que se refere o apóstolo; e não só o tempo, como espaço-tempo. O indivíduo socializado em pessoa, picado pela inquietação que tanto tem feito sofrer os Unamunos, inconformados, com a mortalidade, dificilmente o consola de todo da angústia de não dominar, ele, como indivíduo biológico, senão um tempo breve. Um dos seus fracos consolos está em poder fixar, embora de maneira mais ou menos precária, em obra de arte, ou de filosofia ou de literatura, ou em confissão autobiográfica, parte de sua experiência do mundo: do espaço-tempo que ele experimentou direta e pessoalmente; ou que se projetou sobre ele, predispondo-o à busca daquele supratempo encontrado por Santo Agostinho e por Pascal; mas que outros têm chegado à morte, ou quase à morte, procurando-o com a agonia e "o sentido trágico da vida" em que se extremou o já citado Unamuno.

O fato de faltar ao não-civilizado o sentido civilizado de tempo, apurado modernamente no tempo cronométrico, não significa que faltem às culturas não-civilizadas normas de relações do Homem com o Tempo que vêm sendo estudadas, com crescente penetração, nos últimos anos, por psicólogos, em particular, e antropólogos, em geral, nos participantes dessas culturas neo-civilizadas, não-alfabéticas, não-cronométricas. Pelo antropólogo Evans-Pritchard, de Oxford, entre outros.

E o estranho — numa época em que se intensificam campanhas demagógicas de alfabetização como se na alfabetização, pura e simples, mecânica e crua, estivesse a solução para todos os desajustamentos sociais dos povos com grande número de analfabetos na sua população — é que estamos descobrindo haver em tais culturas analfabéticas sugestões para um mais saudável ritmo de vida civilizada. Sugestões e até lições.

Por mais paradoxal que pareça, os civilizados de hoje parecem ter que aprender, através dos antropólogos-sociólogos, dos não-civilizados, lições de modo algum desprezíveis. Lições que só poderão ser esclarecidas explicando-se sociológica e psicologicamente certas ocorrências ou recorrências de interesse médico-social. É que há doenças, crescentemente devastadoras entre sociedades civilizadas, que não ocorrem entre não-civilizados, por motivos evidentemente psicossociais ou socioculturais: inclusive por motivos que se relacionam com as atitudes dos não-civilizados para com o tempo.

É assim que estudos realizados no México pelos médicos Zubirán e Chávez — autópsias de nativos em laboratórios científicos — vêm revelando em velhos ameríndios mexicanos, dentre os que viveram a vida inteira a carregar pesados fardos e isto em regiões montanhosas — 7.500 pés acima do nível do mar — uma elasticidade nas artérias só encontrada, nas sociedades civilizadas, em jovens; nunca em velhos. Mas não somente isto: os mesmos pesquisadores vêm verificando que nos ameríndios da mesma origem ocorre endurecimento das artérias, quando deixam os costumes da sua cultura primitiva e os ritmos de vida a que os habitua essa mesma cultura pelos da civilização chamada ocidental, que é também uma civilização rigorosamente cronométrica, em suas áreas hoje tecnicamente mais avançadas. O mesmo fenômeno verificou o médico James B. Hannah, em estudos entre os negros da Rodésia. Enquanto outro pesquisador médico, o inglês J. N. Morris, informa que pesquisas semelhantes, realizadas entre populações rurais da Guatemala e entre bantos da África do Sul, vêm chegando às mesmas conclusões. Donde observarem sociólogos-antropólogos modernos que a mais avançada ciência médica, desenvolvida nas sociedades civilizadas, vem curando certas doenças como o tifo, a malária, a disenteria, sem vir conseguindo dominar certas circunstâncias, aparentemente psicossociais, causadoras de outras — endurecimento das artérias, entre elas. E aqui se encontra o autor na vizinhança do assunto de que mais se vem ocupando ultimamente em conferências em universidades estrangeiras, e sobre o qual já foi publicado em inglês seu ensaio *On the Iberian Concept of Time*, já aparecido também em alemão. Este assunto é a importância do sentido de tempo tanto para a vida, em geral, como para a saúde, em particular, dos indivíduos condicionados por diferentes grupos socioculturais, entre os quais varia a relação da vida com o tempo através de ritmos mais intensos e menos intensos de existência.

Um dos motivos da resistência de mexicanos, de centro-americanos, de bantos, assim como de outros africanos e de chineses, ao endurecimento de artérias característico dos adultos, passada a juventude, das populações ocidentais mais civilizadas, estaria no seu repúdio a compromissos rígidos para encontros, dentro do que, no Brasil, chamamos "hora inglesa". A essa rigidez, que venho denominando cronométrica, é que se opõem o "mañana" — notado por antropólogos-sociólogos entre populações de cultura primitiva ou hispânica, como a indo-espanhola, o "wock jeh" das gentes de Cantão, o "pacienza" dos italianos do Sul da Itália. Esse sentido relasso — contrário ao do tempo mecânico, dos anglo-saxões e de outros povos nórdicos — essa como que resistência passiva e quase sempre exagerada à tirania do relógio sobre a vida, estariam à base de um modo de pensar, de agir, de proceder, que implicaria harmonia tal do homem com a natureza que essa harmonia constituiria, segundo antropólogos-sociólogos que vêm estudando o assunto — como no seu *Cultural Mentalities and Medical Science*, publicado em 1959 pela Academia de Medicina de Nova York, Northrop, ao lado de médicos-antropólogos como Henry E. Sizerist, na sua *A History of Medicine*, publicado pela imprensa da Universidade de Oxford em 1951 — "um equilíbrio cósmico". Um equilíbrio mais favorável à saúde das populações assim comportadas que o sentido de tempo desenvolvido entre europeus do Norte e, principalmente, entre ianques, pela civilização industrial dependente do máximo aproveitamento econômico do tempo pelo homem; e exigente de um ritmo acelerado não só de trabalho produtivo — o passível de tornar-se dinheiro — como de vida, para efeitos de esforços de competição econômica, quer intranacional, quer internacional.

O assunto é também versado, mais do ponto de vista médico que do sociológico — mas também do sociológico — pelo professor Syle Saunders, no seu excelente *Cultural Differences in Medical Care* (Nova York, 1954), em que considera os efeitos, sobre a saúde de populações diversas, dos dois sentidos de tempo — o telúrico e o mecânico. Chamemo-los assim — deixando de seguir tanto Northrop como Saunders na sua classificação desses dois tipos de tempo como newtonianamente "matemático", um, e "fisiologicamente experimental", outro. "Telúrico" e "mecânico" definem, talvez, de modo mais sociologicamente exato os dois sentidos de tempo, cujas repercussões, quer fisiológicas, quer socioculturais, são consideráveis sobre o Homem, permitindo-nos já associar ao segundo certas doenças e desajustamentos constantes ou freqüentes em sociedades civilizadas e ausentes das chamadas primitivas. Notáveis são também os diferentes efeitos dos dois tempos sobre mexicanos mais integrados e menos integrados no ritmo anglo-americano de vida — o dos Estados Unidos: outros que têm sido sujeitos-objetos de pesquisas.

O moderno homem civilizado, vivendo sob um sentido de tempo e dentro de um ritmo de vida matematicamente físico e, por conseguinte, uniformemente fluente, que impõe a todos os membros de uma comunidade, sob esse jugo uniformemente fluente, compromissos de caráter quantitativamente exatos, resultaria, em confirmação às pesquisas de Saunders, em doenças cardíacas e das artérias, das quais os não-civilizados se resguardariam pela sua diferente concepção das relações de compromissos sociais — sempre retardáveis, sempre adiáveis — com aquele tempo quantitativamente exato e, por isto mesmo, angustiante, inquietante, policialesco até, para usarmos caricaturalmente expressão já antropológica para retratar o moderno homem civilizado como submetido, em sua vida, às constantes imposições de cassetete de um polícia disfarçado em ponteiro de relógio, que o obrigasse a uma sucessão de atos em desacordo com seus pendores, quer de ordem fisiológica, quer de caráter emocional.

De onde reações explosivamente físicas, umas, outras psíquicas, do homem assim oprimido por essa espécie de polícia mecânico que é o relógio, que explicariam grande parte não só de doenças do tipo cardíaco e do neurótico-crônico, como divórcios e outros desajustamentos característicos das modernas sociedades civilizadas. Mas não daquelas cujo sentido de tempo é antes o telúrico que o cronométrico; antes o fisiologicamente experimental — e, portanto, diferente de pessoa para pessoa — do que o mecanicamente, matematicamente, quantitativamente uniforme, a que todos devem simultânea ou sucessivamente obedecer, desde a manhã à noite, estejam ou não fisiológica ou emocionalmente inclinados a fazê-lo com relação a todas as ordens recebidas dos policialescos ponteiros dos relógios. Relógios reguladores de um tempo totalitário, enquanto o outro seria um tempo saudavelmente anárquico.

Em face dessa situação é que vários antropólogos-sociólogos modernos — entre os quais modestamente se inclui o autor, recordando sua participação, neste particular, no seminário reunido em 1961 em Corning Glass, e cujos trabalhos se acham resumidos no livro *The One and the Many*, e as conferências que, no mesmo ano, proferiu na Universidade de Princeton e as que, no ano seguinte, pronunciou em universidades alemãs — vêm lembrando aos médicos, preocupados com a freqüência de doenças cardíacas e nervosas entre as modernas sociedades civilizadas, a possível correlação entre tal freqüência e um sentido demasiadamente cronométrico de tempo, incluída, nesse sentido, excessiva preocupação com o tempo não só presente como com o imediatamente futuro. Conclusão — ou quase conclusão — a que parece nos levar a quase ausência daqueles distúrbios de saúde entre sociedades não-civilizadas como a de nativos da Rodésia do Norte, entre os quais o pesquisador médico-antropológico Hannah debalde procurou quem soubesse que idade tinha ou o que era futuro: pormenores ignorados por todos. Extremo, é claro, de indiferença do Homem pelo Tempo quantitativo, cuja adoção nenhum de nós, estudiosos mais ou menos científicos do assunto, ousa recomendar às modernas sociedades civilizadas, por mais agradável que sua adoção viesse a ser para os indivíduos dos dois sexos que, pintando os cabelos e recorrendo à cirurgia plástica, brincam de esconder com o Tempo não só quantitativo como total.

Para o que, entretanto, podemos desde já começar a concorrer, psicólogos, educadores, médicos e sociólogos, e também homens de governo, é para que, nessas mesmas sociedades, a crescente automação e o crescente aumento de tempo livre entre os seus membros sirva para a sua também crescente libertação de um tempo rigidamente uniforme e matematicamente exato que imponha a todos os indivíduos sociais, da manhã à noite, as mesmas obrigações, violentamente contrárias, em numerosos casos, às inclinações de ordem fisiológica e de caráter emocional de numerosos indivíduos, dentre os componentes de uma comunidade, para atos assim regulados. Sob a automação, poderão, talvez, vir a ser reorientadas culturas e sociedades, dentre as denominadas civilizadas, hoje dominadas em alguns setores, cada uma a seu modo, por um só critério do que devam ser as obrigações de trabalho dos seus membros e as possibilidades de recreação a eles abertas. Reorientadas segundo critérios múltiplos, tanto de trabalho como de recreação social e medicamente válidos, que dêem a essas culturas e a essas sociedades um pouco da anarquia, ou do anarquismo, flexivelmente construtivo de que elas parecem precisar para retificação dos excessos de totalitarismo de caráter sociológico de que vêm sofrendo, quer nos países denominados socialistas, quer em alguns dos chamados democráticos.

Não é advertência que se despreze a, dramática, que faz aos modernos civilizados o professor Northrop, organizador de uma das mais importantes obras coletivas de caráter sociológico publicadas nos últimos decênios — *Ideologicals Differences and World Order* (Nova York, 1959) — quando, considerando os hospitais, nos modernos países de mais adiantada civilização técnica, sobrecarregados de doentes mentais, de esquizofrênicos e de enfermos do sistema vascular, clama pela necessidade do moderno homem civilizado assimilar, à sua mentalidade matematicamente e mecanicamente exigente de precisão e socialmente exigente de exatidão no cumprimento de obrigações assim matemática e mecanicamente condicionadas, o que ele chama os "valores e os modos de sentir, de pensar e de proceder mais intuitivos, emotivos e impressionisticamente estéticos" ("the more intuitive, emotive and impressionistically aesthetic values and ways of feeling, thinking and behaving") das sociedades e das culturas não-civilizadas, assim como das civilizadas do Oriente. Pois "certainly the diseases peculiar to modern man suggest a very real sense in which so-called primitive man is the true modern and we are the outmoded and misbehaving barbarian"*, escreve ele no seu *Cultural Mentalities and Medical Science*, trabalho publicado em 1959; e onde estabelece relações de "moderno" com "arcaico" entre civilizados e primitivos semelhantes às que, desde o prefácio escrito pelo autor para a segunda edição, em língua espanhola, de um dos seus livros, publicado em 1943, vem estabelecendo entre culturas ibéricas, retardadas tecnicamente com relação a culturas do Norte da Europa, e as civilizações desenvolvidas por europeus do Norte em sociedades do tipo burguês-capitalista, hoje, em suas formas ortodoxas, em dissolução; e paradoxalmente imitadas, em alguns dos seus piores excessos de relações do Homem com um tempo quantitativamente imperioso, pelas chamadas nações socialistas. Inclusive a sob alguns aspectos tão ianquizada União Soviética, como o sob outros aspectos sovietizado Estados Unidos, com as ideologias soviéticas.

Pretende há anos o autor — e daí o seu *On the Iberian Concept of Time*, já publicado — que os povos ibéricos da Europa e os neo-ibéricos de outras partes do mundo têm o que ensinar, aos apenas modernos, como povos, sob alguns aspectos antes para-além-de-modernos do que arcaicos. Ensinar aos que, tendo a eles se adiantado em aspectos tecnológicos da civilização, de tal modo associaram sua tecnologia, sua economia, sua convivência, ao sentido cronométrico e, por conseguinte, apenas mecânico, de tempo que, estabilizando-se em modernices crescentemente arcaicas — por mais que se proclamem modernas — perderam

---

* "certamente as doenças peculiares ao homem moderno sugerem o entendimento bastante real de que o chamado homem primitivo seja o verdadeiro moderno e nós os ultrapassados e desajustados bárbaros". (N. da E.)

quase de todo a capacidade de viverem ludicamente o tempo livre. Parte em que — repita-se — podem receber lições dos tecnologicamente retardados povos ibéricos. Tecnologicamente retardados mas, por isto mesmo, senhores de vastas reservas de cultura folclórica, dentro da qual se conservam danças, músicas, jogos, saudáveis tanto do ponto de vista sociológico como do ponto de vista médico; e capazes de serem adaptadas a situações modernas, em correspondência com a crescente necessidade que experimentam as sociedades civilizadas, de matéria lúdica, festiva, recreativa, com que encham o seu crescente tempo livre — admitindo-se o maior número de participantes nessas expansões de caráter lúdico — em vez de nos entristecermos em sociedades apenas de passivos espectadores de grandes jogos de futebol. Jogos para multidões imensas, porém inermes; de torneios de volibol; de corridas de automóvel.

Em livro recente, publicado em Nova York em 1962, com o título *The Decline of Pleasure*, é o problema que versa Walter Kerr, para quem os seus compatriotas, os americanos dos Estados Unidos, revelam-se atualmente incapazes de desfrutar o seu crescente tempo livre. Resultaria, talvez, daí grande parte — acrescente-se a Kerr — dos progressivos desajustamentos de caráter nervoso que preocupam médicos e sociólogos daquele país. "The twentieth century" — escreve Kerr — "has relieved us of labor without at the same time relieving us of the conviction that only labor is meaningful".* Que se passa, com efeito, entre os americanos dos Estados Unidos? Que estão vivendo apenas metade das suas vidas: a que os põe em contato com o mundo através de atividades somente de trabalho, suplementadas por um ou outro esporte praticado como atividade de conseqüências igualmente úteis ou pragmáticas, tal como a de permitir ao praticante deste ou daquele esporte associar-se com indivíduos de *status* social econômico mais ou menos elevado, dentro do critério que parece regular as associações de caráter rotariano ou cultivar o indivíduo burguês industrial ou burguês comercial ou burguês profissional ou burguês operário este ou aquele esporte apenas pelo proveito higiênico que possa derivar dessa prática, visando a sua melhor disposição para atividades úteis e economicamente válidas. A metade abandonada seria a que, estando no domínio do

---

* "O século XX" — escreve Kerr — "livrou-nos do trabalho sem ao mesmo tempo livrar-nos da convicção de que só o trabalho tem sentido". (N. da E.)

sentimento, da meditação, da intuição, da contemplação, constituiria a ética, desenvolvida em sociedades nórdicas da Europa e entre os americanos dos Estados Unidos pelo calvinismo, de que, sendo o tempo dinheiro, não deve ser gasto senão em atividades economicamente válidas. Inclusive as recreativas assim pervertidas.

Criticando o livro de Kerr, perguntava há poucos anos, em artigo, "The Futility of Utility", publicado no semanário *The New Leader*, de 26 de novembro de 1962, outro sociólogo, o professor Bennett M. Berger, se existe ainda no mundo povo civilizado — ou ocidentalizado — que não seja dominado por aquela espécie de "ética utilitária". É uma ética que, realmente, vem contagiando os próprios russos, à proporção que o seu socialismo de Estado vem se tornando também capitalismo e competindo com o neocapitalismo, por sua vez já um tanto socialista, dos Estados Unidos, em esforços, em larga escala, de industrialização. Admite, porém, o crítico — pondo-se de acordo com idéias do autor — que talvez os camponeses espanhóis e mexicanos continuem livres do domínio daquela ética utilitária e aptos, por conseguinte, a desfrutarem o seu tempo livre despreocupados de considerações utilitárias. Desconhece o autor os motivos que tem o professor Berger para apenas admitir essas duas exceções, esquecendo-se dos portugueses, dos italianos do Sul da Itália, dos grupos menos industrializados, ou nada industrializados, dentre os que constituem a maioria das populações que o autor vem denominando hispanotropicais, em geral, e lusotropicais, em particular. Grupos cujo sentido de tempo permanece antes o pré-cronométrico que o rigorosamente cronométrico; e cuja capacidade lúdica se exprime no gosto com que — um exemplo — os muitos e brasileiríssimos sócios das escolas de samba no Rio de Janeiro, como a da Mangueira, continuam a pensar o ano inteiro no carnaval; a preparar-se, durante parte considerável do ano, para suas manifestações lúdicas que culminam na semana plenamente carnavalesca, sem deixarem de constituir motivo de ocupação alegre de tempo livre durante o ano quase inteiro.

Não crê o autor que a medicina e a sociologia modernas se defrontem com problema mais importante do que o das novas relações entre o Homem e o Tempo que possam ser reorientadas, sob o impacto da automação, por um esforço conjugado de médicos e de sociólogos, visando-se, com essa reorientação, a libertar o moderno homem civilizado de demasiada ação, sobre ele, do tempo cronométrico. Demasia provavelmente correlacionada com algumas das doenças, nervosas e cardíacas, dentre as que mais afligem as civilizações tecnologicamente mais adiantadas da época agora a ser superada pela da automação, apenas em começo. Mas um começo de que se podem esperar rápidos desenvolvimentos numas áreas com repercussões diretas ou oblíquas noutras áreas.

Donde, no Brasil, precisarmos de nos preparar para essas repercussões — que serão provavelmente diretas na área paulista e oblíquas nas demais áreas brasileiras — começando a mobilizar, sob orientação tanto médica como sociológica, os recursos de caráter lúdico que põe à nossa disposição a não pequena parte de cultura folclórica, com o seu sentido pré-cronométrico de tempo, do todo cultural, ou sociocultural, brasileiro; e adaptando esses recursos a situações, não apenas modernas, mas pós-modernas, de vida e de convivência, a serem esperadas de uma época de crescente tempo livre para as populações.

Higienistas e cientistas sociais, educadores e geógrafos, deixaram de ser ouvidos, tanto quanto o deviam ter sido, pelo governo e pelos arquitetos que construíram a bela e monumental porém manca cidade apenas moderna que é Brasília. Uma das deficiências desse governo e desses arquitetos, desorientados quanto aos aspectos higiênicos e sociais do desenvolvimento da cidade por eles construída à revelia de tantas das modernas ciências, médicas e sociais, indispensáveis a toda obra séria e idônea de planejamento, além de urbano, regional. Muito bem lhes teria feito o conhecimento de trabalhos de Ciências do Homem aplicadas a modernas situações sociais, em geral, urbanas, em particular, como os de engenharia humana realizados, nos últimos anos na França, por R. Pasquary, por Benassy, por Chumfford, por J. Pelnard, sob a direção de H. Pieron. Uma deficiência gravíssima na construção de Brasília só por arquitetos foi a de terem deixado de integrar de início, no conjunto tanto urbano, em particular, como suburbano, em geral, da nova capital brasileira, áreas destinadas ao que o professor Martin H. Neumeyer e Esther S. Neumeyer, sua colaboradora, no sugestivo estudo que é *Leisure and Recreation, A Study of Leisure and Recreation in their Sociological Aspects* (Nova York, 1958), denominam "public facilities for recreation"*; e que tivessem sido orientados, quan-

---

* "instalações públicas para recreação". (N. da E.)

to à sua situação, sua distribuição e a extensão de cada uma, e antes de qualquer especulação imobiliária tornar difícil essa sua distribuição em grandes espaços, por cientistas sociais e higienistas capazes de relacionar tais áreas e suas extensões com vários tipos de população — adulta, infantil, feminina, masculina, adolescente, senil, mais intelectual, mais instintiva. Populações cujo desenvolvimento nos era lícito esperar, numa nova cidade brasileira, projetada não para dez ou vinte anos, efêmeros e transitórios, mas para mais de cinqüenta e até para cem anos; e com problemas, alongados sobre um futuro, não de todo imediato, de caráter médico e de caráter sociológico que arquitetos, mesmo geniais, são incapazes de prever e de resolver por si sós.

O Brasil em desenvolvimento precisa de recorrer aos seus sociólogos e aos seus antropólogos, psicólogos, médicos, sanitaristas, higienistas, fisiologistas, para a orientação de obras aparentemente, várias delas, só de engenharia física, só de arquitetura. Só de arte. Mas, na verdade, com problemas que exigem a orientação que só lhes pode ser idoneamente dada por antropólogos, por sociólogos ou por outros cientistas sociais em colaboração com médicos; uns e outros esclarecidos em suas ciências por perspectivas humanísticas que completem as científicas em torno de problemas criados pelo que às vezes se denomina, com excessiva simplificação otimista, "o progresso moderno". Inclusive o da relação do homem com o tempo como se houvesse um progresso maciço, total, absoluto, singular, em termos apenas modernos, no tempo tanto quanto no espaço; e não progressos — no plural — a que quase sempre correspondem desenvolvimentos negativos do ponto de vista geral — e não apenas material — do bem-estar humano, precisando assim, cada sociedade, de considerar seu futuro — ou seus futuros possíveis — crítica e analiticamente, optando, de acordo com aqueles seus valores vindos das suas raízes mais profundas — dos seus arquitetos, diria talvez um discípulo de Jung — como futuros que não repudiem maciçamente passados feitos de vivências, convivências e experiências válidas como supra ou transtempos.

Ninguém pretende denegrir calendários e relógios. Nem considerá-los inimigos absolutos do Homem e da sua saúde.

O fato é que não se teria desenvolvido na Europa a civilização que ali se desenvolveu desde o século XVI, com projeções civilizadoras sobre outras partes do mundo, se ao desenvolvimento dessa civilização moderna — burguesa, capitalista, industrial, imperial — tivesse faltado, com o calendário, o relógio; o sentido, além de cronológico, cronométrico, de tempo; a mística de ser o tempo, dinheiro; e o dinheiro, a fortuna, a riqueza, aquela compensação justa ao esforço do homem virtuoso, exaltado pelo calvinismo, grande aliado daquele tipo metodicamente cronológico, cronométrico, dinamicamente burguês, ativamente capitalista, industrialista, imperialista, de civilização.

Quando o autor se refere a tipo de civilização tão atuante sobre o desenvolvimento humano, como foi, na sua época de esplendor, o cronométrico, como tendo sido também burguês, capitalista e imperialista, não emprega nenhuma dessas caracterizações com sentido pejorativo. Lembremo-nos de que o maior elogio do capitalismo burguês quem o fez foi Karl Marx.

Se a sua grande missão o capitalismo ortodoxo, auxiliado pelo calvinismo mais ou menos ortodoxo, já a cumpriu, não há aí motivo para fazermos do primeiro um vilão, e do segundo seu cúmplice, num drama de que a vítima ou o mártir teria sido o Homem com H maiúsculo. Ao Homem com H maiúsculo o capitalismo industrialista beneficiou grandemente: inclusive através da disciplinação de atividades ou de funções no cotidiano do Homem civilizado, o cronômetro a serviço do capitalismo e do industrialismo, com os ponteiros do relógio substituindo os sinos das igrejas.

Concluída se acha, porém, a fase atuante do capitalismo ortodoxo, substituído, numas áreas, por um neocapitalismo parademocrático, noutras, por um socialismo talvez pré-democrático. Isto antes de chegar-se a um anarquismo construtivo. Mas sem que o Homem civilizado possa prescindir nem do tempo cronométrico nem de outras formas sociológicas de relativo domínio humano sobre a natureza, tornadas possíveis pelo capitalismo: um sistema de economia e de convivência, além de predominantemente industrialista, científico. Científico em várias das suas expressões.

O que se constata atualmente é ter o capitalismo industrialista, sob a mística do "tempo é dinheiro", ido a um excesso, a um exagero, a uma demasia, na importância que atribuiu ao sentido, não só cronométrico como monetário, de tempo, que o Homem de hoje está em situação de moderar ou corrigir, no interesse quer de sua saúde, quer da sua criatividade, agora que começa a ser, com a automação, um Homem pós-modernamente livre das imposições sobre ele, de um tempo quase totalmente *engagé*. Tempo assim *engagé* já em processo de ser substituído por um tempo, em sua maior parte, *degagé*. O que torna tão obsoleta uma orientação rigidamente trabalhista de vida civilizada como uma orientação ortodoxamente capitalista de economia, também civilizada.

É considerando desse modo o problema das relações do Homem de hoje com o Tempo que médicos e sociólogos, psicólogos e educadores, legisladores e homens de governo poderão reduzir a subordinação do cotidiano humano ao relógio mecânico, adaptando as relações de um com o outro a novo ritmo de vida: o tornado possível pelo aumento de tempo *degagé*. A libertação do Homem daquela tirania do relógio sobre o cotidiano parece, a antropólogos, sociólogos, psicólogos, educadores e médicos modernos — repita-se —, explicar a predominância, em civilizações cronométricas, de doenças que não se encontram entre populações de cultura pré-cronométrica. É uma libertação que a vários de nós se apresenta de possível começo de realização, ainda nos nossos dias. Mas, problema complexo, é dos que só poderão vir a solução através do esforço em conjunto de médicos, de antropólogos, psicólogos, educadores, sociólogos, que encontrem o necessário apoio de legisladores e homens de governo; e que não se desprendam de considerações humanísticas em torno de assuntos só aparentemente apenas científicos.

EM TORNO DE ALGUNS ASPECTOS DO QUE PRECISE DE SER EDUCAÇÃO DE JOVENS E DE NÃO-JOVENS PARA UMA ÉPOCA DE TEMPO MAIS LIVRE

Do que já pode e talvez deva cuidar toda universidade brasileira que se preocupe não só com seu tempo presente como com esse tempo estritamente presente projetado em futuro próximo, dentro do ritmo acelerado com que, nos nossos dias, esses dois tempos se interpenetram, é de facilitar aos seus estudantes de diversas especialidades a iniciação em estudos, quer cívicos, quer sociológicos, que os habilitem, como futuros especialistas ou técnicos, a estimar, em democracias, os valores de que essas democracias vivem. Valores que se apliquem ao cotidiano político-social ou econômico-social de modo menos simplista ou arbitrário que os valores totalitários. Essa aplicação através não só de atividades que se definem como trabalho como daquelas que se verifiquem nas mais diferentes artes recreativas, lúdicas, religiosas — solidaristas, umas, individualistas, outras.

É preciso que o técnico em Direito ou em Medicina ou em Engenharia seja iniciado, durante a sua formação universitária, num conhecimento de artes várias — pintura, escultura, música, marcenaria, cerâmica, carpintaria, construção, culinária — que o habilite a escolher uma de sua preferência, em que se inicie, e que assim adquirida venha a ser companheira sua, no tempo-lazer, habilitando-o até, em alguns casos, a ganhar algum *surplus* com sua arte lúdica. Noutros casos, será uma arte que desempenhará, para o indivíduo que a adquira para sua companheira durante o crescente tempo-lazer que vai caracterizar a civilização pós-moderna já quase diante de nós, o papel saudavelmente psicocultural de uma laborterapia. Um resguardo, portanto, desse indivíduo e da sociedade particular a que ele pertence, do perigo — de que já hoje há evidências de existir em sociedades como a sueca, célebre tanto pela sua quase perfeição econômico-social ou tecnológico-social como pelo número de suicídios entre sua gente — da insipidez, da monotonia, de tédio de vida sempre que o homem, não sabendo matar o tempo cujo excesso o enoja ou esmaga, mata-se a si mesmo.

Também é de esperar-se que, com o aumento de tempo-ócio, se acentue nas universidades, em cursos quer de artes, quer de ciências, a presença de indivíduos já idosos, dos dois sexos. Há muito de convencional na idéia de ser a universidade apenas para jovens; e de o aprendizado de artes, assim como o de ciências, constituir um privilégio de adolescentes e de moços. Não constitui.

Cada ano a maior extensão de média de vida humana, que é um dos fenômenos mais significativos da nossa época, começa a dar a numerosos indivíduos um período de quase completo ócio entre as idades de 65 e 80 anos, que vários deles em alguns países vêm aproveitando para o aprendizado de ciências e, principalmente, de artes, em cursos universitários, quer regulares, quer de extensão. Sabe-se de Winston Churchill ter, já homem de idade provecta, começado a dedicar-se à pintura. Vários são os indivíduos idosos que, aposentados ou jubilados nas suas profissões, vêm adquirindo, em cursos universitários ou por correspondência, conhecimentos de jardinagem e horticultura e, à base desses conhecimentos, constituindo-se em rivais de especialistas no cultivo, em suas chácaras ou quintais, de orquídeas, de rosas, de hortênsias. Ocupações de um acentuado caráter artístico, lúdico, recreativo. O ex-governador Carlos Lacerda, sem ser já homem de idade provecta, já se constituiu num cultor sistemático, durante os seus ócios, de rosas que sabe fazer desabrochar dos seus jardins de modo verdadeiramente artístico. E não nos esqueçamos desses quase artistas que dedicam o seu tempo ocioso a colecionar obras de arte: obras de arte que, a certa altura, são incorporadas a museus com grande vantagem para o grande público. Foi o que sucedeu com as preciosidades que Guerra Junqueiro passou todos os seus ócios a colecionar, viajando, montado biblicamente num burrico, por velhas estradas rústicas de

Portugal e da Espanha. Estão hoje, essas obras de arte, num museu do Porto, dirigido por uma filha do poeta-colecionador.

Vários dos chamados *hobbies* têm o seu quê de atividade artística a encher tempo ocioso: antigo professor de Economia Política da Faculdade de Direito do Recife, há pouco falecido, dedicava seus ócios a duas pequenas porém difíceis artes muito diferentes da ciência da sua especialidade: a arte de consertar relógios e a arte de verter para o português trechos de clássicos latinos. Enquanto de outro mestre da mesma escola se sabe que vem consagrando os seus lazeres à arte da poesia.

Que artes tendem principalmente a encher o tempo-ócio de um homem moderno? Que artistas são por ele mais estimados ou desejados? Depende, por um lado, das tradições psico e socioculturais da sociedade a que pertença esse homem moderno e, por outro, das próprias predisposições desse mesmo homem como indivíduo que, moderno, pode guardar dentro de si arcaísmo artisticamente significativo. Tudo indica, com relação ao Brasil, que a tradições psico e socioculturais da sociedade brasileira se juntam predominâncias de predisposições individuais no sentido de um gosto pela arte da música — tão dos africanos e dos indígenas e tão da Igreja católica, civilizadora principal dessa mesma sociedade. Gosto, entre nós, maior que o gosto por outras artes. Entretanto, há tradições outras, de arte, que, dentro de um maior tempo-ócio para um maior número de brasileiros, poderão se exprimir em atividades artísticas consideráveis. Entre essas tradições, a da cerâmica, a da escultura em madeira, a da renda, a da marcenaria, a da culinária.

Aqui tocamos num ponto merecedor de atenção especial. É este: com o aumento de tempo-ócio para um maior número de brasileiros, apresenta-se, sob novo aspecto, o problema de atividades artísticas social e culturalmente condicionadas pelo sexo de cada um: pelo sexo puro e pelo meio-sexo ou pelo sexo vário, com solicitações de expressão artística diferentes das comuns. Trata-se de um possível afastamento de convenções que vêm abafando vocações em grande número de indivíduos: vocações de homens para bordar, por exemplo; ou para cozinhar; ou para costurar. Ou de mulher para a marcenaria ou a carpintaria.

O aumento de tempo-ócio, numa civilização em que homens e mulheres se encontrem livres para dispor da maior parte do seu tempo, segundo suas predisposições mais íntimas, pode resultar em forte modificação nas convenções de rígido condicionamento de atividades artísticas pela suposta expressão sociocultural do sexo do indivíduo apenas em determinado sentido. Poderão indivíduos do sexo masculino, donos desse maior tempo-ócio, sentir-se livres para utilizá-lo na satisfação fora de quadros rigidamente profissionais e rigidamente sexuais de atividade, de desejos neles reprimidos pelo império das convenções dominantes; e entregar-se com todo o gosto e até todo o afã à arte de bordar ou de fazer renda; ou de cozinhar; ou de inventar novas combinações de doces; ou de costurar. O mesmo poderá acontecer, em sentido contrário, à mulher, que poderá dedicar-se, dentro de um maior tempo-ócio, a artes a que se sinta inclinada, em desacordo com as convenções dominantes com relação ao que seja atividade profissionalmente masculina ou atividade profissionalmente feminina. A desprofissionalização dessas atividades criará provavelmente condições favoráveis a uma maior liberdade na satisfação, por indivíduos dos dois sexos, e de meio-sexo, de desejos de caráter artístico, neles abafados — repita-se — por convenções mais ou menos tirânicas, ainda fortes em sociedades modernas.

Lembremo-nos sempre de que *ócio* é o positivo, de que *negócio* é o negativo. O positivo é o tempo livre de trabalho, de comércio, de preocupação com assuntos apenas úteis. O negativo é o tempo ocupado exclusiva ou quase exclusivamente por essas preocupações de trabalho e de comércio, com os ágapes rotarianos como uma expressão da predominância do senso de negócio sobre o espírito do ócio.

Quanto ao sinônimo de ócio, lazer, deriva-se de palavra grega que significa escola: isto é, estudo livre daquelas mesmas preocupações utilitárias, comerciais. Ambas as palavras parecem ter, desde as suas raízes, implicado uma caracterização de uso não só desinteressado de proveitos econômicos, como recreativo, de tempo. O que sugere suas afinidades com o sentido, também, em grande parte, recreativo, da palavra arte, como significando aquela expressão de personalidade ou de grupo humano que importa em afirmação de criatividade pessoal ou coletiva.

Atentemos também no seguinte: a palavra recreação não significa, em sua raiz, passatempo frívolo, porém contínua criação. Criação repetida: recriação. Compreende-se assim que a arte seja, principalmente, uso recreativo de tempo que implique criações singulares, ou repetidas, capazes de transmitir sentido de beleza ou visão mais profunda que a comum, de realidades atingidas pioneiramente por artistas, a espectadores, ouvintes, leitores, seus contemporâneos e, em vários casos, também seus pósteros.

Vivemos hoje num ritmo de desenvolvimento tecnológico que não é bastante nem ao homem de ação nem ao de estudo que considerem problemas das suas ciências ou das suas indústrias, da sua política ou da sua engenharia, fixando sua tensão apenas no que esses problemas apresentam de atual, de imediato, de estritamente moderno. O prestígio desta palavra — moderno — é um prestígio em crise.

Em crise porque é um moderno a que faltam, atualmente, tempo e condições sociais para prolongar-se como moderno o bastante para se impor como um fenômeno tecnológica e sociologicamente, ou filosoficamente, significativo. É assim que, com a valorização excessiva que se fez de semelhante modernismo, está prestes a dissolver-se a glorificação exclusiva do trabalho e do trabalhismo como filosofia básica de civilização industrial; enquanto a arte parece pronta, associada com outros empenhos — a religião, o esporte, o jogo, a meditação, o lazer —, a tomar, sob vários aspectos, o tempo psicossocialmente vazio, do trabalho, que esteve, até há pouco, assim glorificado. Foi uma filosofia — a da glorificação do trabalho — vinda do que se convencionou denominar de início de uma época moderna no desenvolvimento humano: a marcada pela emergência do capitalismo urbano-industrial. Arcaica, portanto. O neocapitalismo dos nossos dias vem assimilando do próprio socialismo e até, para uso oportuno — uso pós-moderno — do anarquismo — emprego a palavra no seu sentido real e não no caricatural —, valores que, aparentemente contradizendo-o, completam-se, em face de um fenômeno cada dia mais revolucionário: o da repercussão da automação sobre as relações do Homem com o Tempo. Fenômeno a que se juntam outros, de projeções já nítidas sobre o presente e sobre o futuro do Homem. Já vimos como o do aumento da média de vida, por exemplo, tende a dar às relações entre as gerações do homem extremamente sênior com o extremamente júnior e, com o tempo, com a vida, com a comunidade, novos sentidos e novos rumos. É fenômeno intimamente ligado à transição de formas modernas para pós-modernas de vida.

Outras convenções mais ou menos tirânicas se mostram ainda fortes em sociedades modernas, reguladas por um culto ético, e não apenas técnico, do trabalho, além da que determina as atividades que devam ser consideradas masculinas e as que devam ser consideradas femininas. Ou além do que deva ser considerado trabalho só de jovem e do que deva ser considerado atividade só de sênior, com a idade do começo da idade sênior fixada, por vezes, arbitrariamente. Sem nos esquecermos de que — repita-se — estudos agora considerados só de jovens tendem a se tornar também estudos seguidos por indivíduos de idade provecta.

O crescente tempo-lazer tende a desmanchar as barreiras em termos de tipos humanos até agora rigidamente associados a tipos de trabalho. Tende a quebrar o monopólio dos cursos universitários como privilégio de indivíduos jovens, permitindo — repita-se — uma mais livre afirmação de vocações e de gostos, independentemente de sexo e de idade, de tradições de cultura e de convenções éticas. Será esse um dos aspectos mais revolucionários das relações entre gerações e entre sexos que o crescente tempo-lazer tenderá a acentuar nas sociedades modernas em transição para pós-modernas.

O repúdio aos mestres jubilados pelas escolas a que pertenceram durante anos representa uma das convenções menos inteligentes em vigor nos meios universitários brasileiros. Meios que vêm se fazendo notar por um monopólio das suas atividades didáticas por parte de homens entre os trinta e tantos e os sessenta e tantos ou setenta anos: altos e absorventes burgueses no tempo social como outros em espaços também sociais. Espécie de burguesia — repita-se — no tempo social, como a outra, no espaço também social, excessivamente ciosa de exclusividade de mando, de poder, de dominação, quer sobre os jovens, quer sobre os possíveis competidores do tipo sênior. Na Europa, e mesmo nos Estados Unidos, nem sempre se faz sentir de modo rígido essa espécie de monopólio, explicando-se assim ter o antropólogo Boas, na Universidade de Colúmbia, ultrapassado os 80 anos como orientador de estudos pós-graduados na sua especialidade; e de Hans Freyer ter sido conservado em atividade na Universidade de Münster em idade igualmente provecta, onde o autor o conheceu há alguns anos tão lúcido e jovem de espírito como o seu companheiro de geração, Arnold Toynbee, que visitou o Brasil recentemente; e que no Recife aceitou o convite que lhe foi feito para voltar ao nosso país a fim de participar de um seminário universitário.

Na civilização pós-moderna, já quase diante de nós, as novas atividades que se abram ao homem sênior podem desempenhar o papel saudavelmente psicocultural de uma laborterapia mista de ludoterapia. Um resguardo, portanto, desse indivíduo e da sociedade particular a que ele pertença, do perigo — de que já hoje há evidências de existir em sociedades como a sueca, a despeito de sua quase perfeição econômico-social ou tecnológico-social — da insipidez, da monotonia, do tédio de vida. Um tempo — esse tempo-tédio dos suecos — de todo diferente do ócio hispânico que se prolonga à revelia dos relógios sem que o ocioso se sinta vítima de tédio; ou se apresse; ou se preocupe exageradamente com as relações entre tempo e dinheiro. Daí os Casals, os Segovia e até bem pouco os Menéndez Pidal e Picasso em plena atividade depois dos oitenta. O hispano tem tido, entre os europeus, a sabedoria de nem matar o tempo, apressando-se nos afazeres e nos lazeres, nem matar-se a si próprio. Países como o Brasil devem preparar suas novas gerações para tempos pós-modernos seguindo antes inspirações hispânicas de sentido e de uso de tempo que exemplos suecos.

O inglês da época vitoriana que, descarregando contra a Espanha o melhor *humour* da sua gente, disse desejar que sua morte lhe fosse mandada da Espanha, pois assim tardaria a lhe chegar, poderia talvez desejar hoje, principalmente se, em vez de inglês, fosse sueco, que sua vida se assemelhasse menos à dos bem ordenados, bem regulados e bem cronometrados norte-europeus e mais à desleixada e até um tanto boêmia e um pouco anárquica dos hispanos. Ou mesmo à dos nordestinos do Brasil: à dos baianos, em particular. Porque assim, embora vítima dos desleixos tão característicos da vida baiana quanto da sevilhana, ou mesmo da *madrileña*, não correria o risco de, vítima da monotonia da perfeita ordem e da absoluta segurança de uma civilização cronometrada tanto no tempo físico como no social, vir a suicidar-se de pura acedia, como tantos suecos e não poucos ianques. O que aqui se diz sem nenhum desapreço pela alta civilização sueca, de cujas Academias, aliás, uns poucos intelectuais e cientistas do mundo inteiro tanto vêm dependendo há anos para o conforto das suas velhices à sombra dos magníficos prêmios glorificadores, distribuídos pelos sábios de Estocolmo. Prêmios glorificadores desses indivíduos de gênios em termos, senão de "time is money", de a própria glória, muito anti-hispanicamente, ser, principalmente, dinheiro.

Hispanos, com relação à Europa, e baianos, com relação ao Brasil, fazem tão má figura nas estatísticas que os economistas chamam de "renda *per capita*" que são, por essa sua inferioridade, desdenhados pela maioria dos economistas e até por alguns sociólogos mais aparentados dos economistas nas suas tabelas de valores. Os quais, entretanto, se esquecem, uns como economistas, outros — esquecimento mais grave — como sociólogos, de não ser nada má a figura que hispanos, em geral, baianos, em particular, fazem nas estatísticas relativas a suicídios, a alcoolismo e às doenças mentais. Não está o autor disposto, de modo algum, a elogiar hispanos ou baianos, por aquela inferioridade econômica que não deixa de ser social: sua baixa renda *per capita*. É lastimável e chega a ser vergonhosa para a moderna civilização hispânica posta em confronto com a sueca, com as anglo-saxônicas, com a alemã, com a suíça, com a francesa, com a própria soviética. É desprimorosa para os baianos em confronto com os paulistas. Mas o autor não resiste à tentação, um tanto à maneira dos "advogados do diabo", de considerar, no confronto de tais estatísticas, a deficiência hispânica compensação da deficiência norte-européia, numa evidente demonstração do dinheiro não significar sozinho, ou como aliado cronométrico do tempo, aquela felicidade no viver que, independente de dinheiro e independente de tempo, faz tanto mendigo espanhol morrer alegremente de velho; e tanto negro-velho baiano viver alegremente até o fim dos seus dias sua pobreza de devoto de Nosso Senhor do Bonfim ou de Nossa Senhora da Conceição da Praia. Ou de Iemanjá.

É um assunto, esse — o das novas relações do Homem com o Tempo — que o autor vem procurando versar ultimamente, em ensaios e em conferências universitárias, estas, principalmente, na Europa e nos Estados Unidos, também em universidades brasileiras. O seu mais recente trabalho sobre tema tão sedutor é o que acaba de aparecer, em várias línguas, publicado pela revista de filosofia e de Ciências do Homem, *Diogène*, que se edita em Paris. Aí destaca aspectos do problema de substituição de uma ética de trabalho por uma ética de lazer que talvez não tivessem sido ainda considerados tão especificamente por outros analistas do assunto. A verdade, porém, é que é assunto imenso; e que a afirmativa feita pelo autor, há quinze anos, e considerada então escandalosa, de que trabalhismo, laborismo, marxismo apenas laborista — note-se do gênio de Marx que previu a superação sociológica do trabalho pelo lazer —, organização do trabalho, sindicalismo, representariam aspectos de uma realidade sociológica moribunda; e que a organização do lazer começaria sem demora a apresentar-se como problema muito mais importante do que o da organização do trabalho. A figura do operário tendia já a tornar-se rapidamente figura quase de museu tanto quanto a do burguês ortodoxamente capitalista. É o que está sucedendo; e sucedendo rapidamente. Pelo que a educação das novas gerações precisa de tomar novos rumos.

A época de menos trabalho e mais lazer para a qual caminhamos apresenta-se, a quantos pretendem antecipar-se em traçar-lhe, animados por uma espécie de imaginação compreensiva, o provável perfil sociológico, como época, ao mesmo tempo, de maior unificação e de maior diversificação entre os componentes de uma comunidade. O que corresponde ao ideal democrático de reorganização social, senão dos demagogos mais simplistas, de poetas-sociólogos como Walt Whitman e de sociólogos com alguma coisa de poetas, sem prejuízo de sua ciência, como Simmel. Pois o maior lazer parece que vai permitir aos homens maior liberdade de expressão: em fazer o que sempre desejaram fazer dentro de uma maior diversificação de atividades por escolha individual dos membros espontaneamente ativos de uma comunidade. Ao mesmo tempo vai favorecer — ao que parece — a maior unificação do que, nesses esforços de indivíduos não só biologicamente diversos pelas suas predisposições como sociologicamente diferentes pelas inclinações psicossociais e psicoculturais, seja, além de agradável, saudável, higiênico, para eles, indivíduos socializados em pessoas: atividades capazes de concorrer para o bem-estar geral e para o desenvolvimento harmonicamente inter-relacionado de uma mesma comunidade. Suas necessidades rigorosamente técnicas e apenas econômicas tendem a ser, com a crescente automação, reduzidas.

A época social em que, ainda em grande parte, vivemos vinha sendo caracterizada não só por um máximo de valorização do trabalho como — repita-se — por convenções de caráter psicossocial associadas de modo rígido a determinados trabalhos — uns considerados próprios só do sexo masculino, outros só do sexo feminino, uns só de indivíduos jovens, outros só de indivíduos idosos, uns só de indivíduos aparentemente fortes, outros só de indivíduos aparentemente débeis. Todo um conjunto de convenções que a maior automação tende a desprestigiar e que o maior lazer tende a tornar arcaicas. De onde a urgência de novos rumos na formação de novas gerações.

Havendo maior automação, menor será a força da convenção que hoje associa as atividades válidas, sérias, enérgicas, apenas a indivíduos jovens ou de meia-idade. Os de idade mais avançada poderão exercer, pelo gosto de praticá-las, várias dessas atividades, valendo-se de dois fatores de crescente importância neste particular: o de virem a exigir várias daquelas atividades dos seus praticantes menor vigor físico; e o de a ciência médica vir aperfeiçoando nos indivíduos de idade mais avançada as condições de saúde propícias ao prolongamento, neles, de aptidões para atividades, além de higiênicas para os mesmos indivíduos, criadoras e, por conseguinte, capazes de concorrer para o enriquecimento cultural da comunidade. Daí poder, talvez, dizer-se que caminhamos, segundo as probabilidades que se apresentam, a uma sociologia compreensiva projetada sobre o futuro, uma época ao mesmo tempo de maior unificação e de maior diversificação entre os homens, membros de uma comunidade.

ASPECTOS DE RELAÇÕES ATUAIS
ENTRE TRABALHO E LAZER
QUE SE PROJETAM SOBRE O FUTURO

Em ano recente, foi dada ao autor a oportunidade de participar, em Corning, nos Estados Unidos, de conclave deveras original. Com John dos Passos, Salvador de Madariaga, Julian Huxley e outros escritores, cientistas, pensadores, vários artistas, achou-se na companhia de um número ainda maior de homens de ação — empresários, líderes industriais, líderes operários, líderes agrários, educadores, jornalistas — convocados para, assim misturados, considerarmos problemas atuais em diferentes partes do mundo, de trabalho e de lazer. Era já o segundo ou terceiro conclave de toda uma série, promovida pela empresa admirável que em Corning se vem especializando, há mais de século, no fabrico — ou na arte — de cristais.

Um dos responsáveis pela grande empresa de Corning, Mr. Arthur A. Houghton, assim se expressou sobre o motivo dos conclaves que a mesma empresa vem promovendo: "a necessidade de conseguir-se mais estreita correlação dos humanistas acadêmicos com os homens de negócios". Isto é, maior aproximação entre industriais e intelectuais, artistas, cientistas, sem faltar a esses entendimentos a presença de técnicos, operários, líderes trabalhistas. Essa aproximação para a consideração em conjunto de problemas não apenas modernos como pós-modernos: os ligados aos avanços do tempo-lazer principalmente.

Para Mr. Gurlym Price, empresário industrial, participante dos conclaves de Corning Glass, os modernos industriais estariam na obrigação — dentro do neocapitalismo que se desenvolve nos Estados

Unidos pela assimilação à chamada livre iniciativa de princípios, senão socialistas, solidaristas, que não se degradem, entretanto, em totalitarismo estatal — de restituir aos técnicos e aos operários o sentido de participação nas iniciativas e nas realizações da empresa: "We must give them recognition, a genuine sense of participation, a true feeling of identification..."* São palavras que vêm registradas à página 14 do livro *Creating an Industrial Civilization*, organizado por Eugene Stanley e relativo ao conclave de 1952, de Corning Glass.

A propósito delas houve, no mesmo conclave de 1952, em Corning, quem insinuasse transparecer — opinião de Mr. A. J. Hayes, líder operário — na atitude de Mr. Price, resíduo paternalista; mas lamentasse, sobretudo, não haver nos Estados Unidos — os Estados Unidos de há vinte anos — quem continuasse com vigor a tradição de Thomas Jefferson, isto é, a do humanista e pensador um tanto sociólogo que viesse agindo sobre a civilização industrial como Jefferson, intelectual e político, agira sobre a civilização agrária, no sentido da valorização do positivo, contra o negativo, nesse tipo de civilização, sem complacência com o negativo: negativo sob vários aspectos, inclusive o psicossocial, perturbador das relações entre governantes e governados. Ao mesmo tempo, porém, o líder operário salientou sua resistência, e a da quase totalidade dos operários do país — como resultado quer da eficiente organização do trabalho em face do outrora chamado capital, quer da alta produtividade das indústrias que passara a beneficiar, ao mesmo tempo, empresários e operários — às seduções vindas das sereias totalitárias. Nas palavras do líder operário Hayes: "Liberdade, dignidade, bem-estar... são possíveis, numa civilização" — e esta, caracterizada pela livre iniciativa — "para todos que concorrem construtivamente com seu esforço para uma empresa". O que é preciso é que essas possibilidades sejam reguladas, em vários setores de relações intergrupais, por leis sociologicamente orientadas: leis relativas a obrigações em contratos de trabalho, a direitos de operários a lucros de empresas, a férias, a recreações, a garantias contra doenças, acidentes, invalidez, que sejam leis orientadas, cada dia mais, por sociólogos da Medicina tanto quanto por sociólogos do Direito e sociólogos da Economia.

---

* "Devemos lhes dar reconhecimento, um verdadeiro sentido de participação, um legítimo sentimento de identificação..." (N. da E.)

Empresários, operários, industriais, cientistas, artistas vêm discutindo, nos conclaves de Corning, problemas como o das vantagens e desvantagens da descentralização de indústrias. Ao que parece, vem vingando a idéia de ser a descentralização geográfica a solução mais desejável do ponto de vista do bem-estar dos técnicos e operários, desde que em "small plants, located in small communities... the workers can remain at least part-time farmers and gardeners".* Em outras palavras, uma solução urbana do tipo da que alguns de nós temos já defendido para o Brasil e que inspirou ao padre Joseph Lebret o seu plano de cidades-barreiras; e ao autor deste comentário as sugestões que tem esboçado em vários trabalhos, inclusive em conferência proferida na Federação das Indústrias de São Paulo, sobre a conveniência de orientar-se rurbanamente o desenvolvimento brasileiro.

Trata-se de uma descentralização socialmente vantajosa, embora se deva admitir que, sob o puro ponto de vista tecnológico-econômico — que seria, de modo geral, o do interesse mais dos empresários que dos operários — a concentração industrial se apresente particularmente desejável. A verdade, porém, é que caminhamos cada vez mais, nas civilizações predominantemente industriais, para soluções mistas que nem sempre atendam, com relação aos interesses industriais — o que venho denominando pan-industrialismo — apenas os empresariais, com desprezo dos operários; nem os econômicos, com desprezo dos sociais, psicossociais, socioculturais; nem os da eficiência na produção e no trabalho, com desprezo pelas que devemos reconsiderar hoje, dentro, aliás, em países como o Brasil, de uma valiosa tradição ibérica, de dignidade do lazer, do dia santo, do dia de festa. Problemas a que não podem conservar-se indiferentes nem a Sociologia da Medicina nem a Sociologia do Direito em países não-totalitários nos quais a conciliação de tais interesses tem que efetuar-se por meios jurídicos, ou através da chamada Justiça do Trabalho, sobre informação ou sob orientação sociológica e, em vários casos, médico-sociológica.

Tanto no conclave de 1952 como no de 1962 — do qual o autor participou, em Corning Glass — o problema do crescente tempo-lazer, em face do decrescente tempo-trabalho, ocupou a atenção de homens

---

* "pequenas fábricas, localizadas em pequenas comunidades... possam os operários permanecer pelo menos uma parte do tempo como agricultores e jardineiros". (N. da E.)

de ciência como Julian Huxley, de educadores como o reitor da Universidade da Nigéria, professor Diké, de líderes industriais, de líderes operários, de escritores como John dos Passos e como Santha Rama Rau, da Índia. Curioso que na discussão desse tema um líder industrial é que mais se tenha destacado, em Corning, como apologista do lazer na civilização já superindustrial dos Estados Unidos, lamentando que essa civilização não venha honrando as humanidades e a filosofia como elas merecem, precisamente por lhe faltar o senso da dignidade do lazer; e criticando em muitos dos seus compatriotas o afã de se conservarem sempre tão ocupados com o menos importante que lhes falta tempo para o mais importante. Pois para Mr. Walter P. Prepcke o mais importante não está nos aquedutos, nas estradas, nas leis, que uma civilização levante ou formule, mas nas suas realizações culturais. Inclusive as artísticas.

Uma das ênfases desse lúcido líder industrial foi a que pôs insistentemente na vantagem de, com o lazer, nas modernas civilizações industriais, a educação tornar-se um processo contínuo; e não — poderia dizer-se — um privilégio dos moços. É assunto, este, que se liga a outro dos assuntos que mais venho versando já há anos no Brasil e em conferências em universidades estrangeiras: o da revalorização, nas sociedades superindustriais, da idade avançada, que as civilizações incipientemente, arrivistamente, rastaqüeramente industriais tendem, por imaturidade, a desprestigiar. A glorificação — ligada à supervalorização dos moços — quer do trabalho manual, quer da atividade managerial intensa, seria responsável, segundo alguns, pela chamada doença dos *managers* e dos empresários: uma forma toda especial, supõem alguns, de enfarte. Glorificação característica das civilizações desbragadamente industriais, dentro das quais vai resultando, com a automação, em desprestígio crescente do vigor simplesmente muscular dos homens, como expressão de superioridade econômica, em civilizações predominantemente econômicas como aquelas, pan-industriais, tanto do tipo russo-soviético como do ianque-capitalista.

Trata-se de assunto interessantíssimo e que nos levaria a considerar fatos ou tendências muito expressivos de comportamento eleitoral das populações de países, quer apenas industriais, quer superindustriais, que parecem indicar — repita-se —, da parte do denominado "cidadão sênior", uma independência de opiniões e de atitudes que o coloca antes na vizinhança dos cidadãos muito jovens — também caracterizados por essa independência — do que na dos moços já no começo de atividades profissionais ou dos cidadãos de meia-idade — digamos, os cidadãos de 25 — ou de 30 — a 65 anos — caracterizados, em grande parte, por excesso de prudência. Excesso, esse, talvez em conseqüência dos compromissos que, no interesse de sua ascensão profissional, econômica, política, social, passam a contrair, naquele período de vida, com instituições, interesses e ideologias dominantes. Por esses seus compromissos e pelo poder que adquirem, tendem a constituir-se numa maioria dominante nem sempre sensível à importância de valores de que são portadoras personalidades excepcionais ou minorias por vezes incômodas para aquela maioria.

E aqui seja permitido ao autor louvar a Rússia Soviética por conceder a certos homens de ciência e a artistas — os identificados, é claro, com sua ideologia — regalias, inclusive de lazer, que são regalias de caráter entre higiênico e lúdico, negadas à maioria dos cidadãos ou quase cidadãos soviéticos. E isto, em benefício, afinal, dessas maiorias, as quais aproveitam o lazer que se dá, as facilidades de vida que se concedem, a homens de gênio verdadeiramente criador, em uns tantos setores: homens de gênio para os quais uma comunidade, por eles beneficiada, talvez tenha, orientada por uma Sociologia da Medicina avançada e através de uma Sociologia do Direito também avançada que orientem sociologicamente governos modernos, maiores deveres do que para com seus aleijados, seus doentes crônicos, seus velhos, seus órfãos, suas próprias crianças. Pois, sob mais de um aspecto, os indivíduos de gênio são crianças mais necessitadas de um amparo justo — justo e de modo algum caridoso — que as simples crianças. Não serão, com efeito, estes problemas a ser considerados em tempo próximo, ou, desde já, por uma Sociologia do Direito e por uma Sociologia da Medicina mais dinamicamente inclinadas a concorrer para reorientações de governos que considerem suas obrigações político-jurídicas e médico-sociais com amplitude e arrojo?

Teria sido este um dos erros praticados em Brasília. O autor já uma vez interrogou, sobre este ponto, os responsáveis pela construção dessa obra imensa e, sob vários aspectos, admirável, de socialismo de

Estado: socialismo de Estado dentro de uma estrutura nacional juridicamente democrática — a da Constituição de 1946 — embora, em alguns pontos, bastante flexível para permitir tais arrojos. Entretanto, talvez tenha se verificado, na concepção estatal-socialista que resultou em Brasília, exagerada exclusão, nos seus esforços de base, de uns tantos princípios consagrados pela Constituição Brasileira de 46. Um deles a "valorização do trabalho humano" que fosse interpretada como valorização, também, de aparente lazer — na realidade, trabalho criador — da parte de homens, seja qual for sua idade, superiores em qualquer arte ou ciência ou saber. Homens aos quais se concedessem facilidades de residência — onde essa residência lhes apetecesse: inclusive na Amazônia — que lhes permitissem, ligados uns a ambientes tradicionais, outros ao que há de virgem e de pioneiro no ambiente das cidades novas, produzir, escrever, sugerir, inspirar, orientar, contaminar de seu gênio, ou aqueles ambientes, ou esse ar ainda virgem e pioneiro. Não seria o caso de um socialismo de Estado, de novo tipo, flexivelmente brasileiro, isto é, sem exigir dos indivíduos superiores pela inteligência ou pela sensibilidade extremos de conformidade com as convenções nacionais em vigor, aproveitar-se, em cidades novas como Brasília e como Goiânia, ou em velhos burgos como Mariana ou como Vassouras ou Olinda ou essa Igaraçu de Pernambuco pela qual tanto se apaixonou há pouco Di Cavalcanti, e ainda nas que estejam para ser levantadas no Nordeste sob o surto de intensa industrialização que se anuncia, para o nosso país, — para dar, nessas cidades, facilidades daquela espécie a brasileiros, seja qual for sua idade, capazes de grandes e diversas criações intelectuais e artísticas?

A sugestão talvez seja fantástica. Mas o ar que se respira em cidades audaciosamente, criadoramente pioneiras como Goiânia e como Brasília é dos que nos permitem o luxo de ser, cada um a seu modo, um Walt Disney; e imaginar, inventar, sugerir novas combinações de formas e de cores; novas relações entre os homens e as coisas; entre o Homem e o Tempo; e também novas leis que correspondam, sob orientação sociológica, a essas novas relações. Nem Goiânia, nem o novo Nordeste a ser rejuvenescido nas suas tradicionais energias pelo vigoroso surto de industrialização em começo nessa região brasileira, nem Brasília, nem a Amazônia, nos dão o direito de ser rasteiramente banais; ou convencionais no nosso bom-senso. O bom-senso convencional é de ordinário pequena virtude que, se dominasse de todo os brasileiros de hoje, não os deixaria senão em situação de país arcaicamente pré-industrial. Inclusive no que diz respeito à reorientação — agora, cientificamente médico-sociológica e jurídico-sociológica e não apenas, e difusamente, ou quando muito humanisticamente, assistencialmente e até paternalisticamente, médico-social ou jurídico-social — que se procure dar às relações entre empresários e serviços públicos e técnicos, a funcionários e operários ligados a empresas e a serviços públicos.

Há quem generalize sobre as obrigações sociais das indústrias com relação a populações operárias, em particular, e, de modo geral, à comunidade em que se achem situadas as indústrias, dando a essas generalizações um caráter abstrato de generalizações polivalentes: válidas para qualquer situação ou à revelia de situações. É um generalizar precário porque essas obrigações variam de área para área e de etapa para etapa de desenvolvimento da sociedade dentro da qual operem as indústrias. Variam de situação para situação. É matéria essa, como várias outras, de caráter sociológico, em que àquelas abstrações precisamos opor soluções das chamadas situacionais. Impõe-se pensarmos, em Sociologia aplicada, seja ela a da Medicina ou a do Direito, a da Religião ou a da Educação, situacionalmente.

É um problema, esse, que nos deve pôr de sobreaviso, aos eurotropicais, em geral, como aos brasileiros, em particular, quanto à importação de métodos de assistência social e até de políticas sociais de assistencialismo, em voga em sociedades industriais mais desenvolvidas do que a indiana ou a brasileira. O nível da sociedade brasileira de agora é o de sociedades neo-industriais situadas em áreas tropicais, como a indiana; e não o das sociedades industriais já maduras, como o da Alemanha Ocidental; ou as sociedades neo-industriais que vêm emergindo, com especiais vantagens, em áreas frias ou temperadas, quanto aos capitais e às técnicas estrangeiras que as vêm beneficiando, como é o caso da canadense. Entretanto, sociedades agora subdesenvolvidas podem passar, em certos setores, a supradesenvolvidas.

O assunto é versado, de modo inteligente, no livro *Industrial Society and Social Welfare* (Nova York, 1958), cujos autores, Harold L. Wilensky e Charles N. Lebeaux, distinguem duas fases no processo industrializante, com dois diferentes tipos de repercussão sobre as preocupações, digamos assim, humanitárias, inclusive médico-sociais e jurídico-sociais, das empresas, com relação a populações operárias e às comunidades em que se acham situadas. Na primeira fase, a preocupação é com problemas como que em bruto da pobreza e de insegurança, entre essas populações: divórcio e deserção em famílias operárias; as novas funções assumidas por mulheres e adolescentes, por um lado, e por indivíduos idosos, por outro, em sociedades recém-industrializadas; o impacto dessas novas funções sobre a organização familial; a hostilidade de classe contra classe; o ressentimento dos inseguros com relação aos que supõem seguros. Na segunda fase — a caracterizada pela alta produtividade alcançada pelas indústrias modernas, através de aperfeiçoamentos tecnológicos e pela organização econômica — se vêm verificando, com a elevação de salários, a elevação de renda entre operários, com considerável redução da insegurança, entre eles, e o desaparecimento ou quase desaparecimento daquela hostilidade da gente operária contra a não-operária, economicamente melhor situada. Já não são operários inseguros econômica, social e psicossocialmente. Vários tendem a considerar-se classe média. Já são gente média.

As preocupações de caráter humanitário — inclusive médico-social — da parte das empresas, com relação às populações operárias e às comunidades, tendem então a concentrar-se em problemas de desajustamentos sociais, não mais entre classes propriamente ditas, mas entre áreas de residência, tornando-se preocupações menos com operários propriamente ditos do que com ex-operários já conscientes de ser classe média ou em processo de se desproletarizarem para se tornarem gente média. São problemas, estes, característicos não já de uma sociedade neo-industrial, ainda capitalista ou ainda socialista, porém maduramente industrial e, como tal, com tendências a superar o capitalismo, se é capitalista, por um neocapitalismo o seu tanto socialista, ou neo-socialista, se é socialista, pelo que renuncia de socialismo absoluto a favor de um capitalismo que, sendo de Estado e não total, não deixa de ser capitalismo; ou de um cooperativismo democrático como é atualmente o da Dinamarca. Compreende-se que, para atender a situações assim novas — para além de categorias convencionais de condições sociais correspondentes a condições econômicas — o Direito Social precise de ser reorientado sociologicamente como a Medicina Social precisa, para adaptar-se à condição científica de Sociologia especial, dentro da Sociologia geral, de ser reorientada sociologicamente. Já não se admite a confusão de Sociologia do Direito com Direito Social simples e puramente jurídico; nem a confusão de Sociologia da Medicina com Medicina Social, Medicina Preventiva ou Serviço Social Médico. A Sociologia da Medicina, como a Sociologia do Direito, aborda problemas de relações intergrupais, de caráter médico, num caso, de caráter jurídico, noutro, sociologicamente, isto é, sob perspectiva e através de métodos predominantemente sociológicos. Atenta às diferentes situações grupais, dentro de uma sociedade, que condicionem, dificultem, compliquem esses dois tipos de inter-relações.

São inevitáveis em qualquer sociedade — e uma sociedade neo-industrial não escapa a essa condição — os conflitos, dentro de suas populações ou de suas economias, entre as chamadas *situações adquiridas* — como dizem os franceses — e as *situações desejadas*. Em sugestivo estudo sociológico, *Les Groupes de Pressions en France* (Paris, 1958), M. Jean Meynaud, estudando tal conflito na França de há quinze anos, já mostrava que os grupos em conflito buscavam cada um a seu modo, naquele país, influir sobre a política, quer econômica, quer social, do governo, com implicações sobre aspectos jurídico-sociais ou médico-sociais em que essa política teria que definir-se. Situação ainda encontrada na França.

Não será difícil encontrar, no Brasil, equivalentes para alguns dos grupos sócio-econômicos na França atual que é, também, com recursos tecnológicos vastamente superiores aos do Brasil, uma sociedade ainda neo-industrial a desembaraçar-se de sobrevivências paleo-industriais. Pequenas indústrias ainda resistem ao emprego de tecnologias avançadas que impliquem absorção dessas indústrias por novas indústrias como que imperiais; e, socialmente, têm razões para fazê-lo, embora tais resistências retardem o desenvolvimento francês em termos idealmente tecnológicos e econômicos.

Interessante é o choque que se vem verificando na França, ainda agro-industrial e, sob certos aspectos, saudavelmente agro-industrial, entre os produtores tradicionalmente agro-industriais de manteiga e os industriais de óleo-margarina. Como interessante é o fato de vir sendo a urbanização, na França, grandemente prejudicada por uma política —

socialmente simpática — de proteção, talvez excessiva, através de leis merecedoras de cuidadosa interpretação jurídico-sociológica que parece não ter sido ainda efetuada, aos inquilinos, contra os proprietários de edifícios de apartamento. O resultado é apresentar-se hoje a França com uma das arquiteturas modernas desse gênero — o edifício de apartamentos — menos desenvolvidas, em toda a Europa, quer no seu aspecto estético, quer nos práticos. Inclusive o higiênico, o sanitário, o de interesse médico-social ou médico-sociológico. Situação que parece caracterizar também parte da moderna arquitetura brasileira de apartamento: inclusive a da própria Brasília.

Numa sociedade neo-industrial de tipo democrático, é natural que se dêem conflitos entre grupos que divirjam quanto à conciliação dos seus interesses particulares com os gerais, uns dando, social e juridicamente, ênfase à segurança social ou ao bem-estar social, outros, ao desenvolvimento econômico ou aos aperfeiçoamentos tecnológicos de indústrias. Tanto um rumo como o outro com implicações as mais importantes, tanto de caráter médico-social como de caráter jurídico-social, que precisam de ser consideradas por sociólogos da Medicina e por sociólogos do Direito capazes de retificar orientações unilaterais, tanto de médicos sociais e até socialistas como de juristas sociais e até de socialistas. Retificações em que perspectivas pós-modernas corrijam as apenas modernas. Retificações que se apliquem a problemas de poluição.

Nenhum líder que se prepare para enfrentar novas situações na sociedade neo-industrial em desordenado e, ao mesmo tempo, rápido desenvolvimento, que é o Brasil, pode ser indiferente ao problema das relações dessa sociedade com o tempo, à medida que as indústrias e outras atividades se automatizem, adquirindo característicos pós-modernos. Problema que, sendo já uma das preocupações, noutras sociedades já mais desenvolvidas, de sociólogos da Medicina, e de sociólogos da Economia, começa a ser uma das preocupações de sociólogos do Direito e de sociólogos da Política. Vários deles têm vindo à tona nos colóquios de Corning Glass.

Sociólogos como o professor Leonard Broom já advertem que, em sociedades superindustriais — com acentuados característicos pós-modernos junto aos apenas modernos — "already the waking hours spent away from work are, for many people, more than those spent at work, even on working days".* Trata-se de uma situação de tal modo revolucionária, em relação com o que vinha dominando nas relações do homem com o tempo, que torna arcaicas várias das principais reivindicações trabalhistas ou socialistas. E faz do problema da organização do lazer assunto de maior importância, para homens de governo, industriais, educadores, urbanistas, que o próprio problema de organização do trabalho.

Uma nova distribuição de trabalho se impõe àquelas indústrias que vão sendo mais rápida e eficientemente automatizadas, tal o tempo desocupado que a automatização deixa a numerosos operários, em contraste com a exigência de qualidades superiores; por parte da nova tecnologia, sobre pequenos mas essenciais grupos de técnicos e operários especializados a serviço das indústrias automatizadas. São técnicos e operários especializados, esses, que tendem a tornar-se associados dos proprietários de indústrias através da importância de suas funções e de suas responsabilidades nas novas organizações.

Por outro lado, industriais e governos se vêem obrigados a cuidar, com a máxima seriedade, e de um ponto de vista psicossocial que inclui de modo efetivo o médico-sociológico através do jurídico-sociológico, do problema aparentemente frívolo da recreação para aqueles técnicos e operários de tempo desocupado grandemente superior ao tempo ocupado. Não se trata de dirigir tal recreação nem de ordenar rigidamente o lazer desses grupos, mas de conceder-lhes facilidades lúdicas as mais variadas, para que uns possam entregar-se a recreações artísticas, outros a passatempos esportivos, ainda outros a devoções religiosas, a prazeres intelectuais, a experimentos científicos, a danças (inclusive carnavalescas), conforme as inclinações de cada um. Daí os espaços que devem ser destinados a fins recreativos ou lúdicos nos novos projetos de instalações industriais que atendam aos aspectos humanos dessas instalações com aquela compreensão, sensibilidade e solicitude que por vezes vêm faltando aos modernos arquitetos brasileiros, vítimas de uma deficiência ou de uma perversão que talvez deva ser denominada "brasilismo": mau substituto de uma autêntica e não sectária brasileiridade.

---
* "já as horas úteis passadas fora do trabalho são, para muitos povos, mais numerosas dos que as passadas no trabalho, mesmo nos dias úteis". (N. da E.)

Dado o crescente tempo-lazer entre operários e técnicos, numa sociedade neo-industrial do tipo da brasileira, é oportuno que industriais como os da área mais concentrada de produção de açúcar, em regiões como o Nordeste, comecem a cuidar da criação, em pontos ecológica e socialmente estratégicos, de centros de comércio que importem na radical substituição dos barracões por mercados de um tipo novo, atraente, modernamente higiênico e até higienicamente festivo, sobre base cooperativista e que sirvam a várias empresas, das empenhadas na produção do açúcar e na cultura da cana. Tais centros de comércio poderiam vir a ser, também, centros de recreação, orientada médica e sociologicamente; e de competições esportivas. Também centros de cultura artística e literária; e centros — ainda — de devoção religiosa. Para que se tornasse possível o imediato acesso a esses centros, de operários residentes em lugares distantes, poderia ser estimulado, entre nós, por governos e industriais, o uso de bicicletas, com as novas estradas da região reservando espaços para ciclistas, como se faz há anos na Europa.

Isto sem deixarmos de acreditar estar próximo de nós, com o aumento de salários, o dia em que operários brasileiros, em crescente número, se tornarão donos de automóveis, podendo, por este meio, facilmente ter acesso aos centros rurbanamente comerciais que se tornam, também, para populações consideráveis, centros rurbanamente recreativos, lúdicos e culturais, com repercussões profundas, de caráter higiênico-mental ou psicossocial. Não se trata de utopia, mas de uma transformação de todo possível, na paisagem social de regiões brasileiras agora arcaicas, através de realizações que, não devendo ser consideradas fáceis, não devem ser consideradas impossíveis. São possíveis e devem, quanto antes, merecer a atenção não só de governos como daqueles industriais brasileiros, em geral, nordestinos, em particular, mais capazes de uma liderança que junte o arrojo à prudência, a imaginação criadora ao realismo terra-a-terra.

SUGESTÕES EM TORNO DE OUTRAS POSSÍVEIS RELAÇÕES ENTRE HOMENS E TEMPOS: CRIATIVIDADE E IDADE

Do homem em estado de ócio, contemplativa ou ativamente criador, ao contrário do preso ou adstrito a *negócio* — a palavra latina *negotium* sendo nada mais nada menos que a negativa da positiva, *otium* — disseram pensadores, hoje clássicos — um deles Aristóteles, na sua *Ética* — ser o verdadeiro homem livre. Isto por ser o homem que faz o que lhe apetece fazer dono, que é, de um tempo docilmente seu. O que faz, faz livre e ludicamente: por amor descomprometido. O que aprende, aprende também pelo gosto, também livre, lúdico, amoroso, de aprender. Sem o senso calvinista ou puritano de dever fazer isto ou de dever aprender aquilo. Sem o sentido utilitário de fazer ou de aprender para ganhar: ganhar fortuna ou posição ou dinheiro. Sem a noção mais do que utilitária, filistina ou sumítica, de vida, segundo a qual é tempo perdido ou dissipado o que não resulta em ganho ou em aquisição ou em conquista de alguma coisa valiosa: de dinheiro, de saber útil, de título também útil.

Foram noções de valor, estas, as envolvidas nessas interpretações de todo pragmáticas e até filistinas da vida e do tempo pelo homem tornado antes ativo que contemplativo, no seu modo de viver, pelas civilizações mais dinâmicas que se aguçaram nas sociedades ocidentais com as revoluções chamadas Comercial e Industrial — principalmente com a Industrial — valorizadora por excelência do trabalho rendoso da produção sistemática, do tempo ocupado pelo negócio, do tempo economicamente útil, do tempo equivalente de dinheiro.

Estamos hoje, no Ocidente e em mais de uma área mais ocidentalizada do Oriente, numa fase de desenvolvimento humano em que as virtudes e os valores consagrados por aquelas duas revoluções — a Comercial e a Industrial — são valores em crise, sob o impacto do começo de uma terceira revolução que excederá, talvez, em importância, a da ascensão social, já em grande parte realizada, do Proletário, já em grande parte ex-Proletário. Essa profecia marxista tornaram-na já circunstâncias não previstas de todo pelo gênio de Marx antes episódio do que culminância de um processo revolucionário pós-comercial e pós-industrial. É um processo que está nos levando de uma civilização à base do negócio, como foi principalmente a burguesa, capitalista, industrial, a uma civilização à base do ócio, e tão pós-burguesa quanto pós-proletária; tão pós-trabalhista quanto pós-capitalista. O tempo-ócio tende a predominar, em dias próximos, sobre o tempo-negócio de modo verdadeiramente revolucionário, em conseqüência direta do rápido aumento da automatização que das áreas superindustrializadas da Europa, da América e do Japão se comunicará decerto, sem demora, às apenas industrializadas.

Mas não é só com esse aspecto de um pungentíssimo processo revolucionário que começamos a nos defrontar: também com outros dois de igual, senão de maior, importância para as relações do homem com o tempo, tornado menos cronometrizado por aquela predominância do ócio sobre o negócio. De maior importância porque não se apresentam revolucionários apenas no setor social: também no biológico. Ou antes: no biossocial.

Há dois outros aumentos em ascensão fulminantemente rápida nos últimos decênios: o quantitativo, da média de vida humana, e o qualitativo, da saúde, e, conseqüentemente, de validez biossocial do homem depois de atingidos os sessenta e cinco anos, até há pouco idade em que a maioria da população sênior começava a tornar-se inválida, inativa e inoperante, deixando-se passivamente substituir pelos mais jovens. Isto, sem cuidarmos do puro aumento quantitativo, por alguns estatísticos chamado explosivo, de população mundial, que, no ritmo em que se está processando em certas áreas, em conseqüência de crescente higienização e em virtude de crescentes triunfos da ciência médica sobre doenças que até há poucos anos agiam como controles indiretos à natalidade desvairada, constitui problemas inquietantes para biólogos e sociólogos, para economistas e para políticos, para moralistas e para juristas. É problema, este último, de que o autor não cogitará neste ensaio, no qual sua atenção se concentrará naqueles três outros temas também inquietantes e que, aliás, se interpenetram de tal modo que, sob alguns aspectos, constituem um só e complexo objeto de estudo. Complexo e fascinante.

O gênio, aliás assombroso, de Marx não previu de todo tais desenvolvimentos, ainda hoje desnorteantes para seus adeptos: sobretudo para os mais estreitos, que são grande número. A verdade, porém, é que Marx não deixou de notar — destaca-o em trabalho recente Sebastian de Grazia — a relação entre lazer — ou ócio no sentido positivo — e liberdade humana. Para ele, o encurtamento do tempo-trabalho é no que resultaria: na transformação daqueles que viessem a dispor de tempo livre em homens de um novo tipo. Ou de novos tipos. Por conseguinte, em componentes de sociedades e em agentes de culturas — pode-se acrescentar a Marx — também expressões de uns novos tipos de homem, de sociedade e de cultura que, entretanto, tenderiam a ser — pode-se aqui sugerir — tipos mais em correspondência com o ideal anárquico de indivíduo e de sociedade do que com o ideal comunista, por um lado, ou com o democrático, por outro. Pois são estes inclinados a aceitar a transformação do tipo atual de homem, de sociedade e de cultura, em conseqüência do aumento decisivo de tempo-livre para todos os homens, num só novo tipo de homem, de sociedade e de cultura democraticamente padronizado pela coincidência dos seus gostos sob os impulsos das mesmas aptidões, para o uso ou o gozo de formas também padronizadas de ócio.

Na fase de transição de civilizações caracterizadas pelo afã do negócio para civilizações tendentes a valorizar o ócio sobre o negócio, tende a acentuar-se o pendor das minorias de indivíduos — indivíduos socializados em pessoas — nas civilizações industriais, mais ociosos — isto é, os extremamente jovens e os passados dos sessenta e cinco anos — para confraternizarem, formando umas como brigadas revolucionárias de choque contra os representantes, por excelência, da ordem estabelecida que são, nas mesmas civilizações, os indivíduos ainda em decisiva e por vezes despótica maioria: os de idade média — de vinte e cinco ou de trinta a cinqüenta e cinco ou sessenta e cinco anos. Constituem eles — repitam-se sob novos aspectos reparos já feitos em capítulo anterior —, dentro do tempo social da nossa época, uma espécie de classe média ou de equivalente de burguesia, empenhados na defesa de interesses que são principalmente os de ordem, de organização, de estabilidade, através de métodos principalmente racionais, lógicos, jurídicos, contra os impactos vindos quer dos mais jovens, revoltados — por vezes irracionalmente — contra o domínio excessivo dos pais, quer dos mais velhos, inconformados com o domínio exclusivo dos filhos sobre a política, a economia, a arte, a cultura, a sociedade. Temos então — assunto considerado noutro dos capítulos que constituem este livro — alianças de equivalente, em termos psicossociais de gerações, de netos com equivalentes, nos mesmos termos, de avós. Uns e outros, em atitudes revolucionariamente semelhantes, contra a ordem, a estabilidade, a racionalidade, encarnadas nas gerações intermediárias; e pelo seu volume ou prestígio quantitativo atualmente dominantes e até — repita-se — despóticas em sua dominação. Representam elas o rígido organizacionalismo — vá a longa palavra mais do que bárbara — em que se extremam as gerações assim dominantes em atuais sociedades industriais tanto do tipo eficientemente capitalista e sob alguns aspectos democrático — o caso dos Estados Unidos — como do tipo igualmente eficiente, socialista e totalitário: o caso da União Soviética.

A tirania do ideal organizacional de sociedade, que domina sociedade e economias apenas modernas, um dos preconceitos que consagra é o da idade: o de procurar dar quase todo o poder àquela como que burguesia no tempo constituída por homens entre a idade de trinta e cinco ou quarenta anos e a de sessenta ou sessenta e cinco.

Isto com sacrifício de uma desejável atuação, nessas sociedades, de jovens e de idosos, além dos sessenta e cinco anos, excluídos dessa atuação pela predominância sobre elas, sociedades, do ideal calvinista do tempo-dinheiro. É que o tempo-dinheiro importa na consagração do trabalho físico e da organização desse tipo extenuante de trabalho e de organização de que só seriam efetivamente capazes os homens supostamente vigorosíssimos de meia-idade, enquanto, no setor político, os muito jovens seriam desnecessariamente radicais ou inovadores e os idosos, além dos sessenta e cinco, demasiadamente conservadores ou reacionários. Isto segundo mitos em voga.

Entretanto, aspectos inesperadamente inovadores do comportamento político dos indivíduos de mais de sessenta e cinco anos, em democracias eleitorais do tipo moderno, vêm fixados em livros recentes que atualizam as já antigas considerações sobre o assunto de M. Tingsten, no seu *Political Behavior*, publicado em Londres em 1937. Entre esses livros mais recentes, o de F. A. Pinner, P. Jacobs e P. Selznick, *Old Age and Political Behavior*, publicado em Berkeley, pela Imprensa da Universidade da Califórnia, em 1959, além do de A. Campbell, G. Geral, W. E. Miller, *The Voter Decides* (Nova York, 1954).

Vivemos numa época em que a ciência, através de várias expressões de caráter técnico — engenharia, higiene, medicina, educação, física, biologia, química: ciências aplicadas a problemas de relações dos homens uns com os outros e de todos com o espaço e com o tempo — está tornando possíveis tais vitórias do Homem moderno sobre micróbios, parasitas, infecções, sobre ritos religiosos, tabus alimentares e hábitos sociais perniciosos à saúde que a média de vida vem se elevando de modo quase sensacional de ano para ano. Isto, principalmente, nos países tecnicamente mais adiantados do Ocidente e em algumas áreas, também tecnicamente desenvolvidas, do Oriente. Mas, de modo geral, em quase todas as regiões ou partes do mundo. Um dos característicos mais notáveis do nosso tempo é essa extensão de tempo para os homens simultaneamente com a redução, para eles, do espaço, pela freqüência e pela rapidez de comunicações entre os extremos desse espaço.

Significam essa extensão de tempo e essa redução de espaço uma revolução de projeções psicossociais imensas. Inclusive com relação a uma presença, possivelmente maior, de indivíduos de idade avançada e de saúde assegurada pela gerontologia, em postos de comando.

Líderes, esses, capazes de realizar — como realizaram, até há pouco, Charles de Gaulle, Picasso e Bertrand Russell e como continua a realizar um Heidegger — grandes renovações, quer políticas, quer intelectuais, animados, em seu ânimo renovador, por um sentido de tempo que parece depender neles menos de preocupações de futuros apenas individuais do que de futuros sociais que dependem deles: de sua genialidade criadora. O que, sendo verdade, seria a conseqüência de novas condições de saúde e de longevidade, para o Homem moderno, criadas pela ciência médica, em conjunto com a engenharia social —

esta em função das chamadas Ciências do Homem — e também pela engenharia física, a cujas aplicações de física ao cotidiano e às relações do Homem atual com o Futuro devemos novas formas de comunicação e novas velocidades nessas comunicações. Também projeções do atual sobre o vindouro de tal modo novas que vão implicando extensões de vida e de tempo, para os indivíduos de todas as idades — para eles e para as suas criações — e novas concepções sociais de tempo para os indivíduos de idade avançada, convencidos, atualmente, de realizarem obras cuja projeção sobre o futuro se realizará por meios técnicos mais vigorosos e mais vencedores do tempo que os antigos. O que importa na rápida irradiação e no largo prolongamento de obras outrora susceptíveis de se tornarem efêmeras e de alcançarem apenas repercussão limitadíssima no tempo e no espaço.

De modo que quando hoje um Pablo Casals deixa que lhe gravem uma das suas performances geniais de música em que a sua velhice de homem de gênio não se deixa ultrapassar, em perícia de execução, pela mocidade de nenhum artista novo da sua especialidade, sabe-se dessa performance que ela de súbito se irradia por todo mundo culto e que a sua projeção sobre o futuro está assegurada de modo a prolongar no tempo não simples arremedo de uma realização de Casals, mas essa realização em toda sua pureza e em toda sua frescura. Tal vitória técnica do Homem criador de arte sobre o tempo favorece, é claro, aos criadores de todas as idades; e de várias especialidades — eloqüência, música, arte, literatura. Mas é particularmente significativa pelo fato de assegurar aos criadores de idade hoje avançada uma imortalidade de suas vozes, de suas palavras, dos seus modos de se exprimirem, de suas figuras humanas, que lhes prolongue a velhice criadora de hoje sobre o futuro, não de forma retrospectiva, porém atual, viva, flagrante. O que torna não só um Casals como um Picasso, um Charlie Chaplin e um Heidegger, um Segovia ou um Toynbee — homens de idade avançada que são seis dos maiores criadores dos nossos dias — por nenhum dos cultores mais jovens das suas diferentes expressões de gênio ultrapassados em pujança criadora. Note-se que algumas de suas criações ou afirmações dentre as mais significativas vieram a ser realizadas por eles quando indivíduos dos ordinariamente considerados senis, e por isto desprezíveis. O que os torna — saliente-se — homens que, graças às engenharias física, humana e social da nossa época, se projetarão sobre épocas futuras com quase todo o relevo de sua atual criatividade de indivíduos biologicamente vivos. Isto, graças em grande parte à ciência médica e àquelas engenharias vencedoras de doenças, infecções, micróbios, outrora inimigos dos homens de mais de cinqüenta anos. Daí terem chegado saudavelmente aos oitenta e alguns até aos noventa anos e até mais, como Casals.

Graças, em grande parte, à ciência médica e à engenharia, quer física, quer social, nossa época, sem vir negando "place aux jeunes"* — que o digam os Kennedy e, entre nós, um Delfim Netto e, em Portugal, um Rui Patrício — é uma época que se vem, talvez pós-modernamente, distinguindo por toda uma constelação de grandes homens de idade avançada. São homens que chegam à velhice menos à sombra de triunfos conquistados na meia-idade do que, goethianamente, através de afirmações de criatividade por eles prolongada na própria velhice. O caso, entre outros, de Picasso. Na velhice, o grande espanhol produziu algumas das suas melhores obras.

Os estudos sobre as relações entre idade e criatividade — realizados quer por Else Frenkel, em seus trabalhos pioneiros de psicologia biográfica, *Character and Personality* (1936), quer por Harvey C. Lehman, em seu *Age and Achievement* (1953), ou por Charlotte Buhler, cujo ensaio *Meaningful Living in the Mature Years* é recente (1961) — mostram o que Buhler destaca como "possibilities of significant achievements occurring relatively late in life"**, embora seja da notável cientista a ressalva de que "it may be that this pertains only to gifted individuals and not to the average person, although we do not yet have adequate data on this point"***. Este o ponto: não temos elementos para estender ou não ao homem médio a capacidade, revelada pelos indivíduos de talento excepcional, de, na velhice, produzirem obras de alto valor: por vezes suas obras de maior importância que as da meia-idade.

Aqui, entretanto, pode vir atuando um fator psicossocial: as motivações que alcançam em cheio o homem médio vêm afetando menos o

---
* "lugar aos jovens". (N. da E.)
** "possibilidades de realizações significativas que ocorrem relativamente tarde na vida". (N. da E.)
*** "pode ser que isso concirna apenas a indivíduos bem dotados e não à média das pessoas, embora ainda não tenhamos dados adequados sobre o assunto". (N. da E.)

excepcional. O homem médio é, muito mais que o excepcional, sujeito àquela oportunidade que lhe oferecem e àqueles limites que lhe impõem os seus ambientes. Há um conjunto de circunstâncias dentro das quais pode-se sugerir atuar de modo particularmente poderoso o sentido de tempo dominante na época e no espaço em que viva um indivíduo. Sendo esse sentido de tempo o que vinha atribuindo à vida média do homem o limite de cinqüenta anos, era natural que, sob a obsessão desse limite, o indivíduo médio se considerasse realizado — ou fracassado — dentro desse limite de tempo, vivendo o excedente como se fosse beneficiado pelo que, em linguagem vulgar de mercado, se chama "quebra".

"Depois dos sessenta anos o que vem é quebra", dizia a Oliveira Lima um seu amigo diplomata, numa época em que, na realidade, raro o diplomata brasileiro que, no Brasil, chegasse, como o barão de Penedo, à idade avançada. O que talvez se devesse menos ao fato de trabalharem demais que ao de comerem e beberem demasiado, sabido, como é, que, na *belle époque*, os diplomatas foram talvez, além dos lordes e dos milionários, as maiores vítimas dos excessos de mesa e de sobremesa. Excessos, naqueles dias, ainda pouco condenados pelos higienistas ou pelos médicos; e permitidos por uma superabundância de alimentos esteticamente finos porém quimicamente gordos, consumidos pela *society*. *Society* que, na Europa e no Oriente, dispunha de uma superabundância que contrastava, muito mais do que hoje, com a escassez de alimentos consumidos pela gente miúda. A engenharia social, apoiada na física, vem corrigindo tais desarmonias, embora não tanto que a média de vida deixe de ser mais alta do que é atualmente pelo fato de haver, por um lado, os que ainda comem demais; e, por outro, os que ainda se nutrem de menos. É problema esclarecido pela ciência médica embora difícil de ser de todo resolvido pela engenharia social, com repercussões sobre a extensão de tempo a ser vivido, no futuro, por um número maior de seres humanos.

Mas problema a ser não só orientado pela engenharia social, em conjunto com a ciência médica, como esclarecido pela filosofia e pela própria religião alongada em ética é também este outro: o — uma vez estendida a média de vida humana, aumentado no mundo o número de indivíduos de idade superior a sessenta e cinco anos — proceder-se a uma revisão de valores de cultura e uma revisão ainda mais profunda de motivos de vida. De motivações, diriam alguns psicólogos sociais e educadores sociologicamente orientados dentre os mais modernos. Motivações que deixassem de considerar a vida humana esgotada, quase de todo, ao fundar-se para o homem — ou para a mulher — quer o período biologicamente de maior capacidade de ação física, quer o período sociologicamente de maior valorização da gente de meia-idade, em virtude dessa maior capacidade de ação física ser associada a uma filosofia de vida de motivações quase exclusivamente ativistas.

Sucede que a automação tende a tornar arcaicas muitas das motivações apenas ativistas; a tornar obsoleto um absorvente e supravalorizado ativismo; a dar novo sentido ao tempo a ser vivido pelo homem, menos pela ação vigorosamente física — que fazia da gente de meia-idade uma espécie de casta biológica prolongada em casta sociológica — que por essa ação reduzida, em sua importância, sob o aspecto de ação-trabalho. Ao mesmo tempo, a essa redução de importância começa a corresponder uma concepção pós-moderna de existência já a influir sobre a apenas moderna: uma valorização de motivos de vida, desde dias remotos, desprestigiados, isto é, os menos físicos e mais intelectuais; os menos ativos e mais contemplativos; os menos ostensivos e mais sutilmente atuantes. Ou mais sutilmente participantes. E estes são motivos de vida em que os indivíduos de idade mais avançada podem, sob alguns aspectos, superar os de meia-idade.

Poucos estão se apercebendo, nos países sob vários aspectos intelectualmente retardados, como é hoje o Brasil, da decadência alarmante do ensino secundário. Impressionante é também a confusão na avaliação de qualidade em grande parte dos estudos universitários ou superiores, com altos e baixos que vão da excelência de uns poucos institutos à charlatanice de vários dos que entre nós passam atualmente por ser de ensino superior. Daí, tanto simplismo entre brasileiros saídos desses cursos e hoje indivíduos de meia-idade. Poucos, ainda, entre eles, os que se apercebem de que a grande revolução que atravessamos, os modernos, no Brasil e noutros países, deixou há anos de se exprimir em termos convencionais de esquerdismo contra direitismo, de vanguardismo — às vezes chamado de "humanismo" — contra reacionarismo, de progressismo contra arcaísmo, de comunismo contra burguesismo, para ser uma expressão tanto de novas condições de vida — crescentemente criadas para o atual mundo superindustrializado, de onde se comunicará a áreas tecnicamente menos desenvolvidas, com maior ou menor rapidez — pela automação. Pela automação em novas situações, também crescentemente criadas para o mundo super-higienizado de hoje pelas três engenharias. São avanços que se estão comunicando a áreas sanitariamente menos desenvolvidas; e exprimindo-se na elevação da média de vida. Aspectos de uma só e imensa revolução de caráter tanto biológico ou fisiológico como sociológico. Duas revoluções, formando uma só, que tendem a manifestar-se em vários casos sob aspectos biossociologicamente complexos.

A presença, no mundo de hoje, de uma enorme massa de indivíduos de mais de sessenta e cinco anos — a idade que se convencionou ser biológica e sociologicamente o começo, segundo modernos padrões, da velhice, embora uma velhice, em grande número, sã ou semi-sã que a ciência médica e a engenharia social estão já prolongando, assim sã ou semi-sã e, por conseguinte, com capacidade de influir sobre as demais gerações suas contemporâneas, mesmo chegadas aos oitenta e, até, além dos oitenta anos — é fato de todo novo, em termos ao mesmo tempo quantitativos e qualitativos, na história humana. Coincide com condições também novas, quer de convivência inter-humana, quer de relações do homem, não só jovem como idoso, com o espaço e com o tempo, que são condições das quais já se começa a desprender, atuante e dinamizante, nova filosofia de vida ou novo sentido humano — pan-humano, na verdade — de valores naturais e de valores socioculturais.

Naturais porque, com o tempo livre criado para multidões, e não somente para uns poucos, pela automação, as águas dos mares e dos lagos mais belos, as montanhas e as florestas mais pitorescas, as praias e as ilhas mais capazes de dar prazer aos homens em férias, ou aos ricos sempre ociosos, são valores que, de privilégios para esses ricos ociosos ou para remediados em férias bem remuneradas, passam a lugares de acesso fácil a multidões de ex-proletários, cujas horas de trabalho e cujo próprio trabalho a automação vem reduzindo a insignificâncias de tempo e de esforço. E também porque, com o prolongamento não só da média de vida como do teor de saúde nos membros mais idosos das comunidades modernas, sejam eles ex-proletários ou ex-burgueses — figuras essas duas cada dia mais históricas e menos atuais — aumenta o número de indivíduos para quem nadar, pescar, caminhar ao ar livre, rodar de bicicleta, andar a cavalo, deslizar de botes a motor pelas águas de lagos e de baías pitorescas, deixando de ser prazeres por eles apenas gozados vicariamente, através dos ricos e dos moços, fotografados e cinematografados nesses flagrantes de regalo esportivo nas revistas e nos filmes, são valores para ex-velhos inermes, tanto como para ex-proletários, outrora fechados nas suas classes ou categorias subservientes. Valores acessíveis e atuais, para eles, dando assim novo sabor às suas relações com a natureza e com o ar livre; com os outros homens, não só seus compatriotas, como — dadas as crescentes facilidades de viagens intercontinentais — de outros países. Países diferentes em paisagem e em forma de vida e de cultura do seu.

Este, o aspecto biológica e sociologicamente significativo da transformação social ou sociocultural não de todo prevista por Marx, que já começa a ocorrer aos nossos olhos, criando problemas de ajustamento dos homens e das sociedades modernas a novas — ou já pós-modernas — condições também novas de vida, de comunicação e de convivência. São problemas a serem resolvidos — ou esclarecidos ou orientados, antes de serem resolvidos — menos pelos próprios políticos ou pelos juristas do tipo convencional e até menos pelos economistas presos ao que há apenas de quantitativo nos desenvolvimentos tecnológicos que por cientistas biológicos e por cientistas sociais, por médicos, higienistas, sanitaristas que se juntem a engenheiros dos chamados humanos, a psicólogos, a antropólogos, a sociólogos, a psiquiatras, a educadores, para o trato de assuntos crescentemente mistos ou complexos nas suas implicações e nas suas projeções biossociais.

Pois não é com simples leis apenas políticas, de congressos ou de parlamentos, nem com puras soluções de caráter jurídico saídas dos tribunais ou das academias nem apenas com providências de ordem administrativa a que se aventurem, só por intuição, homens de governo, que se ajustarão homens e comunidades, biológica e sociologicamente senão de um novo tipo, de uma nova dimensão, além de vital, social, a condições pós-modernas de vivência, de convivência, de existência e de experiência. Condições pós-modernas que vão exigir desses homens e dessas comunidades que se transformem, quanto possível sob orientação científica, em suas relações entre si — de gerações com gerações, de sexo com sexo, de urbanitas com ruralitas, de indivíduos normais com indivíduos supradotados, por um lado, e com os subnormais, por outro, embora a genética talvez venha a permitir o desaparecimento dos últimos e o aumento dos supradotados. E também em suas novas relações com ambientes, quer naturais, quer socioculturais, globais. Relações tão novas que venham a implicar novo sentido, quer de espaço, quer de tempo, assim físicos como socioculturais; e com esse novo sentido de espaço-tempo, o do relativo domínio tecnológico sobre eles pelo homem. Domínio — sempre relativo — que pode nos levar a contatos com supra-espaços, por meio de veículos de extrema velocidade, ao lado dos quais a dos modernos aviões a jato tende a tornar-se ridícula.

Essas novas condições de vida implicarão — repita-se — toda uma nova filosofia também de vida. Uma nova filosofia de vida desprestigiadora do mero ou exclusivo ativismo e dos valores apenas ativistas, ainda supraglorificados hoje tanto por americanos dos Estados Unidos como pelos russos da União Soviética. Com esses russos, americanos dos Estados Unidos, agora com tendências a se aproximarem de uma China, chamada Comunista, embora mais chinesa que comunista, vêm competindo e, em conseqüência desse esforço de competição — aliás, dentro dos seus limites científicos e tecnológicos, admirável — como que se russificando, e os russos ianquizando-se tanto no bom como no mau sentido. A uns e outros parece faltar ainda uma filosofia prestigiadora de valores contemplativos que, sendo contemplativos, sejam estéticos, lúdicos, religiosos, especulativamente científicos, criadoramente ou criticamente filosóficos, solidaristas ao mesmo tempo que personalistas. Tudo isso numa escala antes flexivelmente pan-humana que hirtamente nacional; e antes orientados, todos os valores contemplativos que se tornam predominantes sobre os apenas ativistas, para o bem-estar, também pan-humano, que para objetivos de supremacia de um Estado-nação sobre os outros ou de um Estado-império sobre os simples Estados-nações.

A verdade é que as duas grandes revoluções que vão transformando o mundo — a automação e, com ela, o aumento de tempo livre — e a elevação da média de vida humana, num mundo diferente daquele em que tantos de nós nascemos e crescemos e tão dissolvente de alguns dos valores e dos mitos de que até ainda há pouco vivíamos como se fossem valores e mitos imutáveis, obriga-nos a severas revisões de valores e de mitos. Há os que já não correspondem a novas condições de convivência humana e há os por assim dizer imperecíveis. Os que poderiam ser considerados "passados desprezíveis" se esses passados não fossem, com efeito, presentes e até futuros em potencial.

Uma dessas revisões — insista-se neste ponto — é a que nos leva a uma reinterpretação do indivíduo biologicamente idoso e do seu poder criador nas sociedades. Pois as sociedades pós-modernas terão uma maior presença que as modernas de indivíduos biologicamente idosos. E dependerão em grande parte deles para suas afirmações de vigor cultural. São, alguns deles, indivíduos que desde tempos remotos se têm feito notar quando homens de gênio, não, como quer o mito, pela sua estagnação em indivíduos obsoletos, mas pela sua flama renovadora.

Talvez a figura histórica que mais deva ser elevada a patrono dos modernos futurologistas seja exatamente o nada juvenil Leonardo da Vinci. Embora Kurt W. Marek, no seu *Yestermorrow* (Nova York, 1961), considere Da Vinci antes um utópico do que um precursor da tecnologia moderna, o certo é que a esse "utópico" não faltou imaginação científica. Projetou-se sobre um futuro que é há séculos realidade prevista, sugerida, delineada, até, por sua imaginação. Da Vinci concebeu um futuro em que a máquina se tornava, como se vem tornando, parte do homem, não num sentido utópico, porém funcional. Essa assimilação da máquina pelo homem será provavelmente maior em sociedades e culturas pós-modernas.

Qual o característico principal do gênio de Da Vinci? O de um indivíduo capaz de concentrar-se em atividades especializadas — da ciência mecânica à pintura artística — sem deixar nunca de ser um tanto generalista: um coordenador de especialismos. Um transespecialista, portanto. Mais do que isto: nele estavam presentes o lógico e o mágico. O racional e o intuitivo. Daí ser documento interessantíssimo sua carta a Ludovico, il Moro: carta em que enumera suas projetadas inovações, entre as quais a construção de pontes portáteis; destruição de qualquer tipo de fortaleza, das então conhecidas; construção de tipos esculturais de mármore ou bronze e de pintura.

O modelo de criador projetado sobre o futuro que foi Da Vinci continua vivo. Vivo e germinal. Pablo Picasso, nos nossos dias, foi um semi-

Da Vinci. Ainda não apareceu, na nossa época, renovador da pintura que superasse em criatividade o sempre demoniacamente experimental Picasso. Nem tampouco, nos nossos dias, renovador jovem da música que superasse o também ainda experimental e demoníaco Stravinski, há pouco falecido em idade avançada. Nem renovador da arte cômica que superasse o ainda lúcido, e ainda espantosamente revolucionário dessa arte, Charles Chaplin. Nem grande filósofo mais adolescentemente audaz em suas aplicações da filosofia à política e à vida do que o também há pouco falecido, com mais de noventa anos e sempre germinal, Bertrand Russell. Nem arquiteto jovem que superasse Le Corbusier em arrojos renovadores dessa arte, no último meio século. Nem há filósofo existencialista, dentre os mais novos, que se avantaje, neste particular, a Heidegger ou a Gabriel Marcel. Nem filósofo católico que ultrapasse, em profundidade de filosofia católica do tipo neotomista, Jacques Maritain. Todos vêm se afirmando de modo esplendorosamente criador, já velhos de mais de setenta anos. Alguns de mais de oitenta.

A presença de velhos, homens de gênio ou menos que geniais, porém marcantes, em especialidades fecundadas por eles em verdadeiros desafios ao tempo, tende a acentuar-se à medida que o mundo vá passando de apenas moderno a pós-moderno, quer com o aumento de média de vida humana — uma revolução mais biológica que sociológica — quer com o aumento da automação e, conseqüentemente, de lazer. A última é uma revolução tecnológica tanto quanto sociológica de imensa repercussão nos setores culturais; e da qual um dos aspectos mais significativos será provavelmente diminuir a distância no plano da criatividade, não só entre os sexos e as raças como entre jovens e velhos. Situações biológicas — a de velhos em face a jovens — que outrora divididas radicalmente, sob as economias, quer agrárias, quer industriais, em que viviam os homens, pelas diferenças de capacidade dos indivíduos jovens da dos velhos em termos biológicos de vigor puramente físico-econômico, tendem a tornar-se nesses termos, em grande parte, arcaicas. Arcaicas com a crescente valorização das expressões tão-somente humanas de capacidade quase puramente intelectual ou puramente estética em termos de criatividade independentes — sobretudo tratando-se de indivíduos de gênio — da idade biológica do intelectual ou do artista. Trata-se de uma valorização tornada possível pela automação que é também crescente; e que tende a acentuar-se nas sociedades e culturas pós-modernas.

Pois o aumento de média de vida não é apenas quantitativo: é qualitativo no sentido de ser um aumento, em numerosos casos — repita-se — de vida sã, tornado possível pela ciência médica ou pela engenharia associada à ciência sociológica e à ciência psicológica. Tende assim a desaparecer a convencional associação da figura do velho à condição de enfermo ou de valetudinário. O número de Picassos, de Chaplins, de Bellings, além de velhos, sadios e na plenitude do seu poder criador, quer no plano dos indivíduos geniais, quer em planos de menor criatividade porém não de menor importância para as relações entre indivíduos e sociedades, tende a crescer, para proveito da cultura humana, embora importando essa presença de velhos pujantemente criadores e goethianamente sadios, entre os homens, em desespero para candidatos, muitas vezes medíocres e tão-somente jovens, a sucessores imediatos de tais velhos, nas situações de relevo por eles, velhos, ocupadas. Substituições ainda hoje pleiteadas, por tais substitutos, sob o prestígio do mito, criado pelos próprios medíocres dessa espécie, de dos sessenta e cinco anos em diante até indivíduos de gênio deverem ser considerados gagás; e, por conseguinte, comandantes a serem substituídos em comandos. Substituídos por serem — diz o mito — biologicamente indivíduos gastos e sociologicamente superados. Incapazes de se conservarem atuais, no seu saber e nas suas leituras, por lhes faltarem — condição básica — olhos jovens; e incapazes de se conservarem atuais nas suas relações com estudantes, por exemplo, por não terem ouvidos também jovens para ouvir as perguntas dos mais jovens nos necessários diálogos entre novos e antigos.

É um mito, esse, em dissolução. Essa dissolução torna desde já arcaicos os supostos modernos que levantam bandeiras de renovação à base de pura, simples e mecânica substituição de indivíduos de mais de sessenta e cinco pelos de vinte e tantos a quarenta ou cinqüenta e tantos, ou sessenta, que constituiriam o grupo biológico mais capaz, pela pura condição de idade, de criar, comandar, liderar, ensinar, orientar, produzir.

A automação torna difícil o prolongamento desse mito. À automação, o aumento de média de vida, o aumento qualitativo de saúde nos indivíduos de mais de sessenta e cinco anos, junta-se para tornar quase impossível o prolongamento de tal mito. E a revolução biossocial em começo tem por expressão irrecusável nas democracias modernas o aumento — repita-se — do número já considerável, em países como os Estados Unidos, de eleitores de idade superior a cinqüenta anos em relação com os de menos de cinqüenta. A expressão política de uma revolução biossocial talvez de maior profundidade que a chamada "revolta dos jovens" ou a denominada "reivindicações de direitos" pelas mulheres, ou, nos Estados Unidos e noutros países, pelas gentes de cor em face das brancas.

EM TORNO DE ALGUNS
DESAFIOS PÓS-MODERNOS
AO HOMEM APENAS MODERNO

Se há problema que deva começar a preocupar sociólogos modernos, voltados para um futuro, em nossa época, já quase invasor do presente, e que é um problema na verdade já considerado, nas áreas superindustrializadas da Europa e dos Estados Unidos, por homens de governo e empresários mais lúcidos, esse problema é o da organização do lazer. Está sendo posto em foco pela crescente automatização ou automação das indústrias, em particular, e da vida, em geral, nas mesmas áreas. A própria medicina — tão ligada como medicina preventiva ao homem do futuro — se encontra envolvida de tal modo pelo processo de automatização naquelas áreas que já há quem entreveja, exagerando a amplitude das perspectivas novas abertas por esse processo avassalador no setor médico, a substituição dos médicos pelos robôs eletrônicos. Dos médicos e dos psicólogos, educadores, sociólogos e antropólogos que, adeptos de testes antropométricos e biométricos, venham a dispensar, de todo, abordagens compreensivas ou intuitivas dos objetos-sujeitos de suas indagações.

Por ocasião de recente congresso de radiologia em Munique, o crescente aperfeiçoamento dos aparelhos de radiologia levou um dos médicos presentes, o Dr. Robert Janker, a indagar com alguma malícia dos seus colegas se, nesse ritmo, não se chegaria breve ao uso de máquinas que auscultassem automaticamente os doentes e estabelecessem também automaticamente diagnósticos, através de cérebros eletrônicos que se comunicariam de um aparelho a outro, dispensando a presença ou a pessoa de um médico.

A verdade é que a radiologia é hoje, na medicina alemã como na dos Estados Unidos, uma especialidade em crescente processo de automação. Já se chegou, por esse processo, por exemplo, a um tempo ideal de exposição de placas fotográficas — informava, não há muito tempo, um hebdomadário alemão publicado em Bonn. O hebdomadário acrescentava desse e de outros aperfeiçoamentos recentes no campo da radiologia — da sua automação — que vêm diminuir os riscos de lesões por exposição prolongada do doente aos raios X. Riscos até há pouco consideráveis tanto para o doente como para o médico.

Resguardado de riscos dessa espécie e liberto de cuidados com manipulações puramente mecânicas no uso de aparelhos a serviço de sua clínica, o médico moderno ganharia, cada dia mais — à medida que se torna antecipadamente pós-moderno — tempo mais largo para dedicar-se àquelas atividades de desenvolver diagnósticos, nas quais ninguém hoje acredita ser possível a substituição do médico-pessoa pelo médico-robô: robô eletrônico. Ganhando tempo para tais atividades, também ganha ele tempo para estender seus estudos de doentes e de doenças, dos puramente médicos aos médico-sociais ou médico-sociológicos, de modo a considerar desde agora possíveis futuros nesses setores. Inclusive problemas que estão sendo criados para o médico, como para o psicólogo, o educador, o antropólogo, o sociólogo, o homem de governo, pelo próprio processo de automação, abrir quase de repente, como vem abrindo, para o homem médio moderno já, em alguns pontos, ou em alguns casos, contemporâneos de vindouro, verdadeiros latifúndios de tempo desocupado. Tempo desocupado, vazio, do qual essa nova espécie de latifundiário, não sabendo de ordinário o que fazer, corre o risco de tornar-se vítima de regalias até há pouco associadas, na imaginação humana, apenas à vida sobrenatural: ao repouso eterno ou ao eterno descanso, em paz, da alma, daquele que, em terra, esfalfou o corpo, de trabalho, tornando-se merecedor do gozo de lazeres celestiais. Gozo a ser desfrutado pelo espírito libertado do corpo escravo, em sua vida na terra, do trabalho constante, absorvente, fatigante e glorificado como virtude máxima.

O que se passa no setor médico — aqui destacado como exemplo — está a verificar-se noutros vários setores de atividade ou de engenharia física, humana e social moderna. Estão eles recebendo impactos pós-modernos sobre sua efêmera ou transitória modernidade.

No setor industrial, por exemplo, os computadores estão já a realizar verdadeiras mágicas na sua antecipada pós-modernização do arcaicamente moderno. O setor administrativo se mostra crescentemente automatizado, que é o caso também do setor agrário, do setor educativo, do setor comercial, para não se falar aqui dos meios de comunicação e de transporte que cada dia se pós-modernizam arrojadamente, deixando, em torno deles, outros setores na situação de sobrevivências cômica ou pitorescamente. Sendo assim, não há exagero em dizer-se do homem moderno que vive, em não poucas áreas, sob desafios de tal moda pós-modernos que, nessas áreas, ele é já, em sua antropologia, pós-moderno. Os arrojos espaciais vêm importando numa série de revoluções de caráter biológico para o homem e para a sua ecologia terrestre — um misto de moderno e de pós-moderno. Inclusive em suas relações com aquelas insólitas dimensões de espaço e de tempo que parecem envolvê-lo como se realizassem um romance imaginado por um super-Wells.

Sabe-se que os problemas dessa espécie — os de imenso tempo livre a ser vivido menos pelo homem médio de hoje que de um futuro, em alguns países, já quase presente — criados por essa quase repentina substituição de tempo-trabalho por tempo-lazer, em sociedades superindustrializadas e automatizadas, são problemas que já existem. Médicos, legisladores, homens de governo, empresários modernos terão que considerá-los como um novo e importante aspecto sociológico da Medicina, do Direito, das relações de governados com governantes e de técnicos com empresários à medida que aumente aquela automatização e, com ela, a mecanização, a comercialização e a estandardização dos divertimentos sob aquelas formas violentas e infernalmente ruidosas que, nos Estados Unidos, tanto impressionaram o sábio brasileiro Silva Mello, na sua mais recente visita àquele país.

Acontece que em várias das sociedades superindustrializadas o homem médio — voltemos aqui a este problema — não está sabendo o que fazer do seu crescente lazer; e os governos, nos países chamados democráticos, sob o exagerado preconceito liberal ainda hoje vivo em alguns desses países, julgam não dever intervir na vida das sociedades senão em casos extraordinários. Estão, assim, deixando esse homem médio de tal modo à mercê dos exploradores comerciais do seu ócio, ou do seu tempo desocupado, que a substituição do tempo, outrora ocupado principalmente pelo trabalho rotineiramente mecânico — trabalho tão pernicioso à saúde mental do operário — pelo divertimento mecanizado, estandardizado, está resultando em prejuízo mental e sociocultural ainda maior para o suposto benefício trazido pela automação.

Tanto assim que, em vez de repouso, o lazer está trazendo para grande número de indivíduos socializados em pessoas, e em seguida despersonalizados em massa, em sociedades superindustrializadas e automatizadas do mundo moderno, aquela fadiga outrora só de ricos *blasés* e que levaria vários deles ao suicídio, às drogas, à cocaína, à morfina: a fadiga, acrescentada de tédio, do divertimento apenas violento ou somente físico, sensual no pior sentido da palavra. Daí vir se generalizando entre aqueles indivíduos despersonalizados em massa, de um e de outro sexo, a começar por adolescentes, o abuso não só de álcool, de fumo, de tóxicos, como de moderníssimos calmantes, entorpecentes, sedativos.

Da própria Inglaterra se sabe que, com a automação, está se tornando mais freqüente, na sua população média, aquela hipocondria ou aquele *spleen* outrora só dos seus lordes fartos de extravagâncias e dos seus românticos mais desajustados a normas, para eles prosaicas, de vida prática. Daí, também, entre essa população, o consumo crescente de sedativos e de soporíferos. Sua ianquização — a despeito de existir na Grã-Bretanha uma instituição do porte cultural da British Broadcasting Corporation — vem se fazendo sentir em recreações e divertimentos impessoalmente mecânicos e supercomercializados semelhantes àqueles a que se entregam, sem obterem a satisfação procurada, grupos maciços de americanos dos Estados Unidos. Grupos que são talvez as maiores vítimas modernas de um lazer mal orientado e mal organizado, tal a ausência, na orientação e na organização desse lazer, de personalidades superiores e criadoras. Pois raros, raríssimos, têm sido os Charlie Chaplin e os Walt Disney.

Homens superiores que, sobrepondo-se à comercialização maciça de um setor tão importante da cultura nacional, dessem ao homem médio, sob forma de divertimentos, quer coletivos, quer pessoais, a oportunidade de apreciar valores artísticos, teatrais, musicais, intelectuais, folclóricos, esportivos, capazes de o elevarem dos divertimentos rasteirosamente comercializados e brutalmente mecanizados, deveriam ser procurados por governos, empresários, associações recreativas, como se deles se esperassem quase mágicas. São essenciais a uma reorientação do lazer lúdico ou recreativo em que a arte seja valorizada acima da exploração comercial de gostos rasteiros.

É possível que a influência de tais homens superiores na orientação ou na organização do tempo desocupado dos seus compatriotas, gente média, seja, numa democracia eleitoral, dificultada, ou mesmo impedida, pelo próprio processo eleitoral. É processo inclinado a favorecer, sob o impacto do dinheiro corruptor do voto, a exploração comercial da gente média pelos chamados espertos. Os exploradores, em plano comercial, do acanhamento do sexo, por exemplo.

A atuação, em benefício da mesma gente média, de personalidades ao mesmo tempo superiores e desinteressadas de vantagens comerciais para si próprias torna-se, em tais circunstâncias, quase impossível. Extremamente difícil. O problema, porém, se apresenta de modo já tão alarmante para a saúde, quer física, quer mental, das populações nas áreas automatizadas, onde o trabalho vem perdendo cada dia mais tempo para o lazer, que é chegado o momento de sociólogos, auxiliados por antropólogos, psicólogos, artistas, pensadores, educadores, líderes religiosos, líderes operários, líderes industriais, jornalistas, líderes políticos, homens de governo, se reunirem, nessas áreas, para enfrentarem essa nova e já complexa situação como se fosse uma pandemia que ameaçasse a nação, exigindo de executivos e legislativos conscienciosos medidas quase de salvação pública.

Talvez a solução estivesse numa reorganização do lazer, nessas áreas, em que se desse de início ao tempo desocupado a categoria de um tempo que não precisasse de ser ocupado por divertimentos apenas ruidosos, excitantes ou violentos, em que se reproduzissem sensações de grandes esforços produtivos ou competitivos: o caso de tantos jogos modernos ou as recreações mecânicas de pura inspiração capitalista, sobrevivências do capitalismo furiosamente competitivo do século XIX para o qual o tempo todo era dinheiro ganho, trabalho produtivo. Nada de tempo lúdico que parecesse ser tempo perdido.

A verdade, porém, é que o tempo dedicado ao lazer não precisa de ser um equivalente do tempo ocupado pelo trabalho ou pelo esforço, como quase todo o esportivo, de competição simbolicamente produtiva. Não é esse esporte o mais capaz de dar ao homem aquela apreciação mais pura de valores de existência que a alguns de nós parece ser a principal função do lazer. Semelhante lazer é impossível de ser conseguido quando o tempo do desocupado é ocupado por preocupações de competição, ou mesmo de cooperação, sejam estas através do trabalho ou de um lazer caricaturado do trabalho produtivo; ou como que produtivo, sob a mística antilúdica — mística calvinista de que as grandes civilizações industriais modernas, quer as chamadas capitalistas, quer as intituladas marxistas, se mostram impregnadas — de homens ou comunidades que nunca deveriam perder o tempo, gastá-lo, desperdiçá-lo; e sim salvá-lo, economizá-lo, guardá-lo como capital. A mística — repita-se — do "time is money". Precisamente a mística à qual vários de nós opomos a concepção evidentemente mais humanística, e também mais higiênica, ou pelo menos mais eutênica, de que o tempo é vida.

Por conseguinte, a organização do lazer que fosse uma organização do tempo desocupado do homem, moderno, liberta tanto de preocupações produtivas, que excitassem constante ou excessivamente o desocupado, como de empenhos de atividade comercial de industriais de um novo tipo de indústria — a do lazer — projetados sobre aquela organização. Corresponderia ela a uma concepção eutênica de reconstrução social, a que se inclinam, mais que à eugênica, senão por pura força da sua ciência, da filosofia estimulada por sua ciência, higienistas, antropólogos e sociólogos modernos com imaginação pós-moderna. Pois eutenicamente, isto é, através da organização de ambientes higiênica e socialmente saudáveis que condicionem a vida do Homem e, dentro da vida, o tempo a ser vivido pelo Homem em sociedade, é que ciências, artes e técnicas mais podem concorrer para o maior bem-estar desse homem em plano sociocultural. É o que acreditamos os inclinados mais a essa solução que à eugênica, de emprego — mesmo que fosse desejável — quase impossível tanto em civilizações cristãs, paracristãs, maometanas, que valorizem no homem a pessoa acima do indivíduo biológico, como em civilizações marxistas, como hoje a russo-soviética, em que se valoriza o grupo social acima, senão do mesmo indivíduo biológico, desse indivíduo como pessoa. E tanto sociólogos ou antropólogos, higienistas como sociólogos da Medicina, em particular, temos que lidar — não nos esqueçamos nunca — acima de convenções mais ou menos transitoriamente modernas de convivência social, com valores que definem não apenas civilizações politicamente nacionais, porém tipos ou sistemas mais duradouros, em seu modo de ser nacionais, de civilização, dentro das quais se desenvolveram ou se cristalizaram valores difíceis de ser alterados ou de ser desprezados por qualquer reformador abstratamente radical.

Que o digam os reformadores sociais que na Rússia começaram em 1917 por querer criar de repente uma sociedade oficialmente ateísta, livre no amor, livre para a prática do aborto, para acabarem contendo-se de tal modo em alguns desses ímpetos de radicalismo que há quem considere o russo-soviético de hoje — tão diferente, como homem social, do russo do império do tzar — mais semelhante a um americano dos Estados Unidos — tipo social para o qual teria evoluído através da industrialização — que a um comunista do ideal de Marx ou dos sonhos de Lênin. O que se diz aqui sem se desconhecer, de modo algum, a importância dos triunfos de caráter social que a Rússia Soviética vem obtendo, alguns em escala monumental, sob a inteligência política de recorrerem seus dirigentes, favorecidos pelo regime autoritário que ali vigora, para medidas sanitárias, higiênicas, eutênicas, ao auxílio científico de sábios, alguns dos quais — informava há alguns anos, ao autor, notável físico inglês por algum tempo residente, como físico, na Rússia — nem sequer adeptos do comunismo; outros, comunistas, é certo, porém estrangeiros. Todos, porém, concorrendo para obras de interesse não só social mas científico, dentro de facilidades que lhes têm sido concedidas por um regime autoritário e, neste ponto — tenhamos a coragem de reconhecê-lo — superior aos regimes democráticos: mais eficiente, em certos pontos, do que eles.

Desde 1929 que esse regime totalitário vem, na Rússia, aumentando o número de institutos de pesquisa científica que em 1942 já eram 1.806, dedicados uns a ciências naturais e matemáticas, outros a pesquisas industriais, 399 a pesquisas agronômicas. Se a pesquisa sociológica não tem se desenvolvido na Rússia Soviética tanto quanto a biológica, a ponto dos sociólogos russos que em Amsterdã, em 1957, retomaram contato com seus colegas da Europa Ocidental e de outras partes do mundo terem se revelado quase comicamente arcaicos no seu modo de ser sociólogos — o autor dá o seu testemunho pessoal por ter estado presente, como convidado especial, àquela reunião mundial de sociólogos — compreende-se o porquê desse retardamento, numa especialidade como a sociologia. Pois por mais que os marxistas mais estáticos em seu modo de ser sociólogos, tanto da Rússia como de outros países, se suponham ou se proclamem cultores de uma sociologia científica, eles temem o que, nas sociologias não-marxistas, é mais dinamicamente científico.

Nas ciências, porém, em que se trata menos de estudar o Homem Social que de desenvolver, até certo ponto, o domínio do Homem — sobretudo do Homem Russo — sobre a natureza, o desenvolvimento russo-soviético, prestigiado pelo governo, vem rivalizando com o dos anglo-americanos e, em alguns pontos, o superando. Incidentes como o do lysenquismo, com relação à Genética, não nos devem fechar os olhos a essas realizações; nem ao fato de que o governo totalitário russo vem sabendo prestigiar, como nenhum outro, os cientistas, quer russos, quer estrangeiros, que, dentro da Rússia, se dediquem a pesquisas físicas, matemáticas, químicas, biológicas, médicas. Para os cientistas desse tipo talvez o paraíso terrestre esteja hoje mais na Rússia que na Alemanha Ocidental ou na Inglaterra ou nos Estados Unidos. São-lhes dadas, pelo governo russo-soviético, regalias de príncipes. O cientista inglês Eric Ashby informa ter verificado na Rússia Soviética que a admiração do povo, em geral, por aquele tipo de homens de ciência chega a fazer deles, enquanto vivos, heróis, e, depois de mortos, santos. Grandes são os prêmios — honrarias, casas, automóveis, prêmios em dinheiro como o Prêmio Stalin, conferido a Peter Kapita, pela sua descoberta da superfluidez do hélio, o equivalente a 30 mil dólares — que o governo concede a tais heróis. Suas biografias são verdadeiras glorificações. As academias de ciências, que os elegem membros, são admiradas e respeitadas: espécie de substitutos de igreja pelo que nelas e nos seus pronunciamentos é equivalente do sagrado ou do canônico. Sabe-se que realizam verdadeiras festas populares em honra destes heróis: os cientistas. Os jornais dão o máximo relevo às suas atividades e aos seus triunfos. Num ambiente desses, não é de estranhar que grande parte da mocidade russo-soviética tenha a pesquisa científica em matemática, física, biologia — e não a direção de indústrias, de bancos, de companhias de comércio, nas quais se tornassem milionários, nem sequer as posições políticas ou os postos diplomáticos ou as honras religiosas ou mesmo literárias — como a atividade mais honrosa e a glória mais pura a que um indivíduo deva ou possa aspirar.

Enquanto isto, o que se passa nos Estados Unidos e nos países que vêm caricaturando os Estados Unidos? O que há ali de menos digno de imitação? O *"money maker** é ainda, por muitos — embora menos, atualmente, do que há trinta anos —, a figura máxima dentro da estrutura social da grande República, que outrora soube glorificar os Jefferson e honrar os Emerson, como já não sabe glorificar seus pensadores ou seus escritores máximos. Os heróis dos esportes, do rádio, do cinema, da televisão, da demagogia, ocupam o melhor e o maior espaço nos jornais, com um Edison ou outro chegando, uma ou outra rara vez, a rivalizar em brilho publicitário com esses supervalorizados triunfadores de competições apenas físicas ou somente econômicas. Diante disto, não é de surpreender que a melhor mocidade dos Estados Unidos não se esteja sentindo atraída, senão excepcionalmente, para as atividades científicas e intelectuais mais puras. Ao contrário: é de surpreender que, mesmo sob tais circunstâncias socioculturais, recente inquérito empreendido pelos sociólogos C. C. North e Paul K. Hatt acerca da valorização atribuída, pelos americanos dos Estados Unidos, a diferentes profissões tenha revelado vir a profissão — ou a dignidade ou a atividade — de médico imediatamente depois da de ministro do Supremo Tribunal de Justiça e acima — pela ordem — da de governador de Estado, da de ministro de Estado, da de diplomata, da de prefeito de cidade importante, da de professor de universidade, da de cientista físico ou natural, da de deputado federal, da de banqueiro, da de sacerdote ou pastor protestante ou rabino, da de advogado, da de arquiteto, da de psicólogo, da de engenheiro civil, da de dono de fábrica, da de sociólogo.

Embora a valorização atribuída ao médico pareça significar antes a valorização do que há de bem remunerado e, ao mesmo tempo, de socialmente prestigioso, além de cristãmente humanitário, nessa atividade, do que do seu aspecto propriamente científico — dada a muito menor valorização do cientista como cientista inclusive do biólogo, revelada pelo inquérito North-Hatt — é honroso para a atual civilização

---

* "sucesso financeiro". (N. da E.)

dos Estados Unidos que tal suceda. Semelhante valorização da atividade médica pela população dos mesmos Estados Unidos explicaria o fato de ser hoje o médico daquele país, ao lado, talvez, em certas especialidades, do britânico e, noutras, do sueco, o mais completo ou competente, em comparação com os de outros países; e dado o declínio, ocorrido nos últimos decênios, da medicina francesa, da vienense, da alemã — por algum tempo consideradas as mais completas e as mais avançadas do mundo inteiro.

O médico talvez represente, hoje, mais do que o próprio engenheiro ou o próprio arquiteto ou do que o agrônomo ou do que o industrial ou do que o pastor protestante e, certamente, mais do que o político — o político militante — o que a civilização dos Estados Unidos vem desenvolvendo de mais capaz de auxiliar as culturas dos países menos desenvolvidos, na modernização de suas estruturas e de seus sistemas de convivência: modernização que inclui, entre seus problemas essenciais, os de higiene pública, os de proteção médica, ao lado da sociológica, não só ao trabalho como ao lazer, do homem moderno já a tornar-se, em certos setores, pós-moderno, os de relações entre indivíduos biológicos e grupos socioculturais cujo processo de modernização ou de industrialização os aproxima, em vários pontos, de outras experiências sociais e biossociais já atravessadas pelos Estados Unidos, com êxitos e fracassos susceptíveis de serem aproveitados por outros povos.

O médico, porém, que já se vem revelando capaz de auxiliar desse modo culturas tecnicamente menos desenvolvidas que a dos Estados Unidos, é, desde o grande triunfo alcançado pela medicina americana dos Estados Unidos nas obras de construção do Canal de Panamá, menos o especialista, fechado numa especialidade restrita, que o médico, senão social — e não nos referimos, de modo algum, a esta altura, ao médico que se torne sociólogo da Medicina, tornando-se mais sociólogo do que médico — esclarecido, em seu modo de ser médico, pela Antropologia e pela Sociologia. É com certeza através de médicos desse tipo que a Fundação Rockefeller, especializada em atividades de assistência médica a povos subdesenvolvidos, vem alcançando seus melhores triunfos.

Em livro intitulado *Science and the Social Order*, aparecido em Londres em 1953, o sociólogo americano dos Estados Unidos, Bernard Barber, discípulo dos professores Talcott Parsons e Robert K. Merton, destaca ser responsabilidade do cientista moderno, especializado nas chamadas ciências naturais, estender seu interesse aos próprios problemas políticos que se agitam dentro dos sociais, sob o aspecto de processos susceptíveis de estudo, até certo ponto, científico, pelo cientista social; e que se relacionam, como processos interativos, com o desenvolvimento daquelas ciências. Sabe-se dos recentes e bem sucedidos esforços no sentido de desenvolver-se cientificamente uma "racionalização" de produção industrial nos Estados Unidos que esse triunfo teria sido impossível se aos engenheiros que a planejaram — F. W. Taylor, Gantt e Frank Gilbreth — tivesse faltado, além da iniciação deles próprios em Ciências Sociais, a colaboração de cientistas sociais que demonstraram, em conexão com esses esforços, ser o fator social "componente essencial da situação industrial". A obra do professor Mayo sobre o assunto — *The Human Problems of an Industrial Civilization*, publicada em Nova York em 1933 — é hoje clássica. E tivessem sido aqueles esforços no sentido da chamada "racionalização" — até onde as racionalizações são possíveis — de medidas de medicina pública exigidas por uma comunidade superindustrializada de hoje, tudo indica que, através da colaboração de cientistas com médicos, teriam sido alcançados resultados semelhantes, evidenciando-se a realidade de ser o fator social — objeto de estudo antropológico ou sociológico — componente essencial dessa mais complexa situação industrial: a representada não apenas por uma vasta população operária — aliás cada vez mais refinadamente técnica nas suas aptidões e menos simplistamente ou convencionalmente proletária, segundo a concepção marxista inspirada pelas relações entre o capital e o trabalho característicos do século XIX — considerada na sua capacidade de produção, mas a representada por uma heterogênea população residente em área urbanizada ao mesmo tempo que industrializada. Industrializada e, por vezes, poluída.

Tais condições não se deixam separar das outras que constituem um contexto ou uma totalidade ao mesmo tempo ecológica e sociocultural. Daí ser necessário ao higienista ou ao sanitarista ou ao urbanista moderno, que pretenda inteirar-se daquelas condições, para submetê-las a uma ordenação quanto possível "racional", procurar também conhecer, através de métodos antropológicos ou de sistemática sociológica ou psicológica ou econômica, os componentes socioculturais da situação que o interesse especificamente, mas não exclusivamente, como uma situação biológica ou mesmo, mais do que isto, biossocial. Situação, como tal, considerada nos seus possíveis futuros e não somente encarada como presente a desprender-se em parte de seus nunca de todo perecíveis passados.

Por mais empenhado que um moderno supertécnico desse tipo se ache, em considerar os problemas suscitados pelo exame daquelas condições, do ponto de vista prático, seu esforço de pesquisa, necessário às decisões tecnológicas ou executivas ou administrativas, que virá a tomar, tendo que ser um esforço quanto possível empírico, no sentido de o mais possível experimental, terá que se desenvolver sob sistemática científica com alguma coisa de humanística no seu modo de ser científica. Uma sistemática que, para lhe permitir basear-se em conhecimentos científicos gerais para tomar decisões específicas, terá que se estender do estudo do biossocial, por métodos nem sempre os mesmos, ao sociocultural, exigindo do pesquisador ou que seja ele próprio um tanto biólogo iniciado em Ciências Sociais ou que se faça completar, dada sua deficiência nesses conhecimentos, por um cientista social atento à importância não só dos componentes socioculturais de uma situação particularmente biossocial como à importância dos próprios valores sociais envolvidos pela realidade social total sob consideração. Sob consideração quanto possível gestaltiana.

Foi a orientação seguida pioneiramente por um cientista eminente, o professor Alexander Leighton, em pesquisas de caráter biossocial, ao mesmo tempo que sociocultural, realizadas sob sua direção, no Oriente, durante a Segunda Grande Guerra. O professor Leighton de modo algum desprezou os valores sociais envolvidos nos problemas que procurou estudar no Oriente sob critério biológico e até com específicos objetivos médicos. Ao contrário: considerou-os de importância básica para seus estudos, demonstrando assim pertencer ao número daqueles cientistas biossociais modernos cada dia mais distanciados do positivismo do século XIX: um estreito positivismo segundo o qual a análise da realidade biossocial, quando considerada, quer por biólogo, quer por cientista social, teria que limitar-se a descrever e, quanto possível, medir essa realidade, sem nenhuma busca de compreensão dos valores que a condicionam diferentemente de área para área e de época para época, alterando de modo, às vezes, considerável as relações de sociedades e culturas com as constantes de ambiente ou de meio físico, por um lado, e genética, de hereditariedades, por outro.

A crítica de semelhante positivismo já está feita por alguns dos maiores pensadores modernos que se têm preocupado com as chamadas Ciências do Homem: Max Weber, Croce, Bergson, Whitehead, Georges Sorel, entre eles. Apurou-se nessa crítica o professor Hans J. Morgenthau num livro notável, publicado em 1946: *Scientific Man and Power Politics*. Mesmo assim — lembrava não há muito tempo o sociólogo Bernard Barber — ainda há positivistas nas ciências sociais que desprezam ou negam o que, no social, é moral-estético-emocional, pretendendo interpretar o comportamento humano exclusivamente em termos racionais quando hoje se sabe — Freud e Jung vieram nos esclarecer a esse respeito — que nem tudo que não é racional na vida humana é exatamente errado, do mesmo modo que não deixa de ser real o que, nessa vida ou naquele comportamento, não é empírico nem susceptível de estudo empírico.

Uma coisa é certa para o cientista moderno, seja sua especialidade a Física ou a Biologia, a Psicologia ou a Sociologia: já não nos dominam concepções mecanicistas em área alguma, das que se relacionam com o Homem. Às conclusões a que chegou o professor Jeans, em seus estudos de Física, se juntam as do professor Christian von Ehrenfels com a sua teoria gestaltiana de Psicologia. E quanto à Biologia sabe-se que experimentos recentes vêm demonstrando, contra o mecanicismo dominante nas ciências do século XIX, não ser um organismo semelhante à máquina que se desmonte, separando-se seus componentes, e sim um todo: o todo em fisiologia já entrevisto por Claude Bernard, cujo livro *Introduction à la Méthode Experimentale* continua, não só pelo vigor do francês imortal em que está escrito, como pelo que, nas suas idéias, é antecipação a tendências só hoje triunfantes na Filosofia da Ciência, um livro surpreendentemente vivo. Um clássico no melhor sentido da expressão.

Têm hoje os cientistas de várias especialidades — inclusive os biólogos, os antropólogos, os psicólogos, e os sociólogos — uma visão dos problemas das relações do Homem com o Espaço ou com o espaço-tempo que lhes permite não dirigir, mas orientar algumas dessas relações no sentido de um equilíbrio mais dinâmico entre aparentes antagonismos: antagonismos do tipo dos que foram já apontados na formação da sociedade brasileira por um analista dessa formação como valores predominantemente europeus equilibrados com não-europeus em um espaço tropical tido por irredutivelmente hostil aos mesmos valores europeus, e, posteriormente, destacados pelo professor Giedion, da Suíça, como "aparentemente inconciliáveis" mas, na verdade, necessários, sob a forma de "forças em equilíbrio", à harmonização do que seja realidade interior com o que seja realidade exterior na vida do Homem social.

A doença pode ser às vezes, no homem, expressão de uma realidade interior — um temperamento, uma formação infantil, uma personalidade inconformada por este ou por aquele motivo biossocial com seu meio ou seu tempo sociocultural — em conflito com uma realidade exterior. Esses conflitos existem e são aguçados, alguns deles, por transformações tecnológicas com repercussões nos estilos de vida de uma sociedade ou na hierarquia de valores de uma cultura, como as transformações experimentadas hoje por países como a China ou o Brasil, e por outras nações em busca de futuros que vindo a ser pós-modernos não sejam a negação nem de presentes válidos, nem de passados úteis ou utilizáveis; para a eliminação, quanto possível, ou simplesmente para a atenuação desses conflitos é que biólogos e sociólogos podem colaborar, considerando, em estudos complementares, o que há de misto — biológico e sociológico a um tempo — em desajustamentos de indivíduos socializados em pessoas aos seus meios ou aos seus tempos sociais. Desajustamentos sob a forma de doenças aparentemente apenas físicas.

"O organismo humano" — não é um biólogo quem o afirma mas um arquiteto, o professor Giedion, do ponto de vista da necessidade de pensar-se, em Arquitetura e em Urbanismo, tanto biologicamente como sociologicamente, e não apenas arquiteturalmente ou urbanisticamente — "exige harmonia entre o seu ambiente orgânico e o seu meio artificial". Pois "separado da terra"... "nunca alcançará o equilíbrio necessário à vida". Idéia que coincide com a de "importância do telúrico" que vem sendo desenvolvida há anos, no Brasil, por antropólogos e sociólogos nacionais, em trabalhos antropossociais de orientação ecológica anteriores à publicação dos estudos do ilustre mestre suíço; e que mereceram há pouco o aplauso do escritor Aldous Huxley quando levantou contra Brasília a crítica — já esboçada por um brasileiro — de vir sendo construída como pura obra de arquitetura escultural e de urbanismo linear. Sem consideração, portanto, pelo que, numa construção dessa espécie, deveria ter sido, desde o início das obras de arquitetura, o estudo sistemático, quer das condições biossociais de integração de um futuro homem urbano — aquele a quem se destinava Brasília — numa natureza ainda selvagem, quer das formas socioculturais de vida de uma também futura cidade que, pelas dimensões monumentais de sua arquitetura urbana, deveria representar resposta complexa, e não apenas linearmente arquitetônica, a toda uma série de problemas novos com relação não só ao espaço físico-social — o tropical-sertanejo —, como ao tempo social — o automatizado —, sobre os quais iria se projetar de repente, como vem se projetando, um homem presumivelmente de cultura mais européia que cabocla e menos comprometido com o passado e com o presente que com o futuro.

Esse futuro, não nos enganemos, vai ser de um tempo psíquica, social e culturalmente dominado mais pelo lazer que pelo trabalho. Terá sido Brasília edificada ou urbanizada, sob essa nova concepção não só de ritmo de tempo a ser vivido, dentro de poucos anos, pelos seus habitantes, como de extensão ou de vazio de tempo desocupado em oposição ao tempo ocupado, que exigirá das relações dos seus edifícios mais ou menos fechados, com espaços mais ou menos abertos, novas dimensões, para que em espaços mais ou menos abertos, capazes de abrigar ou conter grupos mais ou menos numerosos, se realizem, numa freqüência muito maior que nas cidades de hoje, concertos, reuniões religiosas, danças, comícios cívicos, exposições de arte, festas esportivas? Parece que não. Esta a crítica que o autor levantou, no início ainda de construção tão magnificamente grandiosa, aos arquitetos seus construtores quase exclusivos, em artigo publicado na revista de Nova York, *The Reporter*, dirigida pelo sociólogo-jornalista de notável inteligência Max Ascoli.

Faltou de início aos puros — e, aliás, admiráveis, nos limites da sua especialidade — arquitetos ou urbanistas, construtores de Brasília, a colaboração, quer de cientistas sociais, quer de biólogos-ecologistas: daqueles que vêm, como um Lewis Munford, por exemplo, ou como um Marston Bates ou um Pierre Gourou, se preocupando não só com os problemas de integração do homem urbano na natureza, em geral, e na natureza tropical, em particular, como com os ajustamentos por antecipação — dentro de probabilidades quanto possível científicas — do homem de hoje, quer como indivíduo biológico, quer como pessoa social, a um futuro que caminha para nós com espantosa rapidez; e que será, segundo parece, um futuro — repita-se —, em vários pontos, tão diferente do presente, que ainda inquietamente estamos vivendo, e do passado, também inquietamente vivido pelo Ocidente desde a chamada Revolução Industrial, que seu positivo será, em vários pontos, o negativo de hoje. Pois seu grande problema de organização será o de um crescentemente considerado positivo lazer, quando o de hoje é o de um trabalho exageradamente identificado com as máximas virtudes do homem moderno. As relações — por isto mesmo — entre capital e trabalho já estão sendo substituídas por outras, sem que essa substituição pareça vir a ser a desde Marx anunciada pelos marxistas; e sim — repita-se — um novo tipo de relações interpessoais, e não apenas intergrupais, e na orientação das quais talvez tenham que ser ouvidos, mais do que hoje, os sociólogos, os antropólogos, os psicólogos pelos economistas, e os biólogos, pelos políticos.

Das próprias comunidades mais modernas dos Estados Unidos há quem diga, como em livro recente, sobre o problema do lazer considerado nos seus aspectos sociológicos, o professor Martin H. Neumeyer e a Sra. Esther S. Neumeyer, que continuam a se organizar sem consideração pela crescente importância de lazer na vida moderna. Também nos Estados Unidos, "the primary emphasis has been the planning in advance of the physical structure and growth of the city".* Reclamam contra essa negligência sociólogos, biólogos, higienistas, não por pretenderem que, numa república democrática, se arregimente o lazer ou se estandardize oficialmente a recreação, como se fez na Alemanha nazista e, até certo ponto, na Itália fascista; e se faz, ainda hoje, na Rússia Soviética, mas para que, através de um moderado controle social do tempo desocupado do homem médio, se evite que esse tempo e esse

---

* "a ênfase prioritária recai sobre o planejamento antecipado da estrutura física e do crescimento da cidade". (N. da E.)

homem, quando desocupados, sejam explorados comercialmente. Exploração com prejuízo para os homens, como pessoas, em particular, e para a comunidade, como sociedade e não indiscriminadamente como massa, em geral.

Pois a comunidade em cuja vida o lazer for organizado no sentido de permitir ao homem médio, através de facilidades para os gostos mais diversos, dissipar o tempo, gastá-lo, esbanjá-lo até — desde que é um valor, o do tempo, para ser gasto e não guardado — alegrando-se saudavelmente, gozando quer os prazeres gregários, quer os da solidão, ouvindo música, remando, namorando, amando, gozando o sexo, dançando, indo ao teatro ou ao cinema, seguindo programas de televisão, participando de esportes, rezando no interior silencioso de belos templos novos ou de antigas igrejas, acompanhando procissões religiosas, nadando, fumando cachimbo, bebendo cerveja em *terraces* de cafés, comendo com vagar seu peixe cozido ou seu doce de fruta em calda, é uma comunidade da qual será quase certo dizer-se que, organizando assim diversa e pluralmente o lazer — inclusive o apropriado aos seus velhos, aos seus doentes, aos seus aleijados —, organiza grande parte de sua própria saúde. Da sua saúde não apenas física como psicossocial. Do seu bem-estar quanto possível total. Sendo total não será exatamente o mesmo nem para cada pessoa nem para cada grupo dentre os que formem uma comunidade ou uma sociedade em vez de constituírem apenas uma massa.

As ciências novas — entre elas as biossociais voltadas, de diferentes pontos de vista, para a figura desse homem biossocial total — se parecem por vezes com as nações jovens no modo um tanto enfático por que procuram afirmar sua independência ou sua soberania. Seus furores autonomistas ou separatistas têm às vezes chegado a excessos que lembram os dos adolescentes com relação aos adultos. A chamada Futurologia — que ciência (se é ciência) mais jovem? — talvez esteja resvalando, uma ou outra vez, nesse excesso. Também a Tropicologia é possível que venha incorrendo no mesmo exagero.

A verdade é que não é preciso a ciência nova nenhuma resvalar em tais extremos para romper com os exageros de subordinação que a vinham conservando, quando pré-ciência, simples e passiva subciência em relação a estudos mais antigos. O desejável é que haja, entre as ciências preocupadas com o Homem, sob qualquer dos aspectos por que o Homem possa preocupar cientistas hoje chamados do Homem — são ou doente, macho ou fêmea, mediano ou excepcional, adulto ou adolescente, jovem ou velho, histórico ou pré-histórico, branco ou de cor, civilizado ou primitivo —, relações favoráveis à colaboração, em torno de objeto comum de estudo, dos vários especialistas. Desejável é também que esse espírito de cooperação inteligente anime as relações entre cientistas do Homem e humanistas. Foi aliás esta — a necessidade de reconhecer-se, nas ciências chamadas do Homem, o valor, a importância, a essencialidade até, dos estudos humanísticos — inclusive a literatura — a nota que principalmente animou de vibração quase revolucionária o memorável discurso de 1947, aos antropólogos americanos, proferido pela mestra de mestres que foi Ruth Benedict.

Já quase ninguém pensa hoje que ao cientista do Homem e da sua ecologia — seja qual for a especialidade desse cientista, voltado para o que é cultural, e não apenas biopsíquico ou biossocial, ou bio-ecológico, no ser ou no grupo humano — seja possível ou necessário ser enfaticamente científico do mesmo modo quantitativo e matemático que o físico ou o químico é científico: servindo-se de números e utilizando-se de palavras como se fossem também números. Por mais que se admita a conveniência da quantificação naquelas ciências, e por mais que se acredite no sucesso de modernos esforços no sentido de desenvolver-se uma "matemática de qualidade" adequada aos estudos socioculturais, a verdade é que parte do que é sociocultural no Homem escapa aos métodos apenas quantitativos ou somente matemáticos. Justifica-se então não só o emprego de métodos científicos próprios dessas ciências — métodos menos susceptíveis de se afirmarem quantitativos — como até a utilização, pelo cientista e com critério quanto possível científico, de dados também utilizados, ou utilizáveis, pelo humanista sob um critério que nem sempre coincida com o científico.

Lembra o professor Robert Spencer — antropólogo —, em estudo sobre as relações das Ciências Sociais com as Humanidades, que o que existe de mais profundo no folclore irlandês, por exemplo, se acha na obra dos dramaturgos, poetas e escritores irlandeses da chamada "renascença moderna" daquele país. Sendo assim, como desprezar-se o que há de revelação do caráter nacional do irlandês nessas criações literárias — assunto, a identificação do caráter nacional nos povos modernos, tanto quanto nos clássicos, que vem sendo objeto de estudos sociológicos, antropológicos e psicológicos em parte científicos — sob a alegação de tratar-se de matéria humanística, imprópria de tratamento ou sequer de atenção científica?

Pois, como observa o já citado professor Robert Spencer, há hoje antropólogos — e sociólogos ainda mais que antropólogos — tão ciumentos da sua condição de homens de ciência, e sempre tão crispados em atitude de defesa do seu papel de cientistas, que a simples palavra "intuição" lhes parece digna apenas da lata de lixo antropológico ou sociológico. Para eles, nem de longe deve o antropólogo atender, com objetivos antropológicos ou sociológicos, a obras ou sugestões humanísticas, nem se servir, em caso algum, de percepções ou de métodos intuitivos de apreensão dos chamados valores, como expressões culturais. Culturas que, susceptíveis de serem estudadas objetivamente ou cientificamente em várias das suas manifestações, apresentem, entretanto, zonas rebeldes a tal estudo; e acessíveis somente às interpretações dos pensadores, dos homens de letras, dos artistas.

O que se torna mais premente quando o desafio à inteligência de analistas com pretensões a intérpretes da condição humana chega a esses analistas vindo não de situações já vividas, ou atualmente vividas pelo Homem social, mas de possíveis futuros para os quais caminhe esse mesmo Homem. Ou que caminhem ao seu encontro, um e outro, como que a se procurarem em espaços-tempos de fronteiras por vezes vagas a separá-los: homem móvel e futuro possível.

PREVISÃO E FUTUROS SOCIAIS: A PROPÓSITO DAS TENDÊNCIAS DE SOCIEDADES MODERNAS PARA VALORIZAREM INDIVÍDUOS SUPRADOTADOS COMO ORIENTADORES E ASSESSORES DE EXECUTIVOS

Dentre as tendências características da nossa época e até do tempo pós-moderno que se começa a viver em certas áreas do mundo de hoje, superando os tempos apenas modernos vividos noutras áreas menos desenvolvidas, pode ser destacada, para considerações sociológicas e até políticas, esta: a valorização dos indivíduos-pessoas supradotados de inteligência ou de talento. Talento e até gênio surpreendidos através de antecipações ou promessas em vários setores — ciência, artes, técnicas.

O aproveitamento de tais indivíduos está em ligação com o crescente pendor para governos de Estados-nações, comandos de forças armadas, direções de organizações industriais, culturais, religiosas, serem exercidos por meio de chefias mais efetivas, mais incisivas, como que mais monárquicas, e, como tais, mais responsáveis do que as até há poucos anos idealizadas ou glorificadas pelo folclore que se criou em torno do ideal do, agora em crise, igualitarismo social e do próprio democratismo eleitoral. Folclore que se vinha desenvolvendo num sentido que os avanços científicos e os problemas de relações internacionais e inter-humanas, dos últimos decênios, passaram a contrariar de tal modo que os adeptos de absolutas democracias igualitárias são hoje reduzido número, vários admitindo severas restrições à prática da doutrina de serem os homens considerados todos iguais quanto às suas aptidões, capacidades, competências. Sobretudo as de direção. Também quanto às suas motivações.

O que, é claro, não significa a consagração de aristocracias sociais, ou étnicas, com as quais, de modo algum, tendem a ser confundidas as elites que se constituam com indivíduos-pessoas superiores quanto a aptidões para comandos, à revelia das suas diferentes procedências: de raça, de classe, de credo, de região. São eles superiores por qualidades de valor social para suas comunidades, em particular, e para o desenvolvimento humano, social e cultural, em geral, que sejam qualidades que, em tempo, se surpreendam em tais pessoas: em crianças, em adolescentes, em jovens.

Certo como é que já em avançadas democracias políticas do tipo da dos Estados Unidos há assuntos que o cidadão médio tende a deixar inteiramente nas mãos de Suas Majestades — digamos assim — servindo-nos do título do livro que um escritor inglês publicou há alguns anos sobre o Brasil: *His Majesty the President* — os presidentes de República, ou os presidentes do Conselho, ou os chefes supremos de Nação, compreende-se que tal tendência implique também crescente revalorização de elites de inteligência, das quais saíssem assessores desses chefes nacionais. "The popular inclination" — informa-se à página 78 do idôneo e objetivo *Prospect for America*, excelente obra coletiva publicada em Nova York em 1961 — "has been to leave these matters" — a referência é a questões de guerra e de armas atômicas — "to experts or scientists, or to a President whom they trust".* Sobrevivência ou revivescência, essa atitude de pendor para o comando monárquico que vem, naquele país, por algum tempo — não tanto agora — eminentemente fraternalista sob tantos aspectos, do paternalismo dos chamados "pais da Pátria". Um deles, o general George Washington.

Alguns publicistas anglo-americanos de hoje, puritanos políticos que não podem ouvir falar em generais presidentes de República noutros países — como De Gaulle foi na França, por exemplo — sem se arrepiarem de pudor cívico ou de brio democrático, se esquecem de que o primeiro presidente da República foi homem d'armas; e que milita-

---

* "A tendência popular — tem sido a de deixar esses assuntos — para experts ou cientistas, ou para um presidente no qual confiem". (N. da E.)

res têm sido vários dos presidentes da mesma República. Enquanto a independência política do Brasil — caso único nas Américas — foi obra de um cientista, de um humanista, de um sábio: de uma inteligência realmente superior que hoje seria classificada como de indivíduo supradotado.

O assunto — a crescente necessidade do aproveitamento dos supradotados pelas suas nações — foi há pouco versado pelo professor K. H. Silvest, no ensaio "Les valeurs naturales, le dévelopment, les leaders et leurs troupes", no n? 4, 1962, da *Révue Internationale des Sciences Sociales,* de Paris. Deve-se repetir que os modernos chefes de executivo, aos quais se atribuem tão amplas responsabilidades na direção de Estados-nações, vêm se apoiando, para a maior parte das suas decisões, em sábios, peritos, cientistas que representam setores importantes da inteligência e da cultura dos seus países; são Estados, os modernos, que precisam de favorecer sistemáticas de aproveitamento, em serviços nacionais, de tais valores. Não se imagina o presidente De Gaulle sem ter tido como o seu grande assessor André Malraux; nem o presidente Johnson, dos Estados Unidos, sem Walt Whitman Rostov; nem o *premier* Harold Wilson sem Sir C. P. Snow. A estes grandes assessores foram necessários vários outros assessores menores, entendidos em várias ciências, artes e técnicas. O que continua a acontecer nos Estados Unidos, em países europeus, no próprio Brasil.

O problema se liga com outro, de importância capital: o de haver pontos em que os governos democráticos por maioria precisam de sofrer restrições, da parte de minorias sociologicamente o seu tanto autoritárias; e constituídas antes por elementos de elite do que por indivíduos dos chamados comuns, com considerável parte dessas elites selecionadas através de instrumentos que a própria sistemática democrática tem desenvolvido para tais fins: os supremos tribunais de justiça, os altos-comandos militares, os por vezes pouco visíveis comandos dos serviços, quer diplomáticos, quer de informática.

Em alguns países há hoje a tendência para fazer-se, por lei, dos ex-presidentes de República, servidores vitalícios da nação, com específicas funções de consultores ou de conselheiros, de ação por vezes decisiva na orientação de assuntos nacionais. O que significa projetar-se sobre o futuro uma concepção de poder remonarquizado, segundo a qual o indivíduo, uma vez elevado à chefia política de sua gente, não mais volta a ser "o cidadão igual aos outros" do hoje já arcaico folclore igualitário. Ele passa a ser, à base de sua experiência, um guia vitalício dos seus concidadãos. Um guia do qual se espera que, com a experiência acumulada, seja, pelo resto da vida, um rei que não só reine sobre esses concidadãos como participe do governo nacional. Pois — a não ser casos excepcionais de governantes evidentemente ineptos, quando governantes — sua experiência é válida. E válida não só como valor individual como pelo que representa de acumulação de colaborações valiosas de indivíduos superiores, alguns já falecidos, que, convocados para o assessorarem durante seu governo, em setores diversos de administração e de política, enriqueceram por algum tempo o chefe do executivo de conhecimentos valiosos.

Confirma-se assim a crescente — ou recrescente — importância que se vai atribuindo ao aproveitamento de talentos superiores, de altos saberes, de competências científicas e técnicas especializadas, nos governos nacionais, assim como na direção de organismos não governamentais; e também na orientação ou no comando de organismos internacionais e supranacionais, quer estatais, quer não-estatais, do tipo da Cruz Vermelha e das Igrejas católicas como a de Roma e a grega ortodoxa. Por vezes, surgem inteligências ou gênios que, precocemente revelados, são logo aproveitados em responsabilidades máximas como foi o caso de, aos vinte anos, professor universitário, Wiener, autor de trabalho que logo se tornou clássico, sobre cibernética. Casos raros, porém. Os estudos a respeito de gênios revelam que — a não ser em poesia lírica e em novas, anticlássicas, técnicas de guerra, até eles ignoradas, e em matemática — esses gênios precoces precisam de algum tempo para o seu amadurecimento. Para a plenitude de sua potência criadora ou de sua energia realizadora.

Qual a moderna atitude dos Estados Unidos com relação ao problema do aproveitamento ou da valorização dos supradotados? Esta: o reconhecimento de que os indivíduos biológicos são desiguais em suas capacidades inatas tanto quanto, ao se socializarem em pessoas, em suas motivações, formações, e vindo, por conseguinte, a ser também desiguais, nas realizações de que os tornam capazes, através daquelas aptidões para as quais os inclinam suas formações e motivações. Donde ser dever de uma comunidade democrática, ao mesmo tempo que reconhecer tais diferenças, não sacrificar a um falso democratismo aquela "concepção de excelência" que favoreça os indivíduos-pessoas supradotados, dando-lhes facilidade para o exercício e o desempenho de funções de que somente eles sejam capazes. O que importa em previsão de futuro social associada ao reconhecimento de aptidões de supradotados essenciais a esses futuros.

Não há incompatibilidade — outro ponto destacado no capítulo sobre educação no recente *Prospect for America* (Nova York, 1961) — entre "excelência", assim concebida, e a verdadeira "democratic way of life".* Pois: "our kind of society" — diz-se à página 362 dessa importante publicação — "calls for the maximum development of individual potentialities *at all levels*".** Mais: "... the demand to educate everyone up to the level of his ability and the demand for excellence are not incompatible. (...) We must seek excellence in a context of concern for all".***

Daí a necessidade, sentida atualmente, de modo pungente, pelos líderes mais lúcidos da atual democracia anglo-americana, de descobrir-se talento, inteligência superior, gênio, estejam essas aptidões onde estiverem — em qualquer sexo, idade, geração, grupo étnico, grupo social, dentre os que constituem o conjunto nacional. E para esse descobrimento é preciso que haja compreensão, além de mensuração por testes apenas mecânicos, do que seja talento ou do que seja gênio. É tarefa para educadores e responsabilidade para homens públicos. Mas é tarefa para educadores que se deixem esclarecer ou orientar por psicólogos, antropólogos, sociólogos que aos saberes do que seja mensurável no comportamento humano juntem os compreensivos. É responsabilidade para homens públicos que em vez de se apoiarem apenas, para seus planos desenvolvimentistas em países como o Brasil, em puros economistas, do gênero dos que se concentram em torno de soluções quantitativas, se orientem também por psicólogos, antropólogos, sociólogos, cuja visão de cientistas, ao mesmo tempo objetivos e

---
* "sistema de vida democrático". (N. da E.)
** "nossa espécie de sociedade — requer um máximo desenvolvimento das potencialidades individuais *em todos os níveis*". (N. da E.)
*** "...a demanda pela educação de todos ao nível de sua capacidade e a demanda pela excelência não são incompatíveis". (...) Devemos procurar a excelência num contexto que diga respeito a todos". (N. da E.)

compreensivos, do que seja talento, seja a amplamente nacional e até a largamente pan-humana, livre, portanto, de empenhos facciosos de perversão do uso de talentos: para objetivos apenas quantitativos, que se traduzam em concorrerem aqueles a quem se atribuam supremas responsabilidades de direção na vida nacional, para simples aumentos de produção econômica ou para simples aumentos do conforto material de gentes médias e de massas populares à revelia de quanto seja qualitativo no desenvolvimento de um povo; e, como tal, dependente — esse desenvolvimento — de superiores inteligências concentradas na criação, na adaptação, no aperfeiçoamento de valores que ultrapassem os apenas mensuráveis e sejam susceptíveis tão-somente de ser compreendidos e interpretados compreensivamente: rebeldes aos testes convencionalmente científicos nas chamadas Ciências do Homem. A própria previsão de aptidões de supradotados — crianças, adolescentes, jovens — que se relaciona com este ou aquele aspecto do possível futuro de uma comunidade, em particular, ou de possíveis futuros humanos, em geral, apresenta-se rebelde à pura mensuração através de testes de inteligência, exigindo dos adultos que examinem, sob esse critério, crianças, adolescentes, jovens, uma capacidade de compreensão que exceda, com seus tentáculos mais intuitivos que propriamente científicos, previsões como que mecânicas de que se têm mostrado capazes os mesmos testes.

É no referido capítulo, "The Pursuit of Excellence", da referida obra coletiva *Prospect of America* (Nova York, 1961) que se destaca o fato da crescente dependência dos Estados Unidos, à medida que seu presente se torna futuro, dos seus talentos superiores: "... we must prepare ourselves for a growing demand for talents of all varieties and must attempt to meet the specific needs of the future by elevating the quality and quantity of talented individuals of all kinds".* É o que se diz à página 350, reconhecendo-se que há obstáculos a esse afã. Um deles, o especialismo. O especialismo afigura-se, aos educadores que consideram sociologicamente problemas de educação projetados sobre o futuro, necessário. Mas com este inconveniente: o de tender a matar nos

---

* "... devemo-nos preparar para uma crescente demanda de talentos em todas as suas variedades e tentar encarar as necessidades específicas do futuro mediante a elevação da qualidade e da quantidade de indivíduos talentosos de todas as espécies". (N. da E.)

talentos que se especializam estreitamente nisto ou naquilo — o afã do PhDeísmo — a capacidade para a cultura geral.

Já se sente nos Estados Unidos, em sentido contrário aos exageros de especialização que ali vinham se verificando, um começo de valorização, que tende a acentuar-se em futuro próximo, dos chamados generalistas: "an extraordinary demand for gifted generalists — men with enough intellectual and technical competence to deal with the specialists and enough breadth to play more versatile roles — whether as managers, teachers, interpreters or critics. Such individuals will be drawn increasingly from the ranks of those whose education and experience have included *both* depth and breadth — who have specialized but have not allowed themselves to become imprisoned in their speciality".* Citação longa mas que se impõe.

Ao mesmo tempo, procura-se, nos Estados Unidos de agora, estimular nos indivíduos de talento superior das novas gerações uma visão do futuro e um gosto pelas tentativas de previsão imaginativa e, tanto quanto possível, científica, do mesmo futuro, que os faça ultrapassar "the limits of present practice": "os limites das práticas atuais". Daí pensarem alguns dos educadores mais competentes daquele país ser necessário preparar os seus jovens de talento superior não só para atenderem, como líderes ou guias ou orientadores, as necessidades já identificadas, como "to meet the unknown".** Por conseguinte: aquele futuro só susceptível de ser entrevisto através da imaginação científica que os futurologistas mais lúcidos juntam à objetividade com que procuram considerar futuros possíveis.

E na União Soviética? Há, atualmente, nesse país, pelas elites, o desprezo total reclamado dos seus dirigentes pela idéia de um igualitarismo coerentemente comunista?

De modo algum. Os testemunhos idôneos a este respeito, como o

---
* "Uma extraordinária demanda por generalistas bem dotados — homens com bastante competência intelectual e técnica para tratar com especialistas e bastante amplitude para desempenhar outros papéis mais versáteis — seja como administradores, mestres, intérpretes ou críticos. Tais indivíduos serão recrutados de maneira crescente das fileiras daqueles cuja educação e experiência tenham incluído a *um só tempo* profundidade e amplitude — que tenham se especializado mas não permitido a si mesmos tornarem-se prisioneiros de sua especialização". (N. da E.)
** "para enfrentar o desconhecido". (N. da E.)

recente ensaio de Leopold Labedz, *The Soviet Intelligentsia*, são muito expressivos. Eloqüentes, até.

Pode falar-se de um declínio na União Soviética, do que em russo se denomina "tvorcheckaya intelligentsia", isto é, inteligência criadora; mas ali se verifica crescente valorização de uma "tekhnicheskaya intelligentsia", isto é, de uma elite de técnicos, à revelia do igualitarismo nivelador por algum tempo glorificado pela ideologia comunista por não poder ser considerada de todo lógica ou racional, segundo critério marxista. Sob esse critério compreende-se que o presidente da União de Escritores Soviéticos da Rússia tenha negado a Pasternak o direito de ser considerado "inteligente", isto é, intelectual pleno. O reverso do critério sob o qual o autor pertence ao número dos que admiram, em escritores brasileiros do tipo de Jorge Amado, intuitivos de alto valor, mas não intelectuais no exato sentido em que um Malraux, por exemplo, sendo um intuitivo, é também um intelectual analítico. O que era também o caso de Pasternak: criador e analítico.

O que o presidente da União de Escritores Soviéticos deixou de reconhecer em Pasternak foi o direito a ser inteligência criadora, com elementos, por conseguinte, livremente intuitivos associados aos analíticos, como nos intelectuais plenos, num país que se empenha em valorizar apenas inteligências técnicas, conformadas com o papel de, como economistas, como físicos, como químicos, como agrônomos, como poetas, como romancistas, como pintores, como fisiólogos, como arquitetos, só executarem tarefas de caráter técnico — inclusive de técnica literária ou pictórica ou arquitetural — que correspondam às medidas, aos pesos, às dimensões de toda a espécie, que lhes são impostas pelos dirigentes políticos da comunidade. Mas sem que se deixe de glorificar, nesses indivíduos, sempre que ponham sua inteligência superior de indivíduos de elite a serviço do Partido Senhor do Estado, permitindo-se aos artistas que só pratiquem nas suas artes e nas suas letras "realismo socialista", aos químicos que sejam apenas químicos, aos físicos que sejam apenas físicos, aos fisiólogos que sejam apenas fisiólogos, regalias que, de ordinário, só são desfrutadas pelos altos burocratas que dirigem política e administrativamente o império russo-soviético. A regalia de possuir o carro próprio. A regalia de alimentos demasiadamente raros para serem alimentos de toda a população russo-soviética.

Eminente físico inglês, que durante anos esteve na União Soviética a convite do seu governo e na sua qualidade de físico, contou ao autor, na Escócia, serem tais regalias estendidas a cientistas físicos não só russos e soviéticos, porém a russos não soviéticos, e a soviéticos porém não russos; e também a estrangeiros que concordem a, mediante altos honorários, comunicarem aos seus colegas russo-soviéticos saberes científicos e perícias técnicas por eles, russo-soviéticos, ainda ignoradas. Não se discute nem o mérito nem a ética de tal orientação: apenas se sugere que ela importa no reconhecimento das elites como forças de qualidade necessárias ao desenvolvimento de comunidades modernas, por mais igualitárias e quantitativistas que pretendam ser.

O igualitarismo e o quantitativismo estão em crise nas próprias grandes pátrias dos ideais absolutos de igualitarismo e de quantitativismo de organização social e quantitativismo de ciência social, embora numa e noutra haja ainda quem pretenda defender em sua pureza tais ideais. A sociologia apenas quantitativa já não se apresenta com pretensões a superior em face da qualitativa — mesmo a predominantemente humanística — que recorra a métodos de compreensão mais do que a técnicas, por vezes cômicas, de exagero quantitativista, matematicista ou estatístico. O que não importa em desprezar-se a matemática ou em ignorar-se a estatística nos estudos sociais.

São duas culturas — a científica e a humanística — que interpenetradas, uma completando a outra, é que podem melhor orientar governos e instituições empenhadas em ajustarem passados a presentes e presentes a possíveis futuros — tempos que na verdade são simultaneamente um só. São duas culturas de cujos saberes interpenetrados podem emergir, em indivíduos ou pessoas de talento superior, os orientadores de governos construtivamente revolucionários, como tendem a ser os de época de transição aguda como a que atravessamos. A governos e a comandos de grandes indústrias crescentemente automatizados impõe-se, através de tais indivíduos, a reaproximação entre os supostos antagonismos.

Pascal já falava no espírito geométrico e no de *finesse*. Esses aparentes contrários podem completar-se. Físicos moderníssimos de hoje já clamam pela necessidade do espírito não só de *finesse* como poético, considerando-o complemento indispensável do geométrico. Ou do físico-científico. Sobretudo porque *finesse* e poesia significam compreensão; e sem compreensividade não há saber integral, por mais que se apóie em números e se firme em conhecimentos apenas objetivos. Nem saber integral nem liderança efetiva na política e nas demais atividades.

No livro *Les Grands Domaines d'Application de la Psychologie (domaines social, scolaire, industriel, judiciaire, militaire,* publicado em Paris, em 1959, por H. Pieron e vários colaboradores, apresentando especialidades diversas), destaca-se com relação à aplicação da psicologia ao domínio da liderança militar, em particular, o que poderia ser estendido a outras áreas de relações, não só entre líderes e liderados como entre analistas psicossociais do comportamento humano e grupos humanos sob sua análise: a importância do que se chama, à página 1.735 daquela obra coletiva, "l'aptitude à la compréhension des autres".* E destaca-se muito lucidamente: "La personne humaine va de l'interieur vers l'exterieur. Pour comprendre les besoins du groupe, il faut partir de ceux de la personne humaine".**

Se são vários os aspectos do ambiente sociologicamente exterior à pessoa humana que podem ser descritos e medidos segundo técnicas que prescindem da compreensão do mesmo exterior pelo analista daquele tipo, o mesmo não é exato senão de alguns daqueles aspectos que partem do interior da pessoa, por mais social que a consideremos, para o exterior; ou por mais que consigamos esvaziá-lo de projeções pessoais.

Daí, na seleção de candidatos a oficiais do Exército alemão, juntar-se atualmente a exames de caráter psicofisiológico e psicossocial, que podem ser considerados principalmente quantitativos, outros tidos por paracientíficos como o estudo de mímica, pantomímica e letra dos indivíduos, além de entrevistas em que a compreensividade — a capacidade do analista compreender o analisado — prima sobre outros critérios de interpretação e de classificação de candidatos a postos de chefia. Nas provas do mesmo caráter para o oficialato no Exército britânico dá-se também relevo a um método eminentemente compreensivo de análise: o de exigir-se do candidato descrever-se a si próprio de dois modos: como o faria um amigo, e como o faria um juiz severo. Isto, além de os mesmos candidatos serem submetidos a tarefas quer coletivas, quer individuais, que tornem compreensíveis aos analistas traços

---
* "a aptidão para compreender os outros". (N. da E.)
** "A pessoa humana procede do interior para o exterior. Para compreender as necessidades do grupo, é necessário partir das necessidades da pessoa humana". (N. da E.)

menos ostensivos das suas personalidades, em relação aos papéis especificamente sociais a que se destinam. De modo que o que mais se provoca, através desses esforços de compreensão, é que os indivíduos socializados em pessoas, objetos de análise, se tornem autobiograficamente sujeitos, como analista e analisado defrontando-se, como sujeitos, e em situações de relações recíprocas, susceptíveis de serem estendidas de esforços de compreensão de pequenos grupos por analista assim orientado, à tentativa de compreensão de grupo amplo — nacional até — por analista com a mesma orientação; e que, para atingir seu objetivo, se sirva de elementos que considere representativos do grupo amplo; e provoque neles reações autobiográficas a estímulos a que submeta dezenas ou centenas desses elementos.

Foi um método assim compreensivo — e de crescente importância em estudos futurológicos — que o autor procurou com alguma audácia pioneira aplicar, retrospectivamente, num dos seus ensaios, *Ordem e Progresso* — talvez o livro menos insignificante e o porventura mais afoitamente original que já conseguiu escrever —, à sociedade brasileira considerada na sua fase de transição do trabalho escravo para o livre, da Monarquia para a República. É método susceptível de ser aplicado à seleção de indivíduos para as funções mais adequadas às suas formas e ao aproveitamento de líderes em futuras responsabilidades de comando civil, religioso, militar numa comunidade viva, atual, em desenvolvimento, projetada já sobre o futuro, numa época, como a em que vivemos, de presente penetrado pelo futuro; mas sempre condicionada pelo passado. Por esse método será possível a essa comunidade não inteirar-se de todo — objetivo impossível de ser atingido — mas de modo aproximado, da qualidade, quer em termos de inteligência, quer de personalidade, dos recursos humanos a seu dispor. Principalmente os mais e os menos jovens. Jovens entre os quais governo, universidades, igrejas e outras instituições podem animar as vocações ou estimular as tendências mais necessárias à sua respectiva comunidade, tendências que podem ser as científicas ou as técnicas, sem que isto deva significar o desprezo pelas humanísticas ou as mistas, tão valiosas, sobretudo em indivíduos superiores, para uma nação ou um Estado ou uma instituição que se projeta sobre o futuro sem desprender-se de suas constantes. E sim adaptando-as a novas situações de tempo e de espaço.

O INTELECTUAL COMO TIPO SOCIAL: ALGUMAS REFLEXÕES SOBRE SUA SITUAÇÃO HISTÓRICA, SUA POSIÇÃO ATUAL E SUAS POSSÍVEIS PROJEÇÕES SOBRE O FUTURO

Dentre os problemas que vêm, ultimamente, provocando toda uma literatura especializada em torno de suas implicações destaca-se o do intelectual como componente de sociedades modernas e também como precursor de possíveis futuros humanos; como participante de modernos movimentos, quer políticos, em particular, quer culturais ou sociais, em geral; como orientador de reivindicações sociais; como assessor de empresários ou de empresas; como reorganizador de forças armadas das quais atualmente se destacam militares-intelectuais por vezes preponderantes nas políticas nacionais ou nacionalistas, tão características do mundo atual. E sempre com projeções sobre possíveis futuros humanos: os que passam de apenas nacionais a trans ou supranacionais; e até de transnacionais a planetários.

Embora à nossa época não faltem tendências antiintelectuais, o intelectual é figura expressiva do tempo social de transição de moderno para pós-moderno em que vivemos. É um tipo social significativo e não apenas uma expressão de elitismo cultural. É por vezes, ele próprio, nos nossos dias, um paradoxal inimigo de excessos de intelectualismo — ou mesmo de intelectualidade — que estariam pondo em perigo o que, na vida e na conduta dos homens e dos grupos humanos, deveria ser, segundo alguns, menos intelectualizado e menos racionalizado; e mais intuitivo, mais vital, mais espontâneo. Nem por isso, o intelectual antiintelectualista deixa de constituir, com essas atitudes, uma variante do tipo social do intelectual.

Sua atuação, sua situação, seu prestígio variam de acordo com o que é nele variante do tipo geral e conforme os meios ou ambientes em que age como ser especificamente situado. Poderá dizer, um tanto à maneira de Ortega, não só que é ele, intelectual, em suas circunstâncias, como que é ele intelectual segundo o seu modo de exprimir um tipo social total.

Neste ensaio, se tentará versar assunto já versadíssimo, evitando-se, quanto possível, chover no molhado. Procurando-se destacar de matéria tão complexa aspectos até agora um tanto desprezados. Buscando-se encontrar, nas variantes do tipo social total de intelectual, os contrários mais significativos, por mais contraditórios, embora de início reconhecendo-se que, como atividade situada ou condicionada, a atividade intelectual tem, no mundo moderno, e talvez venha a ter no pós-moderno, suas ecologias; e, dentro dessas ecologias, nos é possível admitir, de variantes aparentemente de todo contrárias ao tipo geral ou total, que coexistam e, até, que se completem numa pessoa só: aparentemente só mas, na verdade, mista. Por vezes arcaica e pós-moderna, até. Ou, sucessivamente, expressiva das variantes mais contrárias ao tipo total que seja, atualmente, ou venha a ser em dias pós-modernos, o dominante. Mas não nos antecipemos sobre este ponto. Antes de chegarmos a ele, um pouco de semântica. Uma tentativa de extrairmos das diversas definições particulares do que seja um intelectual como pessoa, e, portanto, menos como ser abstrato do que situado, condicionado, relacionado, uma possível definição geral desse intelectual-pessoa. Ou desse tipo social.

Dificilmente se imagina um tipo social mais diversamente definido ou apresentado ou caracterizado pelos dicionários que este: o intelectual. A disparidade nessas definições nos leva a pensar que na análise dessa confusão é que é preciso que se comece a tentar uma sociologia do intelectual. Pois ele é um tipo social tão mal definido que o antropólogo ou sociólogo, para caracterizá-lo, necessita de cuidar do aspecto semântico ou léxico da figura que a palavra "intelectual" diversamente sugere.

A definição do *intelectual*, como substantivo, que se encontra nos dicionários comuns da língua portuguesa, é vaga: "Pessoa dada a estudos literários ou científicos", diz um. "Pessoa que tem gosto predominante pelas coisas do espírito", diz outro.

Que se deve entender, de modo menos vago, por intelectual? Busquem-se definições mais específicas da palavra *intelectual* como substantivo. Destaquem-se algumas de dicionários, dentre os mais idôneos, na língua portuguesa: "Intelectual — pessoa que tem gosto predominante pelas coisas do espírito". *(Pequeno Dicionário Brasileiro da Língua Portuguesa*, supervisão geral do professor Aurélio Buarque de Holanda, com a assistência de José Baptista da Luz, 11ª ed., Rio de Janeiro, Ed. Civilização Brasileira, 1968); "Intelectual — pessoa dada a estudos literários ou científicos". *(Dicionário Escolar do Professor,* org. por Francisco da Silveira Bueno, Brasília, MEC, 1962); "Intelectual — pessoa culta e inteligente, que tem gosto predominante pelas coisas do espírito". *(Dicionário Brasileiro Contemporâneo,* org. por Francisco Fernandes e F. Marques Guimarães, Rio de Janeiro, Ed. Globo, 1960); "Intelectual — homem de grande cultura literária". *(Dicionário Prático da Língua Nacional,* org. por J. Mesquita de Carvalho, São Paulo, Ed. Egéria, 1967); "Intelectual — pessoa dada ao estudo; pessoa de grande cultura literária". *(Novo Dicionário Brasileiro Melhoramentos,* 3ª ed., org. por Adalberto Prado e Silva, São Paulo, Cia. Ed. Melhoramentos, 1965); "Intelectual — pessoa dada aos estudos literários ou científicos; pessoa de grande cultura literária, que passa a maior parte de sua vida no estudo; pessoa cujo interesse está voltado para as coisas do espírito". *(Dicionário Contemporâneo da Língua Portuguesa Caldas Aulete,* revisto, atualizado, aumentado por Hamílcar de Garcia e Antenor Nascentes, Rio de Janeiro, Ed. Delta, 1964).

Em dicionário francês e em dois ingleses, autorizados e reputados, encontramos estas definições um tanto simplistas e arbitrárias: "Intelectual — persone que s'occupe, par goût ou par profession, des choses de l'esprit".* *(Petit Larousse,* Paris, Librairie Larousse, 1961); "Intelectual — devotion to intellectual ocupation".** *(Dictionary of the English Language,* Nova York, Funk & Wagnalis Co., 1958); "Intelectual — a person having superior powers of intellect".*** *(The Oxford Universal Dictionary on Historical Principles,* Londres, Oxford, 1955).

---

* "Intelectual — pessoa que se ocupa, por gosto ou por profissão, das coisas do espírito". (N. da E.)
** "Intelectual — devotamento à ocupação intelectual". (N. da E.)
*** "Intelectual — pessoa dotada de poderes superiores de inteligência". (N. da E.)

Até que, da *Encyclopedia of Social Sciences* (Nova York, 1935), do artigo "Intellectuals", de autoria do sociólogo Robert Michels, vêm-nos palavras menos vagas embora não de todo satisfatórias sobre o que se deva entender sociologicamente por *intelectual*: "Intellectuals are persons possessing knowledge or in a narrower sense those whose judgement, based on reflexion and knowledge, derives less directly and exclusively from sensory perception as in the case of non-intellectuals".* Mais: "... those who have merely accumulated knowledge are not true intellectuals".**

Não é por essa conceituação do que seja um intelectual que se distingue o intelectual em parte racional do principalmente intuitivo; não sendo ele, por outro lado, simples erudito. Dificilmente pode ser considerado intelectual se lhe falta algum saber. Acrescente-se a Michels que não se exclui, da qualidade de intelectual, a percepção extralógica, extraracional, dos assuntos, quase sempre indispensável à criatividade tanto no intelectual como no artista e no místico. Essa percepção, porém, não será nunca exclusiva no intelectual: exige-se dele que junte ao saber a reflexão. Mais: que junte ao saber a inteligência: a inteligência analítica e até a crítica. Daí, em algumas línguas modernas — inclusive na russa — o intelectual ser uma expressão da chamada "inteligência"; e incluir toda pessoa possuidora de conhecimentos ou, em sentido mais específico, aquela cujo julgamento, baseado em reflexão e conhecimento, se deriva de modo menos direto e menos exclusivo de percepção sensorial que o julgamento dos não-intelectuais. Repita-se que, entretanto, a mera acumulação de conhecimentos não faz o intelectual autêntico.

O intelectual autêntico pode ser predominantemente científico no seu saber e nas suas perspectivas ou predominantemente poético ou humanístico. E também pode ser, na sua época, apenas moderno ou já pós-moderno. Exemplo do primeiro o hoje *faisandé* Anatole France, e do segundo os vindos do século passado, Nietzsche, Karl Marx e Júlio Verne, e, do século atual, ao mesmo tempo que pós-modernos, os modernos H. G. Wells e Aldous Huxley. Exemplos dos que têm sido

---

* "Intelectuais são pessoas que possuem conhecimento ou, em sentido mais estrito, aquelas cujo julgamento, baseado na reflexão e no conhecimento, deriva de modo menos direto e menos exclusivo de percepção sensorial que o julgamento dos não-intelectuais". (N. da E.)
** "...aqueles que tenham meramente acumulado conhecimento não são autênticos intelectuais". (N. da E.)

científicos e poéticos a um tempo, e não isolados numa das duas culturas caracterizada por C. P. Snow, quando isolada da outra, como deficiente: dentre os já clássicos, Pascal, Vives, Defoe e Goethe; dentre os recentes, Darwin, Freud, Proust, Lawrence da Arábia.

Em épocas de transição aguda como a que atravessamos, a perspectiva pós-moderna se faz mais presente entre intelectuais do que em dias comuns, favorecendo tendências prospectivas ou futurológicas, embora não deixem de repontar, contra a rotina apenas modernista, pendores nostálgicos com aspectos ora românticos, ora clássicos. Contra os futurólogos darwinistas do século passado surgiram na Inglaterra Carlyles romanticamente voltados para o passado, Newmans antimodernistas — ou pós-modernos — em assuntos de fé religiosa, Paters que levaram seu classicismo a intimidades não só com os latinos porém com os gregos. É possível que estejamos para ver surgir, nos nossos dias, equivalentes de Carlyle contra equivalentes do primeiro Huxley, equivalentes de Newman contra equivalentes de Renan, equivalentes de Pater contra equivalentes de Ibsen. As épocas de transição mais aguda primam pelas contradições também mais agudas entre intelectuais: sobretudo entre os mais especificamente filosóficos ou críticos.

Para o insigne Webster o intelectual seria o indivíduo "suitable for exercising the intellect"* e o "intellect" simplesmente "the thinking faculty"**, "the understanding".*** Outro extremo de simplismo diante da palavra complexa. Mais uma expressão da idéia de ser o intelectual eminentemente um pensador.

O intelectual será ou não eminentemente um pensador. Pode ser menos pensador que artista. Além do que pode ser mais "intelectualista" ou mais "intelectuário" do que intelectual.

Por "intelectualista" entenda-se a pessoa adepta de formas culturais ou sistemas de valores em que predominam os elementos racionais sobre os elementos afetivos ou volitivos. Quanto a "intelectuário" é neologismo, partido do Brasil (José Lins do Rego) e ainda para ser acolhido por um dicionarista mais hospitaleiro. É, numa rápida definição, o intelectual de todo *engagé*, comprometido, burocratizado, arregimen-

---
* "aptos para exercitar o intelecto". (N. da E.)
** "intelecto" simplesmente "a faculdade de pensar". (N. da E.)
*** "o entendimento". (N. da E.)

tado, a serviço, como intelectual de Estado, de Partido, de Organização, de Instituição, de Causa.

Outros significados a serem atribuídos, para efeitos de caracterização sociológica, a esses três substantivos — intelectual, intelectualista, intelectuário — é melhor deixar-se que venham à tona no decorrer das sugestões que serão neste ensaio esboçadas em torno do assunto. Assunto, além de complexo, em voga.

São freqüentes, nos nossos dias, artigos e até livros em várias línguas sobre o intelectual, uns abordando as suas relações com a política, outros suas relações com a massa ou com a religião ou com as formas consideradas irracionais de arte. Ainda outros tratam do intelectualista. Enquanto "intelectuário" repita-se que é brasileirismo, tendo surgido a palavra, jornalisticamente, em artigo de José Lins do Rego e sociologicamente em trabalho, porventura pioneiro, do autor deste pequeno ensaio sobre a diferença entre intelectual descomprometido e intelectual comprometido com instituições, ao ponto de tornar-se dependente dessa força exterior sem deixar de ser uma inteligência, um talento ou um saber atuante. Sendo, porém, um funcionário, no melhor sentido dessa expressão, é mais institucional que pessoal.

Do intelectual caracterizado como pessoa que simplesmente se faça notar por aqueles "superiores poderes de inteligência", a que se refere o dicionário de Oxford, não se pode, com exatidão, falar no singular e sim no plural. Trata-se de legião. Intelectuais apolíneos em oposição aos dionisíacos. Clássicos em contraste com os românticos. Introspectivos em confronto com os extrovertidos. Ordeiros diferentes dos boêmios. Políticos em contraste com os apolíticos. Concretos que se distinguem dos abstratos.

Eles se distribuem sob aqueles três tipos como que weberianamente ideais. Numa tentativa de caracterização dos papéis que desempenhem, quer em tempos normais, quer em sociedade em transição aguda, podem ser salientados em relação com esses papéis ou *roles*: 1) o intelectual independente ou mais ou menos independente em seu modo de ser intelectual; 2) o intelectual de tal modo identificado — identificação voluntária — com instituição, ideologia ou credo, ou de tal modo subordinado involuntariamente a qualquer desses sistemas de pensamento ou de ação, que sua quase nenhuma independência de pensar individualmente é de todo superada pela sua lealdade ou sua devoção ou sua obediência a sistema ou organização absorvente de vontades individuais e disciplinadora de espontaneidades pessoais, de que se torne funcionário ou servidor; e que pode ser denominado — admitindo-se um neologismo — sem sentido pejorativo, intelectuário; 3) e também o intelectual que, em vez de concreto ou objetivo ou concretamente funcional no seu modo, quer de ser independente, quer de ser intelectuário, ou comprometido, é principalmente abstrato e até abstracionista; intelectualista; e desinteressado, como intelectual intelectualista, dos aspectos existenciais da vida, e preocupado exclusiva ou principalmente com as essências ou as transcendências: com o que considera essencial em idéias, em princípios, em teorias.

Exemplos do primeiro tipo como que weberianamente ideal aqui sugerido seriam: Da Vinci, Montaigne, Thoreau, Alexandre Herculano, Nietzsche, Unamuno. Exemplos do segundo tipo: São Tomás de Aquino, Marx, Mussolini, Lênin, Comte, Winston Churchill, Goebbels, Oliveira Salazar, André Malraux. Exemplos do terceiro tipo: Tales — o que, de tão abstrato, teria caído num poço —, Descartes, San Juan de la Cruz, Kant, Blake, Mallarmé, Einstein, Max Planck e até intelectuais que chegaram a chefes de Estado, sem deixarem de ser professores mais abstratos que concretos, como Woodrow Wilson e, em Portugal, ao que parece, Teófilo Braga. Mas não Oliveira Salazar.

É evidente que raras vezes o intelectual se apresenta como pura e invariável expressão de um só desses tipos como que weberianamente ideais aqui apenas esboçados ou somente sugeridos. São freqüentes as interpenetrações, quer simultâneas, quer sucessivas, entre tais tipos ideais. Nem por isto, a classificação que se sugere deixará de ser válida para atender, quanto possível, a predominâncias menos de substância que, sociologicamente, de forma: a forma do intelectual ser intelectual, inclusive ao tornar-se intelectuário. A forma predominante sobre a substância.

Destaque-se do intelectual, quando não intelectuário ou intelectualista, que, numerosas vezes, tende a ser um crítico quase concretamente político, embora raramente faccioso, da ordem estabelecida, por enxergar — ou, às vezes, pretender enxergar —, nessa ordem, mais que o não-intelectual, seus defeitos atuais, seus perigos imediatos, suas deficiências projetadas perigosamente sobre o futuro e várias delas, segundo o intelectual não só crítico social como com aspirações a reformador social, possíveis de retificações.

O intelectualista também manifesta por vezes essa tendência mas quase sempre em flagrante desarmonia com a realidade a ser reformada: abstratamente. A história intelectual e social do Ocidente está cheia de figuras de intelectuais, intelectuários e intelectualistas com pretensões a reformadores sociais. Cheia de soluções oferecidas por eles para transformações de sociedades desajustadas em sociedades harmônicas: as soluções clássicas de Platão; as românticas, de Rousseau; as romântico-científicas de Saint-Simon e Fourier; as pós-românticas de Comte; as mais realistas que poéticas de Marx que, entretanto, não deixou de ser poético nas suas concepções.

Para o prof. Robert Michels — no seu excelente artigo sobre intelectuais na *Encyclopedia of the Social Sciences* (Nova York, 1925) — "os intelectuais tendem a revoltar-se contra a ordem existente sempre que essa ordem contrarie" — ou lhes pareça contrariar — "sua atividade intelectual". E, desde que seus estudos e suas atividades os põem em contato com teorias e informes que não estão ao alcance dos demais, tendem, também, a considerar a ordem social em que vivem anacrônica. São fatores, estes, que concorrem para que o intelectual seja quase sempre um adepto de mudanças, transformações, inovações, renovações, por vezes reclamadas pelos revolucionários do tipo mais violento ou radical, à luz de "princípios": abstrações lógicas, fornecidas por intelectuais.

Daí os sucessivos Sócrates, Swift, Rousseau, Voltaire e Thoreau; as atitudes de inconformidade com as instituições dominantes no seu tempo dos escritores alemães do princípio do século XIX; as revoltas de universitários franceses em 1830 e em 1848; de alemães, nos meados do século passado; de russos, nos fins do mesmo século XIX e nos começos do atual. Revoltas de universitários pré-intelectuais e de intelectuais plenos às quais se assemelham movimentos dos nossos dias, nos Estados Unidos, no Reino Unido, na Alemanha, na União Indiana e na Polônia; e que têm ocorrido com uma freqüência quase de rotina nos países latinos, quer da Europa, quer da América, embora em caráter apenas epidérmico. Atualmente essas revoltas seriam pandemia e o vírus excepcionalmente violento.

Quase se pode dizer que para a grande maioria de intelectuais, e para esses pré-intelectuais que são, por vezes, os estudantes universitários, a época em que vivem é sempre época, senão de transição aguda, necessitada de transição dessa espécie. "Que geração" — perguntou um dia Goethe — "já disse ao momento que passa: pára, és perfeito?" Que geração de intelectuais? Que geração de jovens? É como que biologicamente próprio dos jovens e desses, sob vários aspectos e, em numerosos casos, jovens eternos, até à extrema velhice, que têm sido tantos intelectuais: Voltaire, George Bernard Shaw, Bertrand Russell, Ezra Pound, Maritain. Homens sempre insatisfeitos, críticos, trepidantes, insurretos, mesmo em épocas de aparente estabilidade — e não de transição aguda — como foi a era vitoriana na Inglaterra, com seus angustiados Carlyles, e o reinado de Dom Pedro II, no Brasil, com seus Tobias Barreto.

O que, entretanto, não nos deve levar à generalização de ser sempre o intelectual um revolucionário, um rebelde ou um insurreto no sentido convencional dessas expressões. Como lembra o professor Michels, tem sido também obra de intelectuais — inclusive, acrescente-se a Michels, em épocas de transição mais violentas — movimentos a favor da continuidade de ordens sociais; ou de sistemas nacionais de convivência. Mais — acrescente-se ainda a Michels — movimentos de identificação, através de obras literárias, de romances, de poesia, de teatro, de estudos de mitologia, de arqueologia, de história, e esses movimentos, por vezes, contra tendências dominantes e, sob este aspecto, revolucionários. Movimentos identificados com o sentimento popular ou o nacional ou o tradicional das sociedades em que atuam. Não foi outro o papel social desempenhado por Garrett e por Alexandre Herculano, em Portugal; por Gonçalves Dias e José de Alencar, no Brasil do século XIX, através do "indianismo"; por Ricardo Palma, no Peru do mesmo século, e por José Vasconcelos, no México, em época mais recente. É também o papel que está sendo desempenhado agora por intelectuais em algumas das jovens nações da África e do Oriente, nas quais são eles, só como intelectuais ou sob o aspecto de intelectuais — políticos por vezes intelectuários, que estão dando consciência nacional e até brio racial-cultural a Estados-nações precários como tais: o caso do movimento a favor da negritude liderado por Leopold Senghor. Intelectuais como Masaryk e Benes foi o que fizeram pela consolidação da Tchecoslováquia em Estado-nação — repetindo, aliás, o que Jefferson e Franklin haviam feito em relação aos Estados Unidos, José Bonifácio com relação ao Brasil, e Sarmiento com relação à Argentina. E não nos esqueçamos dos intelectuais espanhóis de 98, aos quais a Espanha ficou a dever a recuperação do seu brio nacional sem prejuízo da severa autocrítica a que, por influência deles, se submeteu. Intelectuais esses, espanhóis, que não se tornaram intelectuários.

Nada de confundirmos os intelectuais desse tipo — os independentes ou "os livres", como diria o sociólogo Francisco Ayala — com intelectuários, isto é, com intelectuais condicionados por sua subordinação voluntária — e neste caso, sempre respeitável — ou involuntária — e neste caso, por vezes, lamentável — a sistemas, quer particulares, quer governamentais, de que se tornem funcionários ou servidores. Servidores — destaque-se — quer voluntários, quer involuntários, por vezes geniais, como foram — dentre os voluntários — Ricci, no Oriente, Anchieta e Nóbrega, no Brasil, e outros intelectuais católicos com relação à Companhia de Jesus. São intelectuais, os intelectuários, sem a fácil liberdade de pensar individualmente e até de mudar de pensar ou de idéias ou de atitudes por vontade ou decisão própria, ou por efeito de crise pessoal ou de drama individual. Liberdade que caracteriza o intelectual do tipo independente. Liberdade que fez de Renan um *defroqué* acatólico e levou Lafcadio Hearn a niponizar-se, desocidentalizando-se nas suas idéias e atitudes.

São esses intelectuais "independentes" ou "livres" ou, algumas vezes, boêmios, os opostos dos intelectuários, isto é, daqueles intelectuais comprometidos não tanto com doutrinas como com instituições poderosas, que, no seu extremo, são hoje encontrados em sociedades como a russo-soviética: regimes de massa organizados totalitariamente. Aspecto do assunto, este, já considerado pelo sociólogo Francisco Ayala. Era a massas assim organizadas — totalitariamente organizadas — que o anglo-americano Randolph Bourne pretendia, antecipadamente, desde a década 20, que se opusessem grupos autonimizados, numa concepção de relações de intelectuais com sociedades semelhante à dos anarquistas construtivos.

Que papel o intelectual desempenha nas modernas sociedades de vários tipos políticos, umas em fase de autocolonização a seguir à de descolonização, outras em fase já de começo de automatização, em seguida à de industrialização? Ou em fase já de começo da predominância do tempo-lazer sobre o tempo-trabalho? Ou, ainda, fase já de elevação tal de média de vida — vida sadia, com inteira lucidez da inteligência — que, nos nossos dias, o intelectual sênior é figura influente, força às vezes criadora, a despeito de quanto lhe dispute o primado, em criatividade, o intelectual júnior. Saliente-se a esse respeito que atuantes e até vibrantes intelectuais de idade avançada como o filósofo católico Jacques Maritain, como o artista-intelectual Charles Chaplin, como o economista brasileiro Eugênio Gudin. E, até há pouco, atuantes se revelaram o militar-intelectual Charles de Gaulle, o intelectual-artista Pablo Picasso, o escritor e pensador, já em idade avançada, laureado com o Prêmio Nobel, Bertrand Russell, e, entre os brasileiros, o poeta às vezes político Manuel Bandeira, o ensaísta e internacionalista Gilberto Amado, e, entre os portugueses, o economista-político Oliveira Salazar e seu opositor lógico, Antônio Sérgio.

São circunstâncias novas — a automação e o aumento da média de vida — que criam novas situações para o intelectual e para as suas relações com meios e tempos sociais. Que lhe estendem por um lado, no tempo, as oportunidades de agir e de influir, pela sua inteligência e pelo seu saber, sobre os seus contemporâneos e, por outro lado, criam obstáculos senão à atividade dos grandes intelectuais, à atuação dos médios, pelo fato de parte considerável do trabalho, outrora pessoal, desses intelectuais médios estar começando a ser realizada por computadores: eletronicamente.

Entretanto, com o aumento de tempo livre e a elevação de média de vida, prevê-se mais dilatada a produção da parte de grandes intelectuais que, como um já sênior André Malraux, na França, um já avançado sênior Hans Freyer, na Alemanha, e um Cassiano Ricardo, no Brasil, possam continuar em útil ou brilhante atividade, enriquecida pelo "saber de experiência feito" e de vida plena ou aventurosa ou pioneiramente vivida, em diferentes setores, como foi até há pouco o caso, na Espanha, de um Menéndez Pidal. Atividades em que nem os computadores nem os intelectuais do tipo júnior parecem aptos a realizar o trabalho dos intelectuais do tipo sênior, enriquecido em suas criatividades e no seu saber pela vida longa. Tampouco a superorganização eletrônica de serviços estatais ou de poderosas empresas industriais parece poder substituir intelectuais como consultores dessas superorganizações: o caso, hoje, no Brasil, de um Roberto Campos. Pode-se, sim, facilmente substituir por intelectuários especializados em eficiência de execução de trabalho intelectual os intelectuais do tipo antes médio que superiormente criador. Os intelectuais do tipo menos criador que informador ou esclarecedor, tantas vezes consultores ou orientadores, ideais, em certos assuntos, de governos e de grandes indústrias, estes podem vir a ter parte do seu trabalho superado por computadores. Indústrias e governos temerosos de intelectual do tipo mais rasgadamente criador encontram em substitutos mecânicos soluções para seu problema.

Não haverá, porém, a tendência, da parte de certos governos e de umas tantas empresas-gigantes, para estender a intelectuais do tipo mais criador que informador ou esclarecedor a condição de intelectuários de um tipo superiormente burocrático e de todo a serviço desses governos ou dessas empresas? Não terão sido recentemente André Malraux, na França, e C. P. Snow, na Inglaterra, e não foram Walt Whitman Rostow, nos Estados Unidos, e Roberto Campos, no Brasil, até há pouco, antes grandes intelectuários que intelectuais, a serviço de grandes organizações, no caso estatais, sem serem totalitários? Até que ponto serão ou terão sido esses intelectuais condicionados pelos objetivos já definidos por não-intelectuais, das mesmas organizações, em vez de seus orientadores? Até que ponto eles as intelectualizariam em vez de ser por elas condicionados em extremo? São perguntas estas que tocam em aspectos importantíssimos do problema. Inclusive neste: na relação entre a criatividade do intelectual e a sua responsabilidade social, não através de sua consciência individual, mas da consciência coletiva dessa responsabilidade que tenha a organização com que se identifique ou a que se submeta.

Deve-se, desde agora, acentuar do intelectuário que, em vez de intelectual livremente criador, anárquico no bom sentido de anárquico, boêmio no também bom sentido de boêmio — boêmio no sentido de ser até contraditório quando lhe der "la gana" de sê-lo —, independente de ideologias sistemáticas, generalista, por vezes, e não invariavelmente especialista apegado metodicamente e até sectariamente a um só saber, tende a ser, com a perda de sua independência criadora, menos intelectual desse tipo que tecnocrata, que especialista rígido, que funcionário a serviço de uma grande organização dentro da qual sua grandeza de criador — mas não de estudioso, de cientista, de sábio — até diminui, reduz-se, em alguns casos quase desaparece. Torna-se o intelectual, assim transformado, um intelectuário: novo tipo de "eminência parda" ou de frei José. Um frei José recompensado de sua maior ou menor obscuridade pelo gosto de servir a uma causa que considere suprema; pela vantagem de ser bem remunerado, bem tratado, mimado, até; e respeitado, e mesmo glorificado, como especialista primoroso nisto ou naquilo. Mas sem a liberdade ampla daqueles criadores que tendem a ser, leonardodavincianamente, um tanto generalistas e antes anárquicos e até boêmios do que sistemáticos, em suas criações ou expressões.

Intelectuários absolutos são, atualmente, quase todos os ex-intelectuais de alto talento e até de gênio a serviço do Estado onipotente, absorvente, totalitário, sob o qual está a desenvolver-se a superpotência industrial e militar da União Soviética. São exemplos puros dessa categoria de homens de inteligência e de saber cuja inteligência e cujo saber deixam de ser pessoais, individuais, espontâneos, criadores, para produzirem ou realizarem o que uma organização ou superorganização exige deles que produzam ou realizem.

Poderá alguém reparar: não foi a serviço de uma grande organização — a Igreja católica nos seus grandes dias europeus e medievais — que Tomás de Aquino produziu sua obra monumental de teólogo-filósofo? Não foi a serviço da Companhia de Jesus que, no Brasil, Antônio Vieira escreveu sermões e cartas geniais? Ou: não foi a serviço do Império Britânico que Lawrence da Arábia escreveu *The Seven Pillars of Wisdom?* Não foi a serviço da reorganização da França como república sociologicamente monárquica, embora socialmente democrática, que esteve ultimamente o gênio de André Malraux?

Estes e outros exemplos poderiam ser invocados a favor da tese de que, a serviço de organizações, assim absorventes, indivíduos de gênio podem ter realizado, e podem realizar — quer em épocas tranqüilas, quer em épocas intranqüilas — como intelectuais permanentes ou transitoriamente do tipo intelectuário, obras magníficas. Mas não são exemplos do que de ordinário ocorre. O que de ordinário ocorre, em tais casos, e tratando-se, sobretudo, de intelectuais que não sejam expressões supremas de gênio ou de talento criador — e neste caso seu gênio criador tende a recriar instituições, ou a alterá-las, pelo menos — é a absorção desses intelectuais pelas organizações que deles se servem; é a sua transformação em intelectuários de eficiência aumentada — aumentadíssima até — no trabalho metódico, sistemático, ordenado, informador, esclarecedor, que passam a utilmente realizar; porém de criatividade reduzida, certo como parece ser que a criatividade precisa, para dar o melhor de si, de ser livre — exageradamente livre, até — de compromissos. Compromissos com o tempo cronométrico, inclusive; com este ou com aquele sistema burocrático; com a disciplina que lhe venha, de fora para dentro, em benefício do trabalho comum a ser realizado por um conjunto de especialistas identificados com uma só causa.

Pode-se, talvez, afirmar que dos grandes gênios nos vários setores intelectuais, e quase intelectuais, quase todos, até hoje, têm sido indivíduos que, dentro da classificação sociológica de Thomas, seriam considerados mistos: criadores-boêmios. O criador intelectual ordenado, organizado ou de todo à vontade dentro de um sistema governamental ou industrial que lhe regule o trabalho e lhe discipline a produção, tem existido e existe. Lawrence da Arábia, a despeito de sua vocação boêmia, paradoxalmente, um deles. Mas é raro: raríssimo. O que, sendo verdade, significaria que todo criador intelectual com aptidão para criativo — vá o neologismo — transformado em intelectuário, por mais bem pago que seja, por mais acarinhado, por mais mimado pelos seus chefes ou pela comunidade beneficiada pelos seus serviços de caráter intelectual tende a ser um ex-intelectual em quem a alegria da aventura de só trabalhar quando lhe dá "la gana" é diminuída por exigências senão de espécie burocrática, de tempo cronométrico.

Compreende-se assim a sabedoria daqueles diretores de modernas fundações, voltados para assuntos culturais, ou reitores de universidades, que convidam intelectuais criadores — poetas, ensaístas, filósofos, romancistas, críticos — não para darem aulas em instituições de ensino ou sequer proferirem aí conferências de caráter semididático, mas para simplesmente permanecerem semanas ou meses no *campus* de uma universidade, podendo professores e jovens estudantes ter acesso à sua intimidade ou ao seu convívio. O autor encontrou certa vez André Maurois nos Estados Unidos. Estivera na Universidade de Princeton — onde estava também Einstein e onde não tardaria a fixar-se Américo Castro — simplesmente para isto: para que, no *campus* da universidade, os jovens tivessem a oportunidade de convívios informais com o autor das biografias de Disraeli e de Byron.

Isto em contraste com aquela decisão de certos reformadores do ensino universitário no Brasil que, não faz muito tempo, pretenderam reduzir todos os institutos universitários do país a órgãos exclusiva ou principalmente didáticos, com a possível atividade criadora dos mestres amesquinhada numa atividade de todo ancilar da operação didática. Atividade — essa, criadora — que os didatas apenas tolerariam, nos mesmos institutos, como assessoria à Sua Majestade o ensino de todo convencional. Burocratizada, portanto. Substituído nela — na criação, no experimento, na inovação — o caráter de atividade aventurosamente intelectual pelo de atividade rotineiramente intelectuária.

Ninguém nega ser impossível separar de todo a função criadora daquele tipo de atividade inevitavelmente intelectuária e, nesse setor, útil, necessária, essencial à formação de jovens sob o cuidado de mestres. Mestres que, até certo ponto, representam, intelectuariamente, um sistema ou uma organização a que vários deles, por gosto, por vocação irresistível — às vezes religiosa — se comprometem a servir. Até certo ponto, porém. De certo ponto em diante, os didatas de maior talento deixam de ser apenas os intelectuários que precisam de ser para se tornarem, conforme sua maior ou menor capacidade, intelectuais inspiradores de jovens e não somente transmissores, a esses jovens, de conhecimentos ou saberes essenciais.

Não se compreende que à universidade brasileira na fase atual de desenvolvimento do país — transição de tempo moderno para pós-moderno — falte a presença, entre os provectos que possam ter influência sobre jovens, de intelectuais mais descomprometidos de responsabilidades intelectuária ou intelectualmente burocráticas: inspiradores, por exemplo, que em institutos de pesquisa sejam tão-somente inspiradores. Inspiradores sem responsabilidades didáticas. Ou intelectuais de fora das universidades que, autores de obras verdadeiramente notáveis, neste ou naquele setor, sejam convidados a permanecer, durante algum tempo, em recintos ou espaços universitários, para que professores e jovens estudantes tenham a oportunidade de conviver com eles. Simplesmente isto: conviver com eles.

O autor, tendo tido o privilégio de ser discípulo, em universidades estrangeiras, de grandes didatas — Giddings e Zimnern, em Sociologia, por exemplo; Seligman, em Economia; Boas, em Antropologia; John Basset Moore, em Direito Público —, guarda entre as recordações dos contatos que, nesses seus dias de estudante, maior influência exerceram sobre a sua formação, a lembrança de breves mas sugestivos convívios com grandes intelectuais, dos que apenas passaram, andejos e como que boêmios, românticos, antiburocráticos, por aquelas universidades; e de alguns dos quais se tornou amigo, visitando-os depois, a convite deles, nas suas casas: um William Butler Yeats, um Tagore, um Vachel Lindsay, uma Amy Lowell, um Alberto, príncipe de Mônaco. Ainda em universidades, já depois de formado, ou fora de universidades, teria a oportunidade de conviver com não-didatas, ou ex-didatas como Lucien Febvre, John dos Passos, Hans Freyer, Salvador de Madariaga, Julian Huxley, Joaquim de Carvalho, Aldous Huxley, Arnold Toynbee.

Nenhum deles — a não ser Julian Huxley quando diretor da Unesco: hoje uma superburocrática organização intelectuária — principal ou propriamente intelectuário. Todos principalmente intelectuais, quando o autor os conheceu: mais ou menos descomprometidos de obrigações com instituições que exigissem deles serviços de caráter permanentemente intelectuário. Serviços a serem por eles prestados funcionária ou burocraticamente a instituições.

Contatos com criadores intelectuais desse tipo — livres e alguns como que boêmios — parecem essenciais aos professores e aos jovens que, dentro de universidades, tendam a viver, por gosto e por vocação, entregues a estudos e preparando-se para atividades em que a responsabilidade social supere o pendor para o intelectual realizar-se antes individualmente que socialmente; ou mais intelectuária do que intelectualmente. Dos animados por esse profundo senso de responsabilidade social, uns como didatas, outros como políticos, diplomatas ou funcionários públicos, compreende-se que se tornem digna e até nobremente intelectuários: funcionários públicos, quer fixos, no país, quer no serviço diplomático, no exterior. Compreende-se que outros se tornem sacerdotes, missionários, mestres religiosos; ou magistrados; ou professores; ou técnicos; ou jornalistas; ou engenheiros; ou médicos; ou sanitaristas. Compreende-se que alguns se disponham a viver em estreita ligação com governos e até subordinados a organismos oficiais, instituições, empresas particulares que venham a ordenar grande parte, ou o total, das atividades dos intelectuais transformados, a seu serviço, em valorosos intelectuários. Valorosos do ponto de vista dessas organizações essenciais e valorosos do ponto de vista de que, em sociedades crescentemente pluralistas, as organizações não-estatais completam as estatais.

É mais do que desejável que jovens, no período da sua formação — e depois dela, quando já de meia-idade — voltem a ter contatos com universidades para cursos de atualização dos seus saberes; e convivam com criadores intelectuais quanto possível não-intelectuários: capazes de lhes transmitir, ou de neles reavivar, o espírito, o gosto, a alegria das aventuras intelectuais livres de compromissos imediatos, burocráticos ou tecnocráticos, com instituições burocráticas ou tecnocráticas. Que este é o espírito que talvez melhor caracterize um intelectual em contraste com um intelectuário. O espírito que, ainda agora, dá às atitudes e aos pronunciamentos, quer os consideremos certos, quer errados, de um Américo Castro ou de um Pablo Picasso, de um Marcuse ou de Charles Chaplin, de um Jacques Maritain ou de um Salvador de Madariaga, o seu inconfundível sinete de independência de visão, de desassombro de crítica, de altivez de palavra. Note-se que todos eles são mistos de criadores e boêmios. Nenhum deles, porém, vai ao extremo de intelectual quase exclusivamente boêmio a que foi um Verlaine, na França, e, entre nós, brasileiros, dentro dos seus limites, um Paula Nei ou um Emílio de Meneses.

Esses intelectuais de todo boêmios, mais ou menos socialmente irresponsáveis mas, de modo algum, de todo improdutivos, podem ser denominados, sem intuito pejorativo, intelectuais de café ou de cervejaria ou de bar. Diletantes, alguns — e o diletante pode ser um bom intelectual — não se sentem responsáveis para com a sociedade em que vivem. Ou para com o seu futuro.

Cafés e cervejarias estão atualmente em declínio e neles não se reúnem como outrora, no Brasil, os Paula Nei, os Emílio de Meneses, os Antônio Torres, os Zeferino Brasil, e, em Portugal, escritores que ficaram célebres pelas suas longas permanências em cafés, hoje arcaicos: um deles, por exemplo, Bocage. Mas não nos esqueçamos de que, com o aumento de tempo livre e com o quase certo declínio próximo do tempo-dinheiro — inimigo terrível, esse "time is money" calvinista, de cafés, de cervejarias, de ócios, de lazeres, de conversas das expressivamente chamadas fiadas: conversas que nada rendem em dinheiro —

esses pontos de reunião de intelectuais, com tendência mais a boêmios do que a criadores, talvez venham a readquirir seu antigo prestígio, vindo de novo desempenhar sua função aglutinante, gregária, agapiana, até. Pois, com o tempo livre aumentado, é de supor que um renovado gosto pelas conversas, chamadas fiadas, gratuitas e até irresponsáveis, lúdicas, venha a criar novas circunstâncias favoráveis aos agora arcaicos cafés, dando aos intelectuais boêmios oportunidades para convívios demorados. Convívios dos quais pode não resultar nenhuma obra-prima, literária ou filosófica, sem que, entretanto, deles não se devam esperar romances, poemas, letras de canções do tipo mais leve, porém de modo algum desinteressante ou sem valor — algumas com repercussão sobre gerações vindouras.

De convívios de intelectuais, em cafés, vêm resultando, entre nós, brasileiros, letras de canções da graça literária das de um Jaime Ovalle, de um Antônio Maria e de um Vinícius de Morais; poemas saborosamente líricos como os que nos deixaram o boemíssimo jovem poeta — admirável jovem poeta — Carlos Pena Filho — e Ascenso Ferreira; crônicas como as que continuam a escrever em jornais ou revistas um Rubem Braga, um Fernando Sabino e um Paulo Mendes Campos, ao lado das magistrais de, também a seu modo boêmio, sem deixar de ser criador nem de projetar-se sobre o futuro, Nelson Rodrigues. Deve-se notar que esses intelectuais apenas boêmios, como os boêmios-criadores e os tão-somente criadores, talvez venham a ser beneficiados, como jornalistas literários, e como autores de livros de vários tipos, por melhores salários que lhes venham a ser pagos por empresas jornalísticas e de teatro e por editores, com o também considerável aumento, num Brasil, como num Portugal, crescentemente alfabetizados e com densa população em ritmo acelerado de crescimento, de leitores, quer de jornais, quer de livros, e de compradores de discos, com canções e letras literárias divulgadas por televisões e rádios e nos teatros. Poderá assim vir a aumentar, no Brasil, o número de intelectuais que possam viver das suas criações mais boêmias que acadêmicas. Futuro mais que possível.

O intelectuário, se não abafa de todo — quando se torna absoluto e não é apenas transitório ou parcial — no intelectual, a espontaneidade um tanto anárquica que, por vezes, terá se seguido, no mesmo indivíduo, à disciplina ou à ordenação do trabalho — havendo também o reverso: intelectuários como que natos que se tornam intelectuais: o caso, entre nós, de Alberto Torres — pode reduzir, no intelectual, sua criatividade, reduzindo — redução voluntária — sua independência como pensador, como escritor literário ou artístico, como crítico social. Foi o que sucedeu, no Brasil, com Joaquim Nabuco, que, de certo modo, tornou-se intelectuário — intelectuário de alto porte — desde que, com a sua correção de homem de bem, com seu senso como que religioso de responsabilidade social e de dever nacional, concordou em servir, no fim da vida, ao Brasil e ao Itamaraty como diplomata: como funcionário, portanto, em setor que, quase tanto quanto o militar ou o religioso, exige do encarregado de missão obediência aos chefes e aos superiores hierárquicos e não apenas às normas do respectivo serviço ou da respectiva função.

Foi o que sucedeu recentemente — repita-se, pois o exemplo é flagrante — com o insigne André Malraux: que foi ele, durante anos, senão um grande, um egrégio, um útil, ao seu país e ao mundo, intelectuário? Que o digam suas recentes *Antimémoires*. Sentiu Malraux, agudamente perspicaz como é, e apercebeu-se de que não poderia, como intelectuário, escrever sua autobiografia; expandir-se em confissões; entregar-se à auto-análise com aquela liberdade, aquela independência, aquele personalismo sempre maior que o seu socialismo, com que escrevera, antes de ministro de Estado, seus romances. E resguardou-se dessa impotência, aliás voluntária, sob uma precária filosofia antibiográfica, em geral, ou antiautobiográfica, em particular: negando a validade da autobiografia, seja do homem de ação, seja do intelectual. Depois que Freud mostrou a importância do subconsciente, o revelado conscientemente, pelo indivíduo, intelectual ou não, sobre si próprio, seria — é a tese de Malraux intelectuário — quase desprezível. Desprezível porém — a estar certo de todo Freud, o que é discutível — como documento psiquiátrico ou, quando muito, psicológico. Mas como documento literário? Como revelação artisticamente válida? Como depoimento sociológica e historicamente valioso? Sobre tais aspectos a autobiografia do tipo da de Henry Adams, como intelectual, e da de Newman, como intelectual transformado em intelectuário do mais alto valor e como místico, as confissões no gênero das de Santo Agostinho e das de Rousseau, as memórias do feitio das de Casanova, e, entre nós, brasileiros, das de Oliveira Lima e Lima Barreto, sem desprezar-se o *Minha Formação*, de Joaquim Nabuco, e, em Portugal, as de Raul Brandão, continuam vibrantemente válidas. Válidas por terem nelas se projetado intelectuais por vezes intelectuários: os intelectuários que estão por trás de tantas outras memórias, biografias, confissões; e agora por trás das *Antimémoires* de um Malraux. O qual — repita-se — sentindo-se sem liberdade para ser memorialista como seria um Malraux livremente intelectual, em vez de intelectuário, apresenta-se como antimemorialista sob o pretexto de que só se interessa pela condição humana geral e não pela de indivíduo, de pessoa, de personalidade, em particular. Como se aquela condição humana, posta em termos absolutos de generalidade, não fosse antes uma abstração que uma realidade.

O exemplo recente de André Malraux — em contraste com o exemplo do intelectual até o fim da vida independente, livre atirador, excetuado o período de sua atividade intelectuária na British Broadcasting Corporation, que foi o extraordinário inglês George Orwell, também ele participante heróico, como anarquista filosófico, da guerra da Espanha — onde descobriu o perigo totalitário russo, e não apenas o do fascismo e do nazismo, para qualquer democracia com tendência a socialista — é expressivo: mostra que intelectuais de primeira grandeza podem tornar-se por algum tempo — sobretudo em épocas de catástrofe ou de crise — intelectuários, sem perderem de todo a liberdade criadora de intelectuais. Perdem-na em parte: é inevitável. A responsabilidade social, além do compromisso funcional, sobrepõe-se à liberdade criadora, completa, absoluta, incondicionada. A pele de lobo, vestida pelo leão, como que torna o leão meio lobo: substitui no leão algumas, pelo menos, das virtudes leoninas pelas lupinas.

Ninguém diz dos Malraux que, como intelectuários em épocas de transição aguda, perdem o essencial de sua grandeza. Não perdem. Não a perdeu, entre nós, Joaquim Nabuco, ao tornar-se antes intelectuário que intelectual. Nem, em Portugal, Oliveira Martins, nos seus dias de intelectuário. Nem, no século XVII, o brasileiro Antônio Vieira, como intelectuário, a serviço, nem sempre disciplinado, da Companhia de Jesus.

Perdem, sim, aquela parte da sua potência criadora que depende da sua inteira liberdade de expressão e da sua absoluta independência de exprimir seu pensar e seu sentir. É no que o intelectual se diferencia do intelectuário, sem que essa diferença importe em superioridade ética de um sobre o outro. A fidelidade ao compromisso funcional e à responsabilidade social pode ser, pesada eticamente numa balança, mais importante que a absoluta liberdade de criação intelectual — sobretudo em época de aguda transição ou de intensa crise social. Por outros sistemas de peso e de medida — o estético, por exemplo — é que a absoluta liberdade de criação intelectual será sempre mais importante que a estrita responsabilidade social ou que qualquer espécie de compromisso funcional. Aqui, porém, já não estamos a considerar o assunto sob puro critério sociológico e sim mais filosófica do que sociologicamente: admitindo-se que haja uma sociologia científica que, de tão vizinha de outra, filosófica ou humanística — como há uma antropologia — se torne humanística ou filosófica ao aprofundar-se no trato de uns tantos assuntos.

Terá o futuro uma cultura em que o intelectual criador, pensador, crítico, seja independente, com condições de desenvolvimento pós-moderno, superior ao moderno? Ou essa independência tende a tornar-se arcaica? Incompatível com as hoje já tão glorificadas vantagens da superorganização de todas as atividades humanas — inclusive da cultura — e da sua extrema racionalização?

Um dos mais argutos críticos de idéias dos nossos dias, John Courtney Murray, S.J., observava há pouco, à página 200 do seu *We Hold These Truths*, que, ultrapassando os "modernos", isto é, os modernistas, os já pós-modernos não acreditam em princípios como o da "harmonia automática" e o da "inevitabilidade do progresso". Já não acreditam no conceito da liberdade daqueles até há pouco intelectuais modernistas — até há pouco porque todo modernismo é efêmero — e sim numa liberdade experimental que seja também um "experimento em justiça": em formas de justiça social que retifiquem as injustiças sociais. Já não acreditam na conseqüência do crescente domínio do Homem sobre a natureza como sendo necessariamente função do mesmo Homem — senhor, é certo, em grande parte da Natureza — até torná-lo também, como que automaticamente, senhor científico, racional, lógico, de si mesmo. Ao contrário: o homem moderno começaria a tornar-se pós-moderno, desorientado sobre sua identidade. Necessitado de maior conhecimento de si mesmo e de maior auto-análise que possam levá-lo a um possível maior domínio sobre si mesmo, reconhecida sua irracionalidade, talvez indomável. Um tremendo acréscimo à responsabilidade do intelectual como orientador e possível assessor de não-intelectuais torna-o, como eminência parda de governos e de empresas dos nossos dias, um homem de quem alguns esperam virtudes de super-homem.

O que só seria possível através da sistematização, por um conjunto de Ciências do Homem que não se requintasse em imitar as físicas e as naturais, daquele conhecimento dos meios de chegar-se a esse possível — possível porém não absolutamente certo — maior domínio do homem sobre si mesmo: sistematização que viesse a corresponder ao conceito de ciência moral de antigos pensadores católicos do tipo franciscano, isto é, o de ser qualquer ciência do Homem, como ciência específica, principalmente, experiência. Experiência que se processe através de compreensão. Em vez de um saber do Homem feito de deduções racionalistas — como querem, ou pretendem, os intelectualistas abstratos — um saber que se especialize no estudo do Homem que o defina como situado tanto no tempo como no espaço; e que, para ser identificado, seja compreendido em sua dimensão em vez de apenas descrito e medido como os animais e coisas. A tese brasileira de Homem situado: particularmente de Homem situado no trópico. Ou nos trópicos.

The End of the Modern World é o título, em inglês, do ensaio sociológico de outro arguto intelectual dos nossos dias, Roman Girardini, cujas idéias coincidem com as do próprio Murray. Que dizem eles e que afirmam também W. Ernest Hocking e Eric Voegelin, ainda dois outros atualíssimos críticos de idéias preocupados com os problemas dos intelectuais em relação com os não-intelectuais? Com problemas modernos em face de perspectivas pós-modernas? O mesmo que no Brasil vimos afirmando alguns de nós, há largos anos: que o modernismo empenhado em fazer das Ciências do Homem outras tantas ciências biológicas é um modernismo que já começa a ser substituído por um pós-modernismo para o qual é essencial que, nas mesmas ciências, à possível mensurabilidade se acrescente imprescindível compreensividade. O que parece exigir do intelectual que, de moderno, passe a pós-moderno, além de lógica, intuição; além de inteligência analítica, senso poético capaz da apreensão de conjuntos: do que de mais importante ou, por assim dizer gestaltianamente, total, contenham conjuntos cujas partes, apenas, sejam susceptíveis de análises minuciosas através de números ou mensurações.

Para o professor Eric Voegelin, a redução pelo biologismo em que ainda se requintam, nas Ciências do Homem, alguns intelectuais modernos, da imagem do Homem a um puro conjunto de tendências biológicas, esgotou-se. Para ele, aí se encontra o índice mais importante de ter o modernismo associado ao mesmo biologismo igualmente se esgotado: "has run its course".*

Também para Paul Tillich, grande teólogo protestante pós-moderno, cuja sociologia não é menos bem fundamentada que sua teologia, estamos diante do fim do que ele próprio chama "a Era Protestante", cujo racionalismo intelectualista — pode-se acrescentar ao professor Tillich — concorreu para a cientifização das Ciências do Homem com sacrifício do que nelas tende a ser seu irredutível humanístico; e cuja exaltação do tempo-trabalho — acrescente-se a Tillich — contribuiu para a arbitrária simplificação racionalista ou intelectualista do Homem em Trabalhador ou Produtor econômico e, por conseguinte, em animal socialmente válido sobretudo pela sua capacidade econômica de produção. Capacidade mensurável e susceptível de ser de todo racionalizada, desprezando-se suas outras disposições e capacidades e até enxergando-se nelas tendências simplistamente consideradas anti-sociais à vagabundagem, ao anarquismo, ao misticismo, ao esteticismo, ao primitivismo. Contra tal economicismo se levantam os exageros atuais de "hippies" desgostosos com modernismos. Não deixam de ser protestos seus, até de certo ponto válidos.

Mais: para certos historiadores, cujas perspectivas são pós-modernas mais do que apenas modernas, estamos diante do fim de uma Europa exclusiva ou imperialmente européia, como marco de história humana. Essa Europa predominantemente esgotada como Europa política e economicamente imperial seria a burguesa, protestante, capitalista, *laissez-fairista,* intelectualista, racionalista, à parte da qual ficou a península hispânica como uma espécie de semi-Europa aparentemente arcaica e esgotada: na verdade pronta, depois de uma como hibernização sociológica, a antecipar-se à outra em pós-modernidade. É uma Europa, a do Norte, em fase aguda de transição com os intelectuais-poéticos tendendo a predominar, com Malraux, Herbert Read, os existencialistas, sobre os apenas racionais.

---

* "Esgotou-se"; "deu o que tinha". (N. da E.)

Se de fato estamos no fim do europeísmo exclusivo, do biologismo determinista, do economismo ainda mais determinista nas suas pretensões que o biologismo nas Ciências do Homem, e no começo de outra era, pós-moderna mas ainda por classificar, é-nos lícito destacar, com relação às mesmas ciências, tendências em sentido contrário à daqueles *ismos*. Inclusive a tendência que valoriza, nas mesmas Ciências do Homem ou na Ciência do Homem, a compreensividade; e que importa na valorização de outras tendências, nas ciências chamadas, por alguns, morais, que se mantiveram vivas entre intelectuais mais humanísticos que científicos, tornando-os arcaicos aos olhos dos intelectualistas do século XVIII, com relação a quanto fosse, então, ou parecesse ser, definitivamente moderno. Entre esses supostos arcaicos, católicos, desconfiados do racionalismo absoluto de protestantes e mesmo de católicos crescentemente racionalistas; e com alguma coisa, os mesmos arcaicos, ou supostos arcaicos, de antiprogressista com relação a uma economia baseada no conceito, tão calvinista, tão capitalista, tão burguês, do tempo ser dinheiro; e pelo dinheiro se conseguirem facilmente progressos — coisas. Facilmente e rapidamente.

É toda uma filosofia de vida e de tempo, a representada por intelectuais mais humanísticos que científicos, ou que tende a aliar o intelectual humanístico ao científico para juntos formarem o intelectual integral, que começa a reemergir, nos nossos dias, como pós-moderna; e, com essa aliança, começa a firmar-se uma renovada ciência ao mesmo tempo científica e humanística do Homem com probabilidades de universalizar-se num conhecimento mais profundo do Homem tanto como natureza quanto como cultura.

Nas Ciências chamadas do Homem é imensa a importância da perspectiva não-intelectualista e não-racionalista, mas certamente científico-humanista, criadoramente intelectual, aberta por Simmel e Max Weber e hoje tão válida como há meio século: na verdade mais valiosa para a projeção de parte das mesmas ciências numa possível Futurologia. Que perspectiva é esta? Que as conseqüências sociais acontecem à revelia das intenções que os racionais supõem que delas decorrem. Assim, as conseqüências de caráter capitalista da ética protestante calvinista não foram as pretendidas pelo racionalismo de Calvino: o protestante por excelência intelectualista da revolução anti-católica do século XVI. Como salienta o professor Peter L. Berger, em notável estudo sobre o que se pode considerar a perspectiva pós-moderna das ciências do Homem, foi Max Weber quem mostrou ser precária a interpretação, com pretensões a cientificamente social, do comportamento humano: aquela que apresente as projeções, no tempo social, de esforços deliberados de pessoa ou de grupos como conseqüências do que, nesses esforços, foi conjunto lógico, racional-intelectualista, poderia dizer-se, de idéias. Antídoto — essa realidade social segundo o sociólogo Berger — a toda a espécie de utopianismo revolucionário: isto é, utopianismo abstrato, por mais lógico que se apresente. Por aí se explicaria o fracasso atual, sob esse ponto de vista, do marxismo, cuja influência, nos nossos dias, sobre movimentos revolucionários, animados por intelectuais associados ou não a operários — operários em crescente declínio como operários e agora substituídos, como expressão de rebeldia violenta contra a chamada ordem estabelecida, por uns tantos estudantes e por outros tantos sacerdotes — estaria sendo superada pelo que, ao mesmo marxismo, acrescentou o professor Marcuse, de inspirado no freudismo: o freudismo menos intelectualista, menos lógico, menos racional que o marxismo, embora desmentido — o freudismo — naquelas suas generalizações iniciais baseadas apenas na experiência européia — um espaço físico-social limitado — e, dentro dessa experiência, na ainda mais limitada experiência burguesa — burguesa e capitalista do século XIX.

  Para o intelectual pós-moderno não é arriscado dizer-se que a época de transição aguda que ele já vive, antevendo futuros possíveis — nenhum dos quais lógica ou racionalmente certo ou inconfundivelmente único — reforça nele o critério da interpretação do comportamento humano que alguns intelectuais modernos já vinham seguindo e a que alguns antigos não foram alheios: o de aceitarem a vida, a vivência, a convivência humana como uma constante experiência para cujos problemas de desajustamento social a solução parece estar sempre em experimentos que correspondam a diferentes situações em espaços sociais diferentes, onde grupos humanos constituídos em sociedades nacionais ou subnacionais ou transnacionais vivam em tempos sociais também não de todo os mesmos.

  Precisa o intelectual — repita-se — de ser livre para ser criadoramente intelectual. Ou para ser independentemente crítico: crítico de idéias, crítico de artes, crítico social. Ou para ser pós-moderno entre puros ou simples modernos com tendências absorventes.

Não exageramos, porém, a virtude da liberdade para o intelectual. O livre pode tornar-se libertino. O liberal pode desgarrar-se caricaturescamente em liberalóide.

Será direito do intelectual independente ou livre ou boêmio o abusar de sua liberdade de escrever, escrevendo tudo que lhe dá "la gana", contra o Estado de que é cidadão ou contra a moral em vigor na sociedade e no seu tempo social? Talvez esse direito tenha, como todo direito humano, seus limites em direitos alheios. Mas são limites que precisam de ser o mais possível largos ou vastos, permitindo aos Voltaire ser Voltaire, aos Joyce publicar seus Ulysses, aos Pasternak apresentar seus Jivagos. Sem limites assim vastos o intelectual sofrerá de uma clausura em ponto grande.

Mas, ilimitado na sua liberdade de escrever, ele poderia incitar os leitores ao puro homicídio, à fúria incendiária contra igrejas ou museus, ao sadismo contra crianças, através de palavras literariamente persuasivas que lhe fossem inspiradas por uma condição mórbida de sua personalidade. Afinal, o intelectual, como o intelectualista e como o intelectuário, existe dentro de um indivíduo biológico, de uma pessoa, de uma personalidade; e não à revelia dessas bases biofísicas que podem fazer de qualquer deles criminoso em potencial ou mesmo atuante contra sua sociedade, em particular, e a sociedade humana, em geral, através do que seja de excepcional periculosidade nos seus poderes de expressão, de persuasão, de sedução. Que sua liberdade de expressão vá até ao incitamento a rebeldias pessoais contra despotismos sociais, como foi a de Nietzsche ou a de Ibsen, compreende-se. É desejável. Os equivalentes de Nietzsche e Ibsen são necessários. Que nunca o temor dos excessos da parte de intelectuais livres leve os não-intelectuais a sufocar-lhes simplista e arbitrariamente, e como se eles fossem homens comuns, os transbordamentos de criatividade ou de genialidade que se afastem, como nos Baudelaire, nos Sade, nos Thoreau, nos Verlaine, nos Lawrence, nos Wilde, nos Gide, nos Joyce, das normas dominantes de moralidade em épocas com pretensões a consagradoras de normalidades absolutas.

Uma das funções de intelectual do tipo mais criador parece ser a de anunciar transições; ou a de antecipar-se a transições — menos quando essas transições envolvam alguns regressos de mistura aos ostensivos progressos chamados indefinidos. Função desempenhada ainda há pouco por intelectuais do feitio de Eliot; e, antes, por um Chesterton em língua inglesa e por um Maritain na francesa.

Será, entretanto, que o intelectual, para atravessar criadoramente épocas de transição aguda, deva ser de preferência moderno e até modernista em seu sentido de tempo em vez de enfrentar modernismos sendo um neoclássico como foi magnificamente Eliot ou neocatólico como foi Chesterton ou neotomista como é Maritain? A criatividade no intelectual não parece depender do tempo com que ele se identifique: Walter Pater identificou-se com o tempo grego sem ter deixado de ser inglês e de influir sobre o futuro das letras em língua inglesa. Eça de Queiroz, depois de ter sido afrancesado e adepto de Proudhon, tornou-se lusista e tradicionalista.

A tendência, porém, é para o intelectual ser, pela força de sua visão, quase sempre mais larga que a dos demais homens, e de sua inquietação, de ordinário mais constante que a dos demais, mais pós-moderno que apenas moderno. Ou, ao contrário, retrospectivo em vez de presentocentrista. Quando adepto das idéias de Marx — por exemplo — mais pós-marxista que apenas marxista, como foi Edmund Wilson; ou, quando adepto de capitalismo, mais pós-capitalista do que apenas capitalista, como foi Keynes. Esta a dinâmica mais característica da Futurologia: a sua projeção no futuro com um sentido da vida e das relações entre os homens, além do apenas moderno. Mais: a admissão, por alguns futurologistas, de regressos no tempo como que paradoxalmente futurológicos.

DE NOVO O INTELECTUAL CONSIDERADO EM ALGUMAS DAS SUAS RELAÇÕES COM O MEIO E COM O TEMPO

Sendo este o segundo ensaio, dentre os que constituem este livro, a versar o assunto "o intelectual" — inclusive considerado esse intelectual em suas possíveis relações com o tempo — é inevitável que chova no molhado. Inevitável que repita, em alguns dos seus tópicos, o que já vem sugerido naquelas outras páginas. Aliás o livro todo está cheio de repetições proustianas, admitindo-se que Proust foi, dentro de um romancista, um tanto ensaísta empenhado, através da técnica da repetição, na análise, quanto possível total, de homens-tempos. De personagens a se tornarem passado dentro de presentes tocados por vezes de projeções sobre futuros.

Quando o professor Dwight Waldo, no seu *Political Science in the United States* (1956), escreveu de alguns dos cientistas sociais dos Estados Unidos da década 50, especializados na chamada Ciência Política, que sua preocupação tendia a limitar-se a problemas de "meios de estudo" e de "metodologia", sendo por eles aceita sem discussão a ordem política dominante no tempo presente, acusou tais cientistas de acomodados em excesso a essa mesma ordem e a esse mesmo tempo. Estariam deixando de cumprir sua missão de intelectuais críticos ou de intelectuais analistas ou — os excepcionais — criadores, quanto possível independentes de tais domínios.

Destaque-se, porém, dos intelectuais assim inteiramente a serviço de uma ordem estabelecida ou de um sistema organizado, cujos fins não sejam por eles, intelectuais, analisados ou discutidos, porém aceitos, que sua obra intelectual, concentrando-se no aperfeiçoamento de meios, isto é, dos métodos, que permitam a realização daqueles fins intelectuais, não é das eticamente desprezíveis. Sua deficiência está quase toda no plano intelectual, no qual não se compreende intelectual pleno, sem plena atividade crítica e, quanto possível, criadora, quanto aos objetivos, e não apenas quanto aos meios, de análise ou de interpretação do sistema sociocultural que considere; ou que lhe sirva de motivo para obra intelectual — inclusive estético-intelectual — seja qual for o caráter dessa obra: tratado, ensaio, poema, romance, teatro, conto. Pois um ensaio filosófico — ou sociológico — pode ser mais esteticamente válido que um romance: o caso de qualquer dos ensaios de George Santayana confrontado com um romance de Zola.

O intelectual, sob esse critério, pode concorrer, no setor dos estudos sociais, para uma engenharia social preventiva, como o médico, à base de estudos científicos, vem concorrendo, no setor da medicina, para o desenvolvimento de uma medicina social antes preventiva do que terapêutica; ou para o que o professor Harold D. Lasswell, em seu capítulo para a obra coletiva organizada por ele e pelo professor Daniel Lerner, e intitulada *Policy Sciences: Recent Developments in Scope and Method* (1951), denomina "integração mais completa dos métodos com os objetivos de ação pública e privada". Isto depois de, no seu *Psychopathology and Politics* (1950), já ter se inclinado a considerar uma "preventive politics", isto é, uma "política preventiva", querendo referir-se àquele esforço, cientificamente orientado, da hoje chamada engenharia social, que seja, ou procure ser, "aplicação de energia social à abolição de recorrentes fontes de conflito ou de tensão numa sociedade".

A ênfase, ainda aqui, é posta antes nos meios como que puramente técnicos e, em certo sentido, intelectuários, de análise ou de estudo, do que, intelectualmente, nos objetivos do sistema sociocultural que seja considerado pelo analista. Tanto os meios de que esse sistema se sirva para funcionar ou conservar-se ou desenvolver-se, com o mínimo de conflito ou de tensões internas, quanto os seus objetivos precisam de ser objeto de análise ou de crítica intelectual. Nem seria justo esperar-se de qualquer das ciências sociais que, aplicadas, tornam-se engenharia social e de ordinário se colocam a serviço de organizações, como o Estado, capazes de dirigir, ordenar ou simplesmente regular as relações entre os vários grupos que compõem uma comunidade nacional, continuarem a preocupar-se com problemas muito menos seus que dos puros teóricos das mesmas ciências. Ou dos filósofos sociais. O que é preciso, entretanto, é que ao engenheiro social não falte nunca o ânimo de informar-se do que ocorre nas áreas teóricas e filosóficas da ciência da sua especialização e das ciências dela vizinhas, resguardando-se, assim, de tornar-se um intelectuário apenas e passivamente técnico: comprometido apenas, na sua qualidade de técnico funcionário, com a organização a que serve; e desligado, ou desinformado de todo, dos debates que possam estar alterando, em pontos essenciais, os fundamentos ou as orientações intelectuais da sua técnica ou da sua especialidade e, desse modo, abrindo a essas orientações novas perspectivas. Ainda desse modo será possível ao intelectuário conservar-se em contato com o que é intelectual na sua ciência — no caso, e só para exemplo, a social — sem deixar de dedicar-se àquela engenharia social quase impossível de ser realizada em grande escala senão por intermédio, em quase todas as sociedades modernas, mais monolíticas que plurais, do Estado.

    Note-se, entretanto, que a discriminação entre intelectuais atentos a realidades culturais e a vivências sociais e os puros intelectuais, quase indiferentes, ou de todo indiferentes a tais situações ou condições, não deve ser considerada simplistamente. Outra categoria de inteligência parece se impor à nossa atenção. Talvez devesse ser denominada a de superintelectuais em potencial, cuja emergência, na área filosófico-científica, não é tão difícil de verificar-se, dentro de breve tempo, e que deva ser considerada tema para a chamada ciência de ficção.

    O assunto, versou-o magistralmente Aldous Huxley no seu *Brave New World Revisited*, de que, pouco antes da sua morte, teve a gentileza de enviar ao autor um exemplar. Também, em número recente de *The American Scholar*, dele se ocupa, em ensaio pungente, o notável jurista-filósofo Julius Stone, professor da Universidade de Sidney, na Austrália, que o autor teve a honra de ter por colega no seminário reunido em 1961, em Corning Glass, para a discussão de problemas atuais de relações do "indivíduo com a sociedade". Neste recentíssimo ensaio intitulado "When Politics is Harder Than Phisus", o professor Julius Stone destaca que, com a atual procura, por cientistas, de drogas e de técnicas psicológicas que os tornam capazes de manipular, nos homens, a vontade ou o cérebro, além de controlar, neles, a hereditariedade, é possível que tais intelectuais científicos cheguem a condicionar ou estabelecer situações nas quais a vida social e política dos demais homens fique à mercê de pequenos grupos dos que podemos denominar — desenvolvendo ou especificando a idéia que parece implícita nas sugestões do insigne jurista-filósofo — superintelectuais. Superintelectuais não por serem superiores em gênio criador aos demais intelectuais — nem Max Planck, por exemplo, pode ser considerado intelectualmente superior, em termos absolutos, a Marcel Proust ou a William Butler Yeats — mas por serem gênios criadores os deles, que se afirmam na invenção e no aperfeiçoamento de drogas e de técnicas capazes de sujeitar as vontades, os cérebros, as heranças biológicas de muitos, à vontade e à tábua de valores deles, intelectuais científicos. Deles e dos intelectuários postos a seu serviço em laboratórios que se tornem estatais, burocráticos, tecnocráticos. Admita-se, entretanto, com o professor Stone, que a dominação que venha a verificar-se, de sociedades humanas, por esses pequenos grupos de intelectuais e cientistas do tipo que aqui se denomina superintelectual possa ser o meio de evitar-se, nada mais nada menos, que o aniquilamento físico da humanidade, atualmente à mercê de deformações do processo democrático, em oposição ao autocrático ou totalitário, de decisão política. Deformações através das quais a humanidade possa ressalvar para situações catastróficas. Precisamente pelo fato de tais situações dependerem, em parte, das relações entre intelectuais e Estados é que modernos sábios como Aldous e Julian Huxley, como o professor Stone, como Robert Oppenheimer, como Karl Jaspers, como C. P. Snow, mostram-se angustiados com os problemas que aquelas relações incluem; ou dos quais se acham perigosamente próximas. Para o professor Stone, a "luta", segundo ele "heróica", que os intelectuais científicos vêm sustentando para defender seu direito e sua liberdade de estenderem conhecimentos ou saberes, contra organizações empenhadas em proteger de modo absoluto seus códigos de religião, de moral, de política, chega a constituir um "grande épico". Lembra que alguns intelectuais modernos chegam a considerar do seu dever a desobediência aos para eles "maus governos"; e lembra o conceito, talvez um tanto simplista, de C. P. Snow, segundo o qual a obediência, sendo o fundamento da moral ou ética do militar, não o é quando se trata da moral ou da ética do cientista. Segundo Snow, o cientista, ao contrário do soldado, é, nas suas relações com o Estado, um indivíduo, isto é, um indivíduo socializado em pessoa, que pode duvidar do Estado; e, em certos casos, um indivíduo que deve rebelar-se contra o Estado.

    Ao professor Stone, porém, não parece claro este ponto: contra o que, no Estado-nação de que faça parte, o intelectual científico a seu serviço tem o dever — além do direito — de rebelar-se? O que ordinariamente sucede é o intelectual cientista, sobretudo quando apenas um especialista nisto ou naquilo, a serviço de um Estado, estar honestamente convencido de ser o seu Estado-nação íntegro na sua ética ou na sua política. Daí não ser sempre fácil considerar-se todo intelectuário um intelectual degradado, como intelectual, pela sua condição de intelectuário. É claro que, se tratando dos intelectuários que na Alemanha hitlerista ou na Rússia stalinista se puseram a serviço de todo passivo de Estados desvairados em seu modo, não só morbidamente sádico mas inumano, de ser totalitários, é fácil identificar-se, no intelectual a serviço de tais Estados, o intelectuário absoluto. Intelectuário de tal modo passivo que a sua moral de obediência excede a compreensível do soldado, ou a outrora igualmente compreensível do jesuíta, para tornar-se a expressão do covarde ou a manifestação do perverso, contente de poder realizar-se como perverso às ordens de outro perverso ou de um perverso maior. Mas essa identificação não é tão fácil, tratando-se do intelectual que simplesmente se ajuste à condição de intelectuário num Estado totalitário que, não lhe parecendo inumano, se apresente à sua inteligência política como capaz de realizar reformas sociais ou de praticar arrojos técnicos, impossíveis de serem realizados ou praticados em regime complexamente democrático. O próprio Comte, com todo o seu intelectualismo, foi ao que se inclinou, compreendendo-se, assim, o entusiasmo dos seus discípulos brasileiros pelos governos fortemente autoritários que tem tido o Brasil, desde a sua independência política, como foram, no país inteiro, o de Floriano Peixoto e o "Estado Forte"; e, no Rio Grande do Sul, o governo, aliás, sob vários aspectos, admirável, de Júlio de Castilhos.

A idéia do professor Robert Oppenheimer, que parece informar recente artigo seu, em *Encounter*, de Londres, de que os intelectuais possivelmente virão a tornar-se, em épocas de crescente lazer — "by a new dedication of expanding leisure"* — mais inter-relacionados nos seus saberes, sem prejuízos da especialidade de cada um, é das que concorrem para prestigiar outra idéia, já antiga, do autor brasileiro destas notas: a da possível valorização do intelectual pelo crescente lazer na sociedade superindustrial. Idéia que a vários estudiosos das implicações psicossociais e socioculturais, do futuro ou crescente tempo livre, muito começa a preocupar.

Note-se aqui, mais uma vez, do crescente lazer, que é um processo inseparável, nas suas expressões modernas mais projetadas sobre o futuro, do processo de automação. E com o processo de automação a desenvolver-se rápida e eficientemente, inclusive no que diz respeito aos chamados cérebros eletrônicos, é de esperar de tais "máquinas inteligentes" que passem, de modo também crescente, a desempenhar funções de caráter intelectuário, tecnocrático, burocrático. Tornarão assim dispensável, em várias atividades estatais, em particular, e nas burocráticas e tecnocráticas, em geral, a presença responsável do intelectual que seja reduzido a intelectuário; e permitirão ao intelectual, criador ou crítico, criar ou escrever ou falar mais livre e independentemente, não para o Estado, ou condicionado, em sua atividade criadora ou crítica, pelas exigências ou pelos interesses do Estado, ao ponto de precisar de sacrificar a esse mesmo Estado — sobretudo ao hoje tão tiranicamente absorvente Estado-Partido do tipo russo-soviético — grande parte da sua independência de criador ou da sua liberdade de crítico; e sim para a comunidade. E não apenas para a comunidade de que seja membro político — cidadão — mas para várias outras, transnacionais em seus alcances. Não apenas para uma comunidade, em particular, mas para grupos de leitores, ou de ouvintes, ou de espectadores, que se formem transnacionalmente em várias comunidades, para contatos diretos, ou através de traduções simultâneas e em virtude de afinidades de ordem intelectual desses grupos de leitores e de ouvintes com este ou com aquele intelectual, seja qual for sua origem étnica ou sua condição nacional.

---

* "por uma nova dedicação ao lazer crescente". (N. da E.)

Teremos, assim, como uma das possíveis conseqüências da crescente automação e do crescente lazer no mundo moderno, a crescente libertação do intelectual, com maior vocação para independente, de solicitações absorventemente burocráticas para funções que — aliás, em vários casos, além de valiosas, bem remuneradas — tendam a fazer dele mais um intelectuário do que um intelectual, mais um servidor do que um criador.

Corresponde o tipo criador de intelectual ao critério ético do que deva ser a atitude do intelectual independente, em relação com os grandes interesses dominantes no seu meio ou na sua época: critério esboçado por um intelectual irlandês — Yeats — que o autor teve o gosto de conhecer quando ainda estudante da Universidade. E por outro — amigo de Yeats — que era tão sugestivo quando falava como quando escrevia: Padraic Colum, também irlandês.

Foi Padraic Colum quem escreveu aquelas palavras que aparecem na folha de rosto do livro póstumo de Randolph Bourne — aliás antigo estudante da mesma Universidade de Colúmbia — opinando que escrever a favor daquilo que é contrariado pelos grandes interesses do momento constitui o maior privilégio do intelectual independente. Sobretudo — era este o pensamento de Padraic Colum — os grandes interesses representados pelos Estados, tanto plutocráticos como autocráticos, e mesmo alguns dos democráticos, intitulados socialistas, sendo, nos nossos dias, Estados totalitários. Estados totalitários cujo domínio sobre aquelas forças de inteligência que só desempenham plenamente sua função criadora ou crítica deixando de recomendar-se pelo seu absoluto conformismo — inclusive pela sua completa acomodação aos cânones das academias convencionais — é sempre um domínio perigoso para essas forças. Daí, entretanto, não se deve concluir estar o intelectual impedido de escrever apologeticamente de valores nacionais e até estatais ou do seu tempo com os quais se sinta ou se torne espontaneamente identificado. Nada de desconhecer-se no intelectual honesto não só esse direito como o de ser voluntariamente intelectuário. Quando Randolph Bourne perguntou aos intelectuais e aos artistas do seu país "when shall we learn to be proud? For only pride is creative"*, quis referir-se àquele orgulho, da parte do intelectual ou do

---

* "quando aprenderemos a ser orgulhosos? Pois só orgulho é criativo". (N. da E.)

artista — orgulho de si mesmo e da sua obra ou orgulho de sua nação ou de valores de cultura mais característicos de uma nação e até de uma cidade — que talvez seja — mesmo quando tal orgulho se extrema, como num Defoe ou num Dostoiévski, num Whitman ou num Joyce, num Malraux ou num Unamuno — inseparável da independência crítica ou da liberdade criadora. Independência não só do que seja totalitariamente estatal como do que seja sistemático em qualquer ideologismo ou partidarismo político antiestatal, com intuitos ou propósitos de tornar-se totalitário ou despoticamente estatal, quando tal seja possível.

Bourne conta, na sua autobiografia — tão característica do que seja a luta do intelectual para evitar tornar-se tanto o que podemos denominar hoje de "intelectualista", por um lado, como, por outro lado, de "intelectuário" — ter-se encontrado em toda sua autenticidade quando conseguiu superar tanto as "ortodoxias" acadêmicas, que a princípio o envolveram, como as "heresias" antiacadêmicas, que o desviaram daquelas ortodoxias, conseguindo, por essa superação, desenvolver ele próprio um sistema seu, criação sua, de gostos e de idéias. Daí ter concordado com os revolucionários culturais que desprezavam, já então, "mechanical psychologies and sociologies that reduced life to figures or organisms".* Contanto, porém, que a nova ou renovada cultura, para além, quer de ortodoxias clássicas, quer de heresias anticlássicas, embora enriquecida por valores extraídos de umas e de outras, se tornasse uma cultura tanto democrática como pessoal. Ou de cada um ao mesmo tempo que de todos, no sentido, saudavelmente anárquico — pode-se talvez interpretar assim o pensamento de Bourne —, de representar gostos desenvolvidos livremente por cada um, intelectual ou artista; e não adotados passivamente por uns e outros sob o jugo de ensinamentos ou de diretrizes autoritárias ou sectárias. Daí ter se entusiasmado Bourne, jovem e inquieto, pelas atitudes experimentais de Amy Lowell: uma Amy Lowell que mais cedo ou mais tarde — acrescente-se a Bourne — será, mais do que até agora, reconhecida como tendo sido um exemplo magnífico de intelectual autenticamente livre, quer de "ortodoxias", quer de "heresias" absorventes da liberdade criadora ou do ânimo experimental do intelectual genuíno. Que nela a arte foi — como seria agora quase de todo em Malraux e foi até certo ponto em Ezra Pound — expressão tanto de inteligência quanto de sensibilidade.

---

* "psicologias e sociologias mecânicas que reduziram a vida a figuras ou organismos". (N. da E.)

Até hoje, não sabe o autor de escritor que tenha versado o assunto, aqui reformulado e considerado principalmente sob este aspecto — o de ser necessário diferenciar-se o intelectual tanto do intelectualista como do intelectuário — com tanta agudeza de senso crítico como Randolph Bourne, em seu ensaio autobiográfico "History of a Literary Radical", incluído no livro, ainda vibrantemente atual, que é *History of a Literary Radical and other essays* (1920). Sua idéia de intelectuais formarem "pequenos grupos afins por idéias e por gostos", constituindo-se em novas comunidades, pode ser considerada antecipação da tendência de jovens intelectuais de hoje — inclusive russos — para formarem grupos autonomizados em relação com as castas intelectuárias — como a constituída, na Rússia Soviética, num novo tipo de burocracia, literofilosófica, associada à administrativa e à técnico-científica; e todas subordinadas ao comando de um Partido autocrático. De modo que o papel do intelectual seria sempre — principalmente em face dessas castas — o de não conformar-se passivamente com o oficialmente ou academicamente estabelecido como sendo a cultura ortodoxa ou perfeita. A não ser quando ele chegue ao academicismo por convicção irresistível — como chegou, na França, Jean Cocteau e, entre nós, Manuel Bandeira. Ou pela mesma convicção à identificação com uma Igreja — como Maritain com a católica; ou com um "Estado-nação", como Malraux com a França. Ou com uma nação: Unamuno com a Espanha. Procurar a sua própria comunidade particular dentro da comunidade geral — "search out his group"* — seria, segundo Bourne, empenho do intelectual contra a alienação; e que só é possível de ser livremente atendido numa comunidade menos monolítica que plural — acrescente-se a Bourne, dando nova perspectiva ao seu "grupismo".

Idéia — a que se sugere — um tanto afim de um anarquismo sociocultural? Decerto. Mas sem importar na sindicalização de intelectual nuns como sindicatos, organizados pelo Estado ou pelo Governo, dos intelectuais seus servidores sob a forma de passivos intelectuários; e sim numas espontâneas organizações flexíveis. Nuns como transgrupos — é a sugestão nova — constituídos por afinidades de idéias, de tendências, de sentimentos, de atitudes, de gostos, de modo algum necessitados de ser permanentes para ser válidos. Ao contrário: constantemente experi-

---

* "procurar seu grupo". (N. da E.)

mentais; e podendo o intelectual ligado hoje a um transgrupo ligar-se amanhã a outro grupo. Variar de transgrupos. Ser de dois ou mais transgrupos ao mesmo tempo. Ou desprender-se de todos os transgrupos com os quais experimentou associar-se para ser, senão absolutamente, quase absolutamente só, nietzschianamente só, só com suas contradições em luta íntima, no seu modo de ser intelectual. O que tenderia a implicar, quase sempre, idéias e sentimentos opostos dentro de um só intelectual, pelo que nele fosse antecipação de obra criadora; ou independência de análise crítica às idéias e aos sentimentos da maioria, de ordinário estática, de uma população nacional; ou do poder político, quando totalitariamente dominante sobre essa população e, também, de ordinário, estático, ou com tendências a estáticos, em suas idéias e sentimentos. Estático mesmo quando, para efeitos psicológicos sobre a massa, simula, largos anos após a sua fase dinamicamente revolucionária, ser — como na atual Rússia totalitária — "a Revolução no poder" ou o "Povo no poder". Pura simulação que atue através de místicas de propaganda com as quais não é de esperar do intelectual autêntico que se identifique, a não ser quando passe — sinceramente, e por convicção — de intelectual a intelectuário; ou a funcionário de Estado já estático a fingir-se de força ainda dinâmica por conveniência nacional: a da estabilidade, necessária à assimilação do excesso de combustível revolucionário.

Para Randolph Bourne — repita-se — era necessário aos Estados Unidos do seu tempo — os da década vinte deste século — que os intelectuais mais que se organizassem em grupos afins, para que, do choque de diferenças entre esses grupos, resultassem, para a comunidade nacional, "new increments of life"* e evidências de que havia realmente de comum entre as aspirações e as tendências representadas, dentro da mesma comunidade, por esses vários grupos. A verdadeira função do intelectual, quando, em vez de só, atuasse através de um grupo afim, se diferenciaria da do intelectuário em revelar dinamicamente realidades insuspeitadas dentro da realidade aparente. Foi o que fez, entre nós, Joaquim Nabuco através, principalmente, do seu *O Abolicionismo*. O que fez Euclides da Cunha, com *Os Sertões*. O que, antes deles, fizeram, de algum modo, no século XVII, o padre Antônio Vieira

---

* "novos incrementos de vida". (N. da E.)

e, no fim do século XVIII e no começo do XX, José Bonifácio: revelaram, numa comunidade, realidades insuspeitadas dentro da aparente. Cada um deles era um grupo.

Não será verdade, porém, que intelectuais que assim se constituíssem mais do que em indivíduos, em grupos autonomizados, impediriam uma cultura nacional de encontrar aquilo que Goethe, ao descrever o estado da literatura alemã no fim do século XIX, chamou — recorda-nos Van Wyck Brooks em *Letters and Leadership* (Nova York, 1918) — de "ponto central"? Não será sempre necessário ao desenvolvimento de uma cultura nacional que os seus intelectuais, como os seus artistas, subordinem suas peculiaridades a alguma coisa de geral na cultura de que participem ou para a qual contribuam, extraindo direta ou empaticamente esse sentido — o de generalidades — do passado ou da experiência mais profunda da comunidade junto com a análise e o reconhecimento do ancestral no passado — um passado projetado sobre o futuro — ou na experiência singularmente pessoal, além de atual, de cada um? Parece que sim; e foi para o que contribuíram Goethe, na Alemanha, Tolstói e Dostoiévski, na Rússia, Walt Whitman, na América de língua inglesa, Morris, na Inglaterra paleotécnica, Eça de Queiroz, no Portugal da segunda metade do século XIX, Yeats, na Irlanda, Euclides da Cunha, à sua maneira, e, antes dele, José de Alencar, Nabuco, Alberto Torres e, sobretudo, José Bonifácio, no Brasil. Mas sem que nenhum deles tivesse subordinado o essencial de suas peculiaridades — e cada um deles teve suas peculiaridades de indivíduos senão de gênio, quase de gênio — a um sentido institucional de cultura nacional, do qual eles tivessem aquiescido em tornar-se, criadoramente, instrumentos. Foram eles próprios que renunciaram às aberrações de um individualismo absoluto para se integrarem quase de todo numa cultura nacional, para a qual eles próprios concorreriam — repita-se — criadoramente, procurando dar a essa cultura o que a cada um deles parecesse um "ponto central"; e que era, até certo ponto, um conjunto de valores por eles descobertos na experiência nacional ou na cultura popular de suas gentes; de certo ponto em diante, projeção do gênio de cada um sobre esses valores. Co-participação do pessoal no nacional e do nacional no pessoal.

Pois sem essa integração co-participante o intelectual corre de fato o risco de resvalar naquele "anarquismo" estéril a que Van Wyck Brooks se refere; e no qual tendem a resvalar intelectuais como que intelectualmente desempregados: situação bem mais dolorosa que a dos economicamente desempregados. É a negação, sob forma estéril, do intelectuário, quando um valor empregado pelo Estado para servir burocraticamente ao Estado como intelectuário. De modo que é entre esses dois extremos que se move o intelectual, crítico ou criador, que procura ser sempre independente, embora sua independência não tenha de ser a do intelectual de todo anárquico; ou em sistemática oposição ao Estado; ou, ainda, alienado da comunidade ou da convivência nacional, quer como anarquista absoluto, quer como puro ou abstrato intelectualista. Ou organizado em grupo em vez de apenas ligado a um transgrupo.

O que essa independência permite aos intelectuais propriamente intelectuais é serem críticos dos poderes dominantes, ou da ordem estabelecida, no sentido não de pretenderem sua destruição mas sua constante renovação; ou sua reforma, até; ou maior autenticidade na sua expressão política e não-política, de necessidades nacionais. No sentido de serem o que o já citado Van Wyck Brooks, considerando o problema de "letters and leadership"*, chama de "national awakeners"**, lamentando — em livro escrito há já alguns anos mas ainda hoje atual em vários pontos — a incapacidade dos sociólogos, tão fortes no seu país, para desempenharem este papel: o de "awakeners". Pois, após anos de liderança, esses sociólogos, tanto quanto os críticos sociais que os precederam, "sem intimidade com as condições reais da vida (nacional)", teriam deixado a nação incapaz de saber o que desejava e incapaz de saber desejar alguma coisa. Incapaz — inclusive — de substituir valores monetários por outros valores.

Já não é esta a situação dos Estados Unidos, sacolejados no sentido de uma renovação social, um tanto — justiça lhe seja feita — pelos intelectuários que o segundo Roosevelt convocou para o serviço de um Estado vigorosamente intervencionista na vida econômica, por ele oposto ao desbragado "laissez-faire" que culminara na crise de 1931; e outro tanto por intelectuais da independência de palavra ou de opinião dos Veblen, dos Mencken, dos Edgar Lee Masters, dos O'Neill, das Amy

---

* "cultura e liderança"; literalmente, "letras e liderança". (N. da E.)
** "despertadores da nacionalidade". (N. da E.)

Lowell, dos Sinclair Lewis, dos Dreiser, dos Dos Passos, dos Mumford, dos Faulkner, dos Sandburg, dos Pound, dos Frost, dos Vachel Lindsay. Alguns deles sociólogos; ou parassociólogos; ou — como Mumford — mais que sociólogos, com seus modos de serem futurólogos; vários poetas; um dramaturgo; três ou quatro romancistas; dois ou três críticos literários com alguma coisa de críticos sociais. Escritores de ficção e de não-ficção. Que só analistas de bitola muito estreita deixam de enxergar criatividade máxima nos escritores de não-ficção.

A esta altura, é oportuno notar-se, mais uma vez, que o intelectual, podendo, por um lado, deformar-se em intelectuário do tipo passivo, pode, por outro lado, extremar-se em intelectualista do tipo abstrato: desligado de um meio concreto e de um tempo específico sem se tornar contemporâneo de um tempo possível, mas apenas de um tempo de todo utópico. Isto é, pode tornar-se um intelectual marcado pelo seu alheamento sistemático do que seja social e do que seja, real ou imaginariamente, tempo; e alienado de gentes e de tempos por uma concepção de criação ou de crítica intelectual desprendida de todo da participação de um criador ou de um crítico que fosse, ao menos, emocionalmente vivente, nas sugestões que lhes viessem de experiências concretas da sua época e do seu meio. Ou de sua concepção de futuros possíveis e não utópicos.

Falta ao intelectualista qualquer sentido de relação orgânica entre a sua atividade intelectual e a vida ou a experiência. Relação da qual se resguarda escrupulosamente pelo receio de contagiar-se do que, nessa vida, sendo emocional, sensual, erótico, político, econômico, religioso, pudesse comprometer o seu intelectualismo. Ou sua crítica de valores, estéticos ou filosóficos; sua compreensão desses valores; sua interpretação deles; sua possível contribuição para o desenvolvimento deles. O intelectualista teme de tal modo que tais valores deixem de ser, para ele, intelectuais, para serem sociais, que se endurece, defensiva ou profilaticamente, num intelectualismo à parte das circunstâncias. Deixa que a sua inteligência, como outrora o sexo de mulheres resguardadas pelos seus donos de contatos considerados impuros — ou corrutores — seja isolada do social, do existencial, do vivente, do convivente, por um como cinto de castidade. Pelo menos é a sua pretensão, é claro que nunca atingida em sua pureza;

porém, em vários casos, bastante forte para extremar, e até artificializar, sua função de intelectual na de um intelectualista.

Para o intelectualista, cultura intelectual e sociedade, cultura intelectual e cultura no seu sentido sociologicamente complexo, são entidades que seguem leis diferentes. É o conceito que parece ter sido o dos Babbitt e o dos More, em sua resistência, de críticos literários e de idéias, ao sentido renovador de crítica intelectual associada à social, embora sem subordinação da literatura ou da arte ou da filosofia à sociologia ou à economia ou à chamada ciência política, que desde o Romantismo é uma revolução cultural. Foi, entretanto, assim associada à análise social que a crítica literária e de idéias desenvolveu-se nos Estados Unidos, a partir da década 20, constituindo-se no principal nervo de toda uma profunda e vasta renovação de caráter cultural. Um dos aspectos dessa renovação foi precisamente o de readmitir-se a sensibilidade — e, por conseguinte, o elemento emocional — na criação ou na crítica ou na atividade desenvolvida pelo intelectual, em sentido contrário ao daquela outra atividade intelectual empenhada em excluir dos seus afãs o elemento emocional. Posição que, assumida naquele país desde os fins do século XIX, por intelectualistas influentes na sua vida cultural, vinha resultando numa crescente e sectária intelectualização de atividades por isto mesmo crescentemente separadas da vida e das emoções próprias da vida. Próprias, além de social, do humano.

Que temiam os intelectualistas assim agindo com relação às atividades intelectuais do seu país? Que elas perdessem a dignidade intelectual para se degradarem no emocionalismo de uma literatura que, em vez de repetir o exemplo dos "clássicos", exagerasse o dos "românticos". A eterna obsessão do intelectualista por uma passiva repetição, pelos novos, ou pelos futuros, com relação aos passados, dos modelos deixados pelos chamados clássicos. Repetição que corresponda ao seu afã pedagógico de ver surgirem cópias, quanto possível exatas, desses modelos, para ele perfeitos, por terem, em parte, se desprendido, como obras intelectuais, dos seus contextos psicossociais.

Entretanto, como lembrou a intelectualistas do seu tempo um intelectual do equilíbrio de Van Wyck Brooks, foi "descendo no mais denso de realidade" — uma realidade densamente psicossocial — que Lessing lançou as bases para uma cultura intelectual germânica associada ao *ethos* e à cultura geral da gente alemã. Inclusive, pode-se acrescentar a Brooks, associada àquele pensar sentido ou vivido que, de Goethe até hoje, se encontra em obras caracteristicamente alemãs como, com todos os seus excessos, a de Nietzsche, no século XIX; e a do meio-brasileiro Thomas Mann, no século atual. Dois intelectuais, estes, que — como, com relação à literatura em língua inglesa, Joyce e, com relação à francesa, Proust — mesmo quando suas atitudes ou idéias atingiram extremos ou pareceram contrariar as melhores tradições de cada uma dessas literaturas, souberam ser corajosamente críticos de aparentes perfeições sociais nos seus países. Mais: souberam romper com cristalizações abstratamente intelectuais em vigor nos seus mesmos países ou nas suas épocas. Ao mesmo tempo — entretanto — não hesitaram em se revelar apologéticos de valores como que ancestrais entre suas gentes: valores destinados, por influência deles, a saudáveis revivescências. Exemplo: o desapego de franceses atuais — desde Proust — a uma medida, a uma correção, a uma simetria no escrever que não foi, aliás, o exemplo deixado nem pelo romântico Michelet nem pelo clássico e francesíssimo Montaigne. Ainda mais expressivo que estes é o exemplo de Yeats.

Por essa coragem crítica, intelectuais desse tipo, ao surgirem com o escândalo de suas idéias ou de suas expressões, consideradas indesejáveis pela gente mais convencional de seus países e de suas épocas, têm sido abridores de caminhos para futuros que a muitos dos intelectuais de menor porte ou de menor vigor, seus contemporâneos, pareceram inconcebíveis como futuros literários ou estéticos ou culturais. Situação que foi a de Eça de Queiroz ao escancarar, com o seu chamado, e, nos seus dias, tão condenado à morte, francesismo, novas perspectivas à língua portuguesa do seu tempo. A não poucos dos seus contemporâneos pareceram suas inovações — a que se juntariam seus regressos a modelos arcaicos ou pré-clássicos — da língua portuguesa a própria negação de valores clássicos: inclusive dos camonianos. Engano: eram a revalorização desses valores por meios intelectualmente revolucionários. Se por algum tempo o intelectual Eça de Queiroz comprometeu, ou pareceu pôr em perigo, o presente e o passado da língua e da literatura do seu país, foi para assegurar a essa língua e a essa literatura um futuro que não teriam sem a ação — inclusive no Brasil:

num novo e vasto espaço e num como novo e vasto tempo — intrepidamente renovadora desse intelectual tão sensível a sugestões de passado como a provocações de presente. E tão secretamente aliado ao futuro de sua gente e da própria gente brasileira. Ao futuro da língua e da literatura comuns a essas duas gentes, igualmente suas, quer em seus antecedentes, quer em seus futuros.

EM TORNO DE ALGUNS POSSÍVEIS
FUTUROS DO HOMEM BRASILEIRO

Sob critério futurológico, o Homem brasileiro se acha diante de vários futuros possíveis e não em face de um só. A verdade, porém, é que, das gentes ou das nações da América, nenhuma — nem mesmo a mexicana — parece exceder a brasileira na riqueza de um conjunto nacional de cultura em que a tradições conservadas da Europa se vêm juntando, em ritmo crescente, senão originalidades absolutas, combinações novas, originais, de valores e de técnicas, além de renovações desses valores e dessas técnicas que colocam o Homem brasileiro entre os modernos tipos nacionais mais criadores. Ele é euro-afro-ameríndio nas suas bases. Mas crescentemente metarracial.

Podemos estar melancolicamente retardados em certos aspectos tecnológicos e econômicos de desenvolvimento quanto aos Estados Unidos e quanto ao Canadá, quanto à Argentina e ao Uruguai. Noutros aspectos de expressão cultural, porém, a situação do brasileiro, crescentemente mestiço, democraticamente quase todo moreno, isto é, sem que aqui tenham se estratificado minorias de dominadores brancos ou ameríndios ou negros, só parece ter quem dela se aproxime no continente — repita-se — no igualmente em grande parte mestiço, embora menos miscigenado, mexicano. E por esses outros aspectos de expressão cultural estaria o Homem brasileiro possivelmente predisposto a uma mais fácil adaptação de suas constantes metarraciais, culturalmente mistas, de comportamento e de cultura, à época de automação favorável a longo tempo livre e lúdico de que o Homem, em geral, estaria se aproximando; e que pode vir a ser uma época extremamente favorável àqueles homens nacionais, como o do México e o do Brasil no continente americano, que juntem a tradições de arte, quer erudita, quer folclórica, uma já desenvolvida tendência para a criatividade estética e para a religiosidade ligada a símbolos artísticos. Para a criatividade na música, na arte religiosa, na pintura, na arquitetura, na culinária, na cerâmica, na arte da renda, na do móvel.

Quem hoje fala em futuro, sabemos que fala num tempo que já é quase presente, tal a rapidez com que estamos passando de presente a futuro — admitindo-se a separação convencional de um do outro — com a energia nuclear e a automação: uma rapidez revolucionária. Nunca mais do que hoje o homem viveu tempo aparentemente só moderno já tão alcançado pelo pós-moderno e ainda influenciado pelo pré-moderno. O tempo tríbio — da concepção brasileira de tempo — na sua plenitude.

Estamos no começo da maior revolução — pan-revolução — jamais experimentada pela sociedade humana nas suas formas de vida e nos seus estilos de cultura, com quase todo o trabalho muscular e grande parte do intelectual substituídos pelo automatizado, o tempo-lazer aumentado, o tempo ocupado pelo trabalho diminuído, perspectivas de alterações de tal modo radicais quanto à habitação, à estrutura urbana, à alimentação, à recreação, que em todos esses setores de existência, de convivência e de cultura o Homem pós-moderno já começa a querer superar o moderno para apresentar-se revolucionariamente, ninguém diz que sob a forma de um super-homem, mas, certamente, de um neo-Homem. Um Homem com novos aspectos na sua condição humana: uma condição irredutível, até certo ponto, plástica, de certo ponto em diante, permitindo ao Homem, quanto mais criativo, tornar-se uma espécie de escultor de si mesmo; e apresentar-se, em parte, em conseqüência dessa auto-escultura, como novo tipo biossocial. No passado apresentou-se, ou se apresenta na atualidade, sob os aspectos de homem hebreu, de homem egípcio, de homem grego, de homem cristão medieval, de homem da Renascença, de homem francês, de homem inglês, de homem alemão, de homem banto, de homem indiano, de homem paraguaio, de homem argentino, de homem anglo-americano. Começa a surgir como neo-Homem crescentemente supranacional, sem que venha a perder seus característicos nacionais ou regionais nessa sua maior supranacionalização.

A revolução, em cujo começo já nos encontramos, os homens de hoje, senão em todos, em vários espaços — porque há espaços que correspondem a tempos arcaicos, quase absolutos, em relação com os modernos, dos próprios brasileiros, sendo numerosos os indivíduos que, em não poucos espaços, vivem em tempos arcaicos com relação aos modernos, sendo até arcaiquíssimos, em relação com esses tempos modernos, mas talvez, paradoxalmente, menos arcaicos com relação aos tempos pós-modernos — não é decerto a da profecia marxista. O marxismo de Karl Marx permanece válido principalmente como uma profunda crítica ou análise da Europa burguesa e capitalista do século XIX. Fora desses limites de tempo e de espaço será, ou vem sendo, valioso, em alguns casos, como uma teoria ou um método de ação política. É precário como sociologia geral ou como sociologia construtiva do tipo que pudesse ser classificado como ciência aplicada: sobretudo quando apresentado por marxistas desprovidos do espírito ao mesmo tempo analítico e sintético, científico e poético, de Marx.

A energia atômica, as soluções eletrônicas, a ampliação a extremos da mecanização de formas de produção e de transporte pela automatização não tendo sido previstas por Marx, acontece que o que há já de revolucionariamente pós-moderno na União Soviética, nos Estados Unidos, na Alemanha Ocidental, na Inglaterra, na Suécia, não corresponde ortodoxamente às principais previsões marxistas, embora seja exato de Marx que sonhou, para o Homem, que viesse a ser redimido pelo socialismo que se sublimasse em comunismo — e aí estaria um dos erros do seu esquema futurológico — com um paraíso de lazer. Sonho de poeta. Sonho de poeta que nele foi, felizmente, mais forte que o chamado socialista ou sociólogo ou economista científico.

Sucede, porém, que essa situação está sendo atingida através de avanços tecnológicos revolucionários com os quais se vêm combinando formas igualmente revolucionárias, porém contraditórias, de organização sócio-econômica. Formas predominantemente neocapitalistas nuns espaços, predominantemente pós ou neo-socialistas noutros espaços. A avanços tecnológicos, por vezes essencialmente os mesmos, nos dois espaços, vêm correspondendo essas formas de organização sócio-econômica opostas, rivais, contraditórias, embora não sejam raras as evidências de suas contradições virem-se paradoxalmente interpenetrando em áreas de espaço-tempo, ou mais de tempo do que de espaço, antes pós-modernas que modernas, em alguns dos aspectos de desenvolvimento atingido pelo Homem. Enquanto em áreas menos desenvolvidas, dos grupos humanos em estado de tensão revolucionária, alguns vêm adotando, com importações de modernismos e até de pós-modernismos tecnológicos, de origem ora russa, ora anglo-saxônica ou alemã, pedaços de um tipo de organização a que juntam, ou têm juntado, pedaços de outro, organizando-se sócio-economicamente à base de contradições revolucionárias. Pois tão revolucionárias são agora certas formas de neocapitalismo como certas formas de neo-socialismo. Mais: revoluções biossociais já se fazem sentir acima de formas de economia e de estilos de organização política anteriores ao desenvolvimento da automatização. Acima dessas formas de economia e de política e acima de ideologias das chamadas "progressistas" por elas inspiradas.

Atente-se no seguinte: o desenvolvimento da automatização vai possivelmente refletir-se sobre os padrões atuais de alimentação considerada boa ou ótima — julgamento biossocial — para as populações em estado normal de socialidade: estados normais de socialidade ligados, até há pouco, ou atualmente, a regimes de produção e de trabalho prestes a dependerem, muito menos do que agora, do esforço humano. A época do Proletário, do Operário, do Trabalhador com iniciais maiúsculas é uma época em começo de rápida dissolução, tornando arcaicas as ideologias que ainda projetam reivindicações operárias sobre futuros que, já admissíveis para o futurólogo entre futuros possíveis, apresentam-se como acima do bem e do mal sugeridos por tais reivindicações.

Exemplo: já não há mais sentido em planejar-se para parte considerável da população de um país em processo de automatização — a vasta parte da população outrora constituída pelo trabalhador, pelo proletariado, necessitada da chamada "alimentação forte" — uma alimentação que, para corresponder à energia exigida do mesmo trabalhador pelo seu gênero de trabalho, devesse incluir carne em quantidade superior, constituindo essa alimentação ideal para esse tipo de homem um sério problema tanto econômico como ecológico, para a maior parte das populações. Isto pela simples razão de que, com a automatização, esse proletariado braçal, de trabalho manual ou físico pesado, tende a reduzir-se a um número insignificante; e, mesmo desse número insignificante, o trabalho a ser exigido por uma civilização automatizada será um trabalho leve em comparação com o que na era atual — ou, em alguns países, até há pouco — tinha que ser executado, ou era executado, pelo proletário médio ou baixo.

Torna-se assim evidente a importância da automatização como centro de todo um novo sistema de relações biossociais do Homem não só com o meio social como com o meio físico. E o que é certo do homem das áreas superindustrializadas em geral já começa a ser certo do Homem brasileiro das áreas mais desenvolvidas, em particular: de suas possíveis novas relações biossociais com o espaço físico e com o espaço social, a serem condicionados por um novo sentido de tempo, paradoxalmente mais semelhante ao arcaico do que ao apenas moderno. Estamos, assim, em face de uma revolução de tal amplitude que, ao lado dela, a chamada Revolução Industrial já se amesquinha — repita-se — num brinquedo sociológico a ser recolhido a museu histórico; e a outro brinquedo sociológico ficará reduzida a denominada Revolução Social, em incertos e desiguais começos — avanços e recuos — em algumas áreas do mundo; e julgada definitiva pelo marxismo ortodoxo. Revolução que deveria ter constituído — na sua primeira fase — uma generalizada ditadura de Proletariado — ou dos seus agentes nem sempre fiéis aos seus supostos protegidos — sobre as sociedades libertadas daquele capitalismo burguês de que Marx fez, ao mesmo tempo, o elogio e a crítica.

Sabemos hoje que semelhante concepção de uma revolução mundial no sentido de um mundo socialmente novo está quase de todo — quase de todo porque não tem deixado de obter, e continuar a obter, alguns dos seus objetivos — ultrapassada. "Proletário" e "Capitalista burguês" são já figuras — acentue-se — inexistentes, vazias de conteúdo social, em grande parte do mundo e mais ou menos próximas de completa extinção, noutra parte. São grandes figuras crescentemente retóricas. Figuras de museu sociológico. Ds onde "laborismo" e "trabalhismo" serem também — repita-se — *ismos* obsoletos. Caminhamos para um mundo socialmente novo, não há dúvida: mas não através de uma revolução social à moda marxista — solução já sem sentido — e sim através de uma revolução total, biossocial, que tem desde já por principal estímulo ou por influência científico-tecnológica precipitadora de efeitos, e, ao mesmo tempo, por instrumento, a automatização.

Pela automatização o Homem parece que virá a libertar-se tanto do que na civilização atual é burguesidade sobrevivente — parte dela sobreviventemente útil — como do que nela pretende ser, agora só por capricho ideológico em torno de um mito já sem força ou potência, trabalhidade estreitamente antiburguesa no sentido da glorificação de um elemento de civilização — o Trabalhador com T maiúsculo — que, pela suposição de ser o trabalho humano o centro de toda civilização moderna, deveria passar a ser considerado, durante época decisiva, o senhor de seus antigos senhores. Domínio, esse, exercido quase nada por ele — trabalhador glorificado em discursos — e sim pelos que se vêm julgando aptos, mais pela audácia que pela virtude ou pelo valor, a representá-lo. A agir ditatorialmente em seu nome.

Dentro de uma civilização automatizada desaparecerá, segundo os melhores indícios sociológicos ou as mais idôneas previsões futurológicas, o atual antagonismo, aliás já em declínio, Capitalista-Trabalhador. Desaparecerá ao se estabelecerem novas formas de relações, quer entre os homens, quer entre os homens e os meios biofísicos. E o problema central para esses homens — inclusive para os brasileiros, cuja presença no mundo próximo futuro futurólogos da importância de Huntington antevêem como importante —, o maior desafio à sua inteligência, ao seu gênio, à sua ciência, à sua arte, à sua técnica, não será o da organização do trabalho, mas o da organização do lazer. O lazer terá que ser organizado — no mundo desenvolvido, em geral, e em áreas do Brasil em rápido desenvolvimento, em particular — de acordo com uma variedade de aptidões, de inclinações, de preferências, combinando-se quanto possível o gosto pessoal de cada um com as conveniências do todo social no sentido de uma música, de uma arte, de uma devoção religiosa, de estudos, de experimentos, de especulações, dos quais participe, o mais possível, cada um conforme sua capacidade.

Há assim uma Revolução total, biossocial, para a qual estamos caminhando sob vários estímulos e sob várias pressões, avultando, nesse processo revolucionário, a automatização. Diante dessa perspectiva, o chamado Comunismo russo como o próprio Trabalhismo inglês especifique-se que são já *ismos* moribundos. O que o futuro humano pede dos pensadores, dos poetas, dos místicos, dos artistas, dos humanistas de hoje é que juntem à obra extraordinária que vêm realizando físicos, biólogos, químicos, astrônomos, oceanógrafos, engenheiros, sanitaristas, nutrólogos, sua imaginação criadora, o que houver de mais potente dentro dela, a fim de que a novas formas de existência desenvolvidas por cientistas e por técnicos dessas especialidades não faltem novas formas de vivência e de convivência que as humanizem e, sendo possível, as poetizem. Pois sem isto, para que aquilo?

Fala-se muito, atualmente, no Brasil, dos problemas brasileiros mais ligados ao futuro nacional, dos quais para uns o principal seria o do desenvolvimento econômico, para outros o da saúde, ainda para outros o da educação ou o da tecnologia ou — para não poucos — o da ordem ou, tão-somente, para uns tantos materialistas absolutos, o do petróleo, a ser substituído por outras fontes de energia. Os que assim se voltam para possíveis futuros brasileiros separam esses futuros de um homem nacional em complexo desenvolvimento. O assunto, considerado no seu máximo de totalidade, é ao que nos leva: a considerarmos o problema brasileiro máximo, o mais ligado ao futuro nacional, tanto quanto ao presente, o problema do Homem brasileiro: do seu desenvolvimento como variante de um tipo pós-moderno de Homem: suas relações — relações em desenvolvimento — com a terra, com o clima, com o trópico: as relações, também em desenvolvimento, de uns grupos regionais da população nacional com outros; de uns grupos de idade com outros e de uns grupos econômicos com outros; as prováveis tendências e as possíveis conseqüências desses desenvolvimentos no espaço e no tempo; e, sobretudo, o Homem brasileiro com um homem nacional crescentemente miscigenado no sangue e na cultura a apresentar-se como modelo, nesse particular, a outros homens nacionais de hoje. Ou futuros.

Assim fazendo, conseguiremos ver os problemas brasileiros, tendo por centro esse Homem nacional, como problemas projetados crescentemente sobre o futuro. Problemas plurais e ao mesmo tempo marcados pela sua singularidade: como problemas de um tipo singularmente nacional de Homem constituído por uma crescente síntese de vários subtipos étnicos, etários, regionais, sócio-econômicos, psicossociais, biossociais, todos brasileiros, ou em processo de abrasileiramento. Todos situados no espaço nacional brasileiro e bem ou mal contribuindo para uma expressão geral, nacional, total, de energia pluralmente humana e especificamente ou singularmente brasileira. Exata essa configuração de homem nacional brasileiro, o problema de defini-lo como ser humano situado, diferenciado de outros tipos nacionais de homem diferentemente situados, mas humaníssimo, aberto, receptivo, e não racialmente fechado, em sua maneira de ser humano, de desenvolver-se, de aperfeiçoar-se, de integrar-se mais e mais no seu espaço e de adaptá-lo, quanto possível, e sempre metarracialmente aos seus prováveis futuros, e ao futuro humano, em geral, é um problema complexo: econômico, político, educativo, sanitário, religioso. Mas, em resumo, biossocial, ecológico-social, psicossociocultural.

Para dar-se a esse tipo nacional de homem o máximo que lhe pode ser dado nestes três setores de aperfeiçoamento — o biossocial, o ecológico-social, o sociocultural — através de várias agências e técnicas, impõe-se um esforço em conjunto dos cultores de ciências biossociais e ecológico-sociais — principalmente as que, nas suas formas aplicáveis, ou aplicadas, são a medicina, a engenharia sanitária, a higiene — e de ciências sociais ou humanas: antropologia, economia, sociologia, ciência política, psicologia, principalmente. O critério ecológico social, sendo biossocial, nos leva a dispensar atenção especial ao processo de colonização, logo transformado, no Brasil, pelo bandeirante em autocolonização, ao lado da colonização portuguesa, do Brasil, como tendo sido, em suas bases, lusotropical.

O homem brasileiro é, como tipo nacional de homem, singular em sua convergência de vários subtipos particulares. Como tipo ecológico, ele é expressão de Homem situado no Trópico — ou nos trópicos úmidos, áridos, subtropicais — com problemas de saúde, de higiene, de convivência próprios de todo homem assim situado neste ou naquele espaço ou espaço-tempo. Homem situado — da concepção brasileira reconhecida como universalmente válida pela Sorbonne — diferente de homem abstrato. Como tipo, além de ecológico, psicossociocultural de homem, ele é, mais especificamente, expressão de homem hispanotropical e, de modo ainda mais específico, de Homem lusotropical, isto é, conseqüência de um processo de integração de valores europeus em espaço tropical do qual participou originária, criadora e decisivamente, no caso do Brasil, o colonizador português, logo misturado à gente indígena ou ameríndia e, algum tempo depois, à negra, importada da África; e cuja ação seria, a princípio, a de colonizadores auxiliares do português ou co-colonizadores; depois de miscigenados com europeus, ibéricos e ameríndios, a de autocolonizadores. Mais tarde viriam juntar-se a esses elementos básicos vários outros culturalmente valorosos. O alemão, o italiano, o polonês. O sírio e o libanês. Ultimamente o japonês. Assim vem se processando a consolidação de um tipo nacional de homem brasileiro: à base de uma colonização de origem principalmente, embora não exclusivamente, portuguesa ou hispânica, estendida sobre espaços tropicais e subtropicais de modo quase sempre simbiótico, isto é, interpenetrando-se colonizador principal e colonizadores auxiliares — principalmente o africano — e colonizados — os ameríndios — quanto às suas etnias e quanto às suas culturas. Interpenetrando-se europeus, africanos, ameríndios e natureza ou ecologia tropical. E definindo-se crescentemente por um tipo novo de comportamento.

Sabe-se, por pesquisas antropológicas dentre as mais profundas — sintetizadas em *Anthropologie*, da série Fischer Lexicon (Frankfurt-Main-Hamburgo, 1959) —, que o comportamento humano, em geral, é caracterizado mais por variáveis do que por uniformidades — variáveis que se exprimem em formas culturais diversas — compreendendo-se assim que os antropólogos já tenham identificado, dentro do que possa ser considerado um conjunto pan-humano de expressões de comportamento, cerca de três mil diferentes culturas. Ao lado dos traços de cultura gerais, comuns às culturas hoje vivas no mundo, encontram-se os especificamente orientais em contraste com os ocidentais; os vários, nacionais; e, dentro dos nacionais, os regionais ou intranacionais assim como os nacionais passam a universais através de expressões transregionais.

Não é de esperar que no caso do Brasil, continentalmente vasto, faltem variáveis ao comportamento do homem brasileiro para só sobressaírem, nesse comportamento, traços, além de constantes no tempo, uniformes no espaço. Monolíticos.

Note-se, entretanto, que ao desenvolvimento tecnológico e econômico que caracteriza a época brasileira em que vivemos correspondem formas gerais, imitadas ou assimiladas de outras culturas, de meios neotécnicos, substitutos dos paleotécnicos, de transporte, de habitação, de refrigeração, de produção, de conservação e de distribuição de alimentos, que vêm trazer, pela sua generalidade mecânica, novo fator de unificação de subculturas regionais, diferenciadas por formas menos técnicas e menos mecânicas de existência e de convivência, em cultura geral. Até que ponto essas formas neotécnicas de produção, de transporte, de habitação, estarão alterando, no comportamento do Homem brasileiro, na sua cultura, na sua psicocultura, preferências de paladar e de recreação, sentidos de tempo, ritmos de andar, hábitos religiosos, além de condutas tradicionalmente consideradas próprias de um sexo e impróprias de outro, próprias de um grupo de idade e impróprias de outro? São aspectos do assunto a serem considerados e estudados nos próximos anos sem que, entretanto, se deva resvalar no fácil engano de associar, em caráter como que definitivo, essas novas técnicas de produção e de economia a uma época, que se estenderia por longo tempo, de aumento tal de ritmo de trabalho que o trabalho, assim intenso e extenso — sua expressão atual e transitória — e sua idealização, é que estaria para caracterizar a vida brasileira na sua totalidade e nas suas projeções a longo prazo sobre o futuro.

O que indicam os estudos de Futurologia — uma Futurologia da qual o autor se honra de ter professado, em universidade brasileira, isto é, na Universidade de Brasília, há quatro anos, o que supõe ter sido o curso pioneiro nessa matéria ministrado no nosso país e mesmo na América Latina — nos leva a outra perspectiva. Não se compreenderia, dentro do que os estudos de Futurologia sugerem, um Brasil Futuro imerso, por longo tempo, numa mística, numa idealização ou numa sistemática de trabalho intenso e extenso que, contrariando, no Homem brasileiro porventura típico, seu tradicional sentido lento, quase anticronométrico, de tempo, sua tendência para o gozo do lazer, sua religiosidade festiva, folclórica, mística, seu relativo desprezo pelo sucesso através principalmente do dinheiro ou da fortuna ganha com o muito trabalho, substituísse esse seu ânimo por outro, ianquizado ou superindustrializado; ou por uma concepção pan-industrial de vida que se tornasse fim em vez de meio de desenvolvimento. Pois o mundo parece caminhar com alguma rapidez — acentue-se mais uma vez — para uma época pós-industrial em que a automação trará, ao Homem, imenso excesso de tempo livre sobre o tempo ocupado pelo trabalho e pela indústria dependente de trabalho intenso. Deflagrada essa tendência, o Brasil não faria por muito tempo — embora esteja no nosso interesse retardar quanto possível a substituição maciça do trabalho humano pelo automatizado — exceção à tendência geral: passaria também, é o provável, das formas adiantadas de superindustrialização, que venha a atingir proveitosamente em algumas de suas áreas, às formas, ainda mais novas, de pós-industrialização, com o tempo-lazer vindo a permitir ao Homem brasileiro exprimir-se mais livremente em arte, em religião, em esportes, em jogos, na freqüência a cursos universitários por brasileiros de várias idades, e não apenas das idades juvenis. Pois um dos possíveis futuros para os quais caminhamos, destaque-se mais uma vez que é este: a substituição do mito da universidade destinar-se só à formação de jovens para o desempenho de papéis de adultos pela realidade de uma universidade aberta a adultos de todas as idades — inclusive e, até, principalmente, às avançadas — para a aquisição de conhecimentos ou saberes que importem na sua constante atualização no tempo.

Há quem especule sobre o aspecto racial do futuro brasileiro, sugerindo que aqui, quando o que classificam como o "elemento negro" da população tornar-se consciente de sua negritude, teremos, no Brasil, um conflito entre brancos e pretos, semelhante ao que pungentemente aflige os Estados Unidos. A especulação vale como especulação futurológica. Toca ao futurólogo considerar o maior número de futuros possíveis para a situação que analise nas suas projeções no tempo. O que, porém, se sabe de mais sociologicamente sólido sobre a relação atual dos brasileiros de origem negra africana com os demais elementos da população do Brasil — sobretudo com os brancos — não nos autoriza a admitir aquele conflito como futuro provável, no setor dessas relações. Futuro que não poderia ser senão condicionado por tendências atuais. Menos ainda se apresenta qualquer futuro como fatal: modalidade de futuro diversa da do mais evidentemente possível.

O que sabemos, pelas estatísticas, é que a presença do chamado negro puro na população brasileira se apresenta cada dia mais insignificante. O que sabemos pela observação sociológica é que o próprio negro chamado puro está sendo absorvido pela crescente tendência brasileira para considerar moreno, de modo elástico, quem não for ostensivamente alvo ou, etnicamente, albino: outra presença que não vem crescendo em proporção estatística, mas diminuindo na maior parte do Brasil, nos últimos decênios. Como mística sociológica, a da morenidade está, no Brasil — acentue-se mais uma vez —, em ascensão ou em extensão, tornando difícil que, entre os brasileiros, se avigorem ou sequer se acentuem místicas em sentido contrário à da mesma morenidade, como seriam tanto a da branquitude como a da negritude. São místicas que devemos admitir existirem entre nós. Mas sob o aspecto de pequenas seitas e estas mesmas quase sempre mais animadas de combustível, ou ideológico, ou etnocêntrico, vindo de fora do que de um fogo endogamicamente negro ou endogamicamente branco, cada dia menos vivos entre nós. O Brasil não é país em que exista, com importância sociológica, para não falar na política ou eleitoral, um negro brasileiro. Nem negro brasileiro nem japonês brasileiro, nem italiano brasileiro nem alemão brasileiro existem atualmente entre nós com esta periculosidade: a de minorias étnico-culturais — ou etnocêntricas — potencialmente capazes de se desenvolverem à inteira revelia do Brasil; ou hostis ao Brasil total.

Tampouco se pode, ou se deve, supor do brasileiro eugênico que, no futuro, venha a ser, segundo as melhores probabilidades, o tipo nacional por excelência de homem, de mulher, de criança, que esse tipo eugênico venha a definir-se, quando menos escuro, num indivíduo cor-de-rosa de pele, semelhante ao europeu do Norte ou ao ianque, aceitando-se que essa coloração ou pigmentação cor-de-rosa seja, ortodoxamente, a de saúde, a de vigor, a de vitalidade de qualquer tipo racial que não o mongólico ou o negro africano. O brasileiro eugênico do futuro será, provavelmente, no maior número de casos — dada, por um lado, a crescente miscigenação amorenizante e, por outro lado, a crescente integração das gentes brasileiras numa ecologia tropical também amorenizante, amarelo-claro, amarelo-rósea ou amarelo-pardo, em seus característicos cromáticos de pele; e não cor-de-rosa como um alemão da Baviera ou um holandês do Norte da Holanda. E esse seu amarelo, reabilitando o que há de desdenhável, para alguns observadores menos objetivos, no atual "amarelinho" e reforçando o que se apresenta de potencialmente positivo, aos olhos de outros observadores e pela consagração do folclore no mesmo "amarelinho" atual, será um amarelo saudavelmente, autenticamente, teluricamente ecológico, a ser distinguido do amarelo patologicamente esverdeado do doente de malária, de anquilostomíase, de esquistossomose. O brasileiro do futuro será, não na sua totalidade mas em número considerável, uma afirmação de virtudes que a sabedoria folclórica — acentue-se — já desde velhos dias antevê no chamado amarelinho de estatura baixa e de aparência pouco atlética. Pois para ser o que tende a ser de eugênico e, ao mesmo tempo, de ecológico, ele não precisará, necessariamente, de tornar-se alto, espadaúdo, agigantado, como um escandinavo, podendo vir a ser, na maioria da população nacional, antes um como equivalente tropical do tipo antropológico do japonês que do tipo antropológico do sueco.

No Brasil, a utilização atualmente muito flexível ou vaga da palavra "moreno" é um dos acontecimentos sociológicos mais significativos na semântica, que jamais caracterizaram o desenvolvimento da América portuguesa como sociedade cuja composição multirracial aproxima-se cada vez mais daquilo que um inventor de palavras já teve a ousadia de chamar metarracial. Quer dizer, uma sociedade onde, em vez duma preocupação sociológica com a descrição minuciosa de tipos intermediários multirraciais ou de diferenças cromáticas entre brancos e pretos, entre brancos e vermelhos, entre brancos e amarelos, começa a haver uma tendência de os membros da comunidade brasileira não totalmente brancos, ou absolutamente pretos, ou absolutamente de pele vermelha, ou absolutamente amarelos, serem descritos e se descreverem a si próprios como "morenos"; e a se considerarem assim, quase sem discriminação. De início esta palavra era utilizada para descrever homens ou mulheres de tez mourisca; mais tarde, foi aplicada especialmente a morenos de raça branca, para os distinguir dos louros. Mas a palavra "moreno" começa agora a ser utilizada duma maneira sociologicamente flexível e biologicamente imprecisa. De tal forma imprecisa sob esse aspecto que até pessoas de pigmento de todo negro estão a ser descritas no Brasil como "morenas". Isto vem não tanto das palavras "negro" e "mulato" soarem, aos ouvidos do brasileiro castiço, como uma caracterização puramente racial, como seria o caso para ouvidos anglo-saxônicos, mas porque, para o brasileiro, "negro" e até "mulato" ainda soam, em muitos casos, como equivalentes de "escravo": como sobrevivências léxicas da época, ainda relativamente recente, quando se dizia que um dono de escravos no Brasil possuía não tal número de escravos, mas tantos "negros" ou tantos "pretos" ou tantos "cabras", mesmo onde os escravos eram de cor mais clara que os seus senhores. Mas acontece que, para muita gente da América Latina, a palavra "negro" começa a significar algo que pouco tem que ver com a escravatura, mas antes uma raça e uma cultura mais velhas que a América espanhola ou a portuguesa. E com uma dignidade, como raça e como cultura, que se reflete sobre seus descendentes hoje brasileiros.

EM TORNO DE UMA POSSÍVEL FILOSOFIA DA FUTUROLOGIA, INCLUSIVE DOS SEUS MEIOS DE ABORDAGEM DO QUE É SOCIAL SEM DEIXAR DE SER BIOLÓGICO NOS FUTUROS HUMANOS

Não se pode pretender, em Futurologia, que o tipo de vida adequado a um ambiente seja imposto imperialmente a outro ambiente, destruindo nesse outro ambiente as relações saudavelmente ecológicas entre o Homem e a natureza regional. É problema de engenharia física, de engenharia social e de engenharia humana, antes de ser de Futurologia. Liga-se à concepção brasileira, de validade já proclamada pela Sorbonne, de "Homem situado".

O futurólogo precisa de procurar situar-se imaginativamente em futuros que venham a ser consagrações de valores não só em harmonia com os atuais, em regiões ou nações, ou em civilizações inteiras, como opostos aos atuais, embora não à condição humana — uma condição que sendo antes sociológica que biológica permanece, em suas bases, biológica — ou à natureza humana: uma constância sociológica a que não falta base irredutivelmente biológica. Com relação ao sexo e aos sexos, ao tempo e a idades, a religiões, a artes, a profissões e a passatempos — inclusive as relações entre religiões, artes, profissões, passatempos e sexos e idades, para não nos referirmos às suas relações com climas e ao que for sobrevivendo, em futuros imagináveis, de raças como hoje conhecemos raças — o futurólogo precisa de admitir, e de procurar conjeturar, desenvolvimentos em sentido nem sempre lógico ou racional, mas, ao contrário, ilógico e até irracional em alguns dos seus aspectos. De modo que não lhe basta uma formação matemática. É preciso que ele não se escravize a uma orientação lógico-matemática ou rigorosa e estritamente racional, pois necessita de ser orientado também por uma imaginação sociológica bastante ampla para incluir sensibilidade psicossocial ao ilógico, ao irracional, ao contraditório.

Quem hoje vai à Europa mais desenvolvida em sua tecnologia e noutros aspectos de cultura é surpreendido com tendências desnorteantes, para um futurólogo de todo lógico, da parte de gerações novíssimas nessas áreas. Já não são tais adolescentes, quando radicais, de todo revoltados contra os pais e os avós, na sua sofreguidão por futuros de todo diferentes das situações em que nasceram e se criaram. Ao contrário: vários deles tendem a reconciliar-se, senão com pais, com avós, senão com presentes, para eles insípidos, com passados, em que encontram, através de um saudosismo todo deles, encantos ou atrações. Donde serem, em número crescente, e dentro das suas posses, colecionadores de antiguidades. Na Alemanha — repita-se — já competem em certos setores dessa atividade lúdica com indivíduos de idade provecta.

Ao mesmo tempo, revelam-se contraditórios em seus modos ainda incertos de valorização de profissões. Nem todos se entusiasmam por profissões novas, criadas pela nova época tecnológica em que começamos a viver. E esse — o engajamento das crianças e dos jovens de hoje em profissões que correspondam aos prováveis desenvolvimentos de sociedades em transição do moderno para o pós-moderno — é problema delicadíssimo. Para abordá-lo parece que se torna necessário ao futurólogo especializado em assuntos de educação, de modo inevitavelmente sociológico e psicológico, recorrer a métodos imaginativos, além dos matemáticos e lógicos de captação de possíveis tendências individuais e de gerações particulares, ao lado de captação de possíveis tendências gerais. Para o que um dos recursos parece ser o das autobiografias projetivas: provocar-se em indivíduos ainda em formação autobiografias imaginativas que indiquem sua vida futura: a desejada por eles. A por eles imaginada.

A sociologia, que hoje, em ligação com outras ciências, se volta para o Futuro, não o faz buscando prever um futuro no singular e com inicial maiúscula, mas vários futuros, possíveis, no plural e com iniciais minúsculas, como objetos de consideração sociológica. É a tendência revelada em ensaios atualíssimos, como, em inglês, o de Robert Heilbroner sobre *The Future as History* (1960) e o de Dennis Gabor,

Inventing the Future (1960); em alemão, em trabalhos como o de Erwin Schrödinger sobre as relações entre ciências e artes e os contextos dos vários tempos sociais já vividos ou a serem vividos pelo Homem; em francês, como os estudos publicados na série "Futuribiles", pela *Societé d'Études et de Documentation Economiques, Industrielles et Sociales*, destacando-se, dos sociólogos ou politicólogos franceses de hoje mais preocupados com o assunto, Bertrand de Jouvenel, cujo *L'Art de la Conjecture* (Mônaco, 1965) pode ser incluído entre as obras modernas mais especificamente expressivas de uma sistemática de estudo, agora em formação, especializada na consideração dos futuros sociais humanos, nacionais ou regionais.

Para De Jouvenel, como para quase todos os futurólogos, por "futuribiles" deve-se entender "futuros possíveis": vários e não um só. Susceptíveis de serem orientados pelo homem e não inflexivelmente determinados. Daí sua atitude sociológica implicar relações imediatas de teoria com ação; de sociologia com engenharia social ou com arte política. Pois não sendo o seu critério de considerar sociologicamente os futuros determinista, admite, de início, das projeções sociológicas sobre esses futuros sob a forma de *provoyance* — em francês se distingue *provoyance*, como tentativa de ver-se o que poderá acontecer, de *prévision*, a suposta visão do futuro com olhos do presente — serem projeções que, sistematizadas, possibilitem intervenções humanas sobre o rumo daqueles mesmos futuros.

Mesmo assim, são vários os sociólogos convencionalmente científicos que não admitem esse tipo de sociologia projetada sobre os futuros, alguns, aliás, não admitindo tampouco a sociologia que se volte para os passados, reconstituídos por *souvenir*, ou evocação empática, sendo de todo horizontalmente presentocentristas no seu modo de ser objetivos, empíricos, científicos. Pois só o presente seria empiricamente verificável.

Trata-se de uma atitude que um dos intérpretes mais esclarecidos desse novo tipo de sistemática do estudo projetada sobre futuros possíveis — Maurice Cranston, no *Encounter* (Londres) de outubro de 1965 — não hesita em classificar como sendo, em grande parte, "oposição acadêmica", ao que parece, partida, segundo Cranston, da "agora fora de moda crença indutivista na ciência como atividade puramente empírica ou colecionadora de fatos". Diferente, portanto, daquelas outras atitudes mais atuais, representadas por metodologistas, ainda, segundo Cranston, mais sofisticados que os indutivistas ou empiricistas, que dão relevo "à importância da imaginação na ciência". Poderia mesmo dizer-se da conjetura politicológica ou sociológica de De Jouvenel que se assemelha à mais filosófica que sociológica de Karl Popper e à mais antropológica que sociológica de Robert Redfield — todos inclinados a buscar na imaginação cientificamente controlada, mesmo quando apareça "tosca" aos empiricistas: quantitativistas puros ou não — estímulo ou clima favorável ao desenvolvimento de métodos antes empáticos do que empíricos. Não só isto: métodos antes próximos dos novelísticos que se projetam sobre futuros humanos e mesmo cósmicos com a força poética, à base de saberes científicos, em obras como as dos Verne, dos Wells, dos Huxley e, atualmente, dos Snow, que dos métodos dos botânicos ou dos zoologistas ou dos anatomistas que simplesmente descrevem o que seus olhos, apenas por si ou servidos por microscópios ou aparelhos fotográficos um tanto deformadores, eles próprios, da exata realidade, vejam, observem, fotografem.

De Jouvenel se serve dessa espécie de imaginação científica sem, de modo algum, desprezar a importância, para a sua sociologia ou para a sua politicologia — não nos esqueçamos do sociólogo de *L'Art de la Conjecture* ser também o autor de alguns dos mais notáveis trabalhos modernos sobre problemas de poder político e de soberania nacional — dos fatos ou do estudo pormenorizado do passado, convencionalmente separado de outros tempos e das circunstâncias presentes — convencionalmente consideradas como só presente; e condicionadores — esse passado e essas circunstâncias — de situações sociais em desenvolvimentos e, até certo ponto, pontos de apoio para conjeturas sobre futuros. Aqui entra a concepção tríbia de tempo ou daquele supratempo que parece arrebatar, por vezes, ao presente muitas das suas pretensões de estender sobre o futuro e sobre o passado seu domínio ou mesmo sua influência. Um estudo interessantíssimo a fazer-se seria o que considerasse esse choque entre imperialismos no tempo — o passado pretendendo em vários casos ser presente com os mortos governando os vivos, do Positivismo comtiano — o presente supondo, noutros tantos casos, dominar o passado, além de ser futuro, o futuro procurando ser o tempo-rei desde o instante matematicamente exato em que o presente se torna passado, que é o instante atual. Rigorosamente poderia dizer-se do presente que não existe: mal deixa de ser passado, já é futuro.

De De Jouvenel talvez possa dizer-se que para ele os futuros são principalmente futuros a certa distância do presente. Futuros que se desenvolvem sob o jogo de acontecimentos que nem sempre terão aquela seqüência sobre a qual o sociólogo possa, a tal distância, raciocinar — "la conjecture raisonné" —, de tal modo essa seqüência pode ser perturbada por fatores insólitos e anti-racionais. O exemplo clássico é o daquele perito em assuntos de política internacional, a serviço de Luís XV, que preparou para o rei importante documento sobre o futuro do equilíbrio de poderes na Europa, revelando-se, além de bem informado, lógico e racional nas suas conjeturas sobre matéria tão vasta; mas deixando de considerar um fator insólito, destruidor de todas essas conjeturas, histórico-racionais; e que seria a Revolução Francesa em sua forma nova de ser pan-revolução: política, social, econômica.

Advertidos por esse e outros exemplos é que os futurólogos insistem em que se considerem sociologicamente não só futuros, no plural, como aspectos específicos desses futuros, sem que isto implique o trato segregado, isto é, não correlacionado, de qualquer desses futuros específicos. Pois é sob essa orientação que se estão estudando aspectos específicos de futuros diversificados. É também exato que a essa futurologia se deve o desenvolvimento, na França, de um sistema de "forum provisionnel" por meio de "tables rondes", que é uma espécie de equivalente francês do tipo Tannenbaum de seminário inter-relacionista, em desenvolvimento em universidades dos Estados Unidos. Inclusive no afã que anima as "tables rondes" dos futurólogos franceses como anima os seminários do tipo Tannenbaum — já em função, de forma abrasileirada, na Universidade Federal de Pernambuco — de, através de imagens de realidades sociais conseguidas, como sínteses e através de inter-relação de saberes especializados diversos, estabelecerem-se relações entre estudos em grande parte teóricos e atividades práticas de governo; de administração pública, de organização industrial e social não-governamental, em torno de assuntos ou de problemas específicos.

Tais operações, segundo os futurologistas franceses, devem ser realizadas o mais possível à vista do público, em contraste com a política de segredo que, segundo eles, caracterizaria os atuais planejamentos puramente governamentais, caracterizados também pelo domínio de peritos em economia e em finanças — sabemos bem, os brasileiros de hoje, o que esse domínio é e o que esse tipo de planejamento secreto sobre projetos de futuros nacionais totais, deixando de ser ouvidos antropólogos, sociólogos, psicólogos, significa: Brasília que o diga. Nem sempre são esses peritos — insignes mestres, até, alguns deles em economia e em finanças — aqueles a quem se vêm entregando tarefas imensas de planejamento que envolvem futuros nacionais totais. Por vezes, como no caso brasileiro de Brasília, são arquitetos os investidos desse domínio de todo arbitrário sobre o próprio Futuro com inicial maiúscula de todo um povo: domínio do qual podem resultar graves inconveniências para esse povo, noutros setores do seu futuro que não o estritamente urbanístico ou o esculturalmente arquitetônico. É um perigo, o de planejamentos de futuros regionais ou nacionais dominados por um tipo exclusivo de especialistas, que precisa de ser evitado no caso da Amazônia. No caso do Brasil central. E que felizmente está sendo evitado no Vale do São Francisco e, até certo ponto, pela Sudene, no Nordeste.

Atentemos na valorização de métodos não empíricos, alguns até imaginísticos e empáticos, para que estudos sistemáticos, projetados sobre futuros, vêm agora concorrer, juntando-se pelos seus métodos à sociologia mais antiga de Simmel e à antropologia de Redfield. Serão sociologicamente válidos esses métodos? Comprometem eles, na antropologia, na sociologia ou nas sociologias — ou na futurologia — o que nelas é já aceito como científico? São evitáveis? São inevitáveis do ponto de vista do desenvolvimento da antropologia e dessas sociologias e de outras ciências sociais como ciências em profundidade, ou como ciências em que a compreensão do Homem pelo homem seja essencial?

É evidente que se no estudo dos possíveis futuros humanos os cultores menos imaginativos das ciências consideradas exatas poderão ser, no trato de alguns problemas, tão objetivos quanto no estudo de uns tantos aspectos das realidades atuais, o mesmo dificilmente acontecerá com os cientistas sociais, menos ainda com os humanistas; ou mesmo com os físicos, mais imaginativos. Para eles é ainda mais limitado o campo em que, como futurólogos, poderão ser objetivos. É assunto que vem magistralmente versado por um físico austríaco, também pensador lúcido, Erwin Schrödinger, em livro, já clássico, que na primeira edição inglesa se intitula *Science and the Human Temperament* (Nova York, 1935) e na segunda *Science, Theory and Man* (1957).

Admite o físico insigne — laureado com o Prêmio Nobel em 1933 — do historiador, por exemplo, que pode ser objetivo no trato puramente descritivo da matéria histórica. Mas tende a ser influenciado — como o futurólogo — por sua personalidade — e até a ser antes imaginativo que objetivo, acrescente-se a Schrödinger — tanto na seleção do material que descreve ou evoca ou prevê como na sua apresentação. Entretanto, é assim procedendo que o historiador se eleva de mero cronista a historiador; e é com historiadores desse tipo que se vem desenvolvendo uma história que, sendo literária, é também científica: o caso da obra de um Burckhardt, entre as já clássicas; e da de um Trevelyan, entre as modernas. O mesmo se poderá dizer da antropologia, quando o antropólogo é um Robert Redfield, da sociologia, quando o sociólogo é um Simmel — ou um Mumford —, da economia, quando o economista é um Keynes. O mesmo tende a acontecer com o futurólogo, inevitavelmente imaginativo. Nunca um "cientista exato".

Mas — perguntará um discípulo de Schrödinger — serão as ciências físicas rigorosamente exatas? Independentes de qualquer influência de cultura nacional ou da cultura da época dos seus cultores? Independente do seu temperamento ou da sua personalidade? E a resposta será que não. Também nessas ciências tem havido não só projeções de personalidade — quando o cientista tem sido do tipo criador — como projeção de modas ou de tendências em voga nos conjuntos culturais que se vêm sucedendo; e alterando-se, através de sucessivas épocas e em diferentes culturas regionais ou nacionais. Alterando-se com diferentes tempos sociais e suas configurações culturais.

Assim, à física dos gregos clássicos falta, tanto quanto ao seu drama ou ao seu teatro, dinâmica: são física e drama estáticos. É que aos gregos não interessava profundamente outro tempo senão o seu — grego e presente. Não os excitava aquela curiosidade sobre o que aconteceria no futuro que na física se tornaria ostensivamente dominante com Newton; e no drama, como aliás noutros setores de arte e de literatura, com artistas, psicólogos, escritores ainda mais recentes do que o cientista inglês. Com os românticos, principalmente.

Estamos numa época em que a voga dominante sobre o seu conjunto cultural é o interesse pelo futuro, confundido por vezes com o presente. Ciências exatas e ciências não-exatas voltam-se atualmente de tal modo para o futuro — ainda mais que para o presente, embora os presentocentristas sejam legião — que essa concentração de interesse, tocado de subjetividade, colorido até de utopismo, não pode deixar de representar uma deformação de objetividade tanto nas ciências exatas como nas não-exatas. Nas ciências exatas, o interesse pelo futuro vem adquirindo aspectos quase teleológicos, romanescos, com os cientistas mais imaginativos tornando-se, como Snow, novelistas. A chamada ficção científica é um dos característicos mais fortes do que no conjunto cultural da nossa época é preocupação com o futuro e até, entre alguns, obsessão pelo futuro.

Nas ciências exatas, procura-se indagar do futuro o mais possível por meios exatos: matemáticos. Através de números. Mas também através de métodos com alguma coisa de imaginativos. Os números podem tornar-se comparsas da própria ficção científica.

QUASE CONCLUSÃO

Através dos ensaios reunidos neste livro, não pretende o autor concluir nem pela existência, já clara e definida, de uma Futurologia, nem pela certeza de futuros, quer humanos, em geral, quer relacionados com o Homem brasileiro ou com o Brasil, de modo particular, aqui sugeridos ou concebidos. Trata-se muito mais de um livro de sugestões, algumas possivelmente originais, várias especificamente brasileiras, do que de conclusões. De conclusões que pretendam ser cientificamente ou filosoficamente decisivas em sua sistemática. O livro é, assim, antes assistemático que sistemático. Aventuroso, até.

Além do que, vários dos autores cujas idéias são invocadas não se incluem entre os ainda poucos futurólogos que, como tais, possam ser definidos ou classificados. Classificados futurólogos. Nem por isto suas idéias deixam de conter germens ou sugestões futurológicas.

Muito do que é hoje ciência genética — e ciência genética capaz de projeções socialmente revolucionárias —, cibernética, informática, comunicação de novos tipos, constitui matéria futurológica em potencial: ainda para ser, grande parte dela, sistematizada ou especificada como tal. Isto se aplica, inclusive, ao que há de sugestões futurológicas tanto num marxismo como num freudismo que, como "sistemas estabelecidos", ou fechados, já se apresentam impotentes em face de alguns dos prováveis futuros humanos: necessitados, portanto, de se adaptarem a imprevistos que, em parte, os invalidam. Adaptações e imprevistos de circunstâncias e de situações consideradas por Max Weber, no seu modo de ser sociólogo de um tipo mais flexível do que os Comte, os Durkheim, os Marx, os Ward, os próprios Giddings.

Impossível, num livro como este, deixar-se de reconhecer a importância do que sobre "média", no plano da comunicação, e da cultura denominada "pop", vem escrevendo o sociólogo — já por alguns denominado comunicólogo, tal o que há de novo em seu modo de ser, quer sociólogo, quer quase futurólogo — o professor Marshall McLuhan. Entretanto, o nexo de sua obra não é de todo original: trata-se, nela, de acentuar, sob novas perspectivas, o que de dramático contém o atual embate entre o homem e a técnica. Assunto que já vinha sendo versado por Lewis Mumford, abordado por Aldous Huxley e posto em termos tão dramáticos, sob critério diferente de abordagem, quanto por McLuhan por C. P. Snow, ao destacar o crescente distanciamento entre as chamadas duas culturas: a técnico-científica e a humanística ou literária. Poderia ser salientado, a esse propósito, que, no Brasil, começou-se a acentuar e a superar com alguma audácia, desde 1933, o distanciamento, quer entre subespecialismos, dentro de uma só ciência como a social, quer entre especialismo e generalismo. Comunicólogos, como atualmente o professor McLuhan, e futurólogos, como os brasileiros — inclusive o autor, desde seu curso de conferências na década 60, sobre Futurologia, na Universidade de Brasília — a perspectiva que crêem mais aberta ao futuro é a de especialismos que tendam a conciliar-se com o geral, num relativo neogeneralismo.

Se cientistas sociais de hoje, dos Estados Unidos e da Europa, se apresentam, como cientistas sociais modernos — e não mais do tipo comtiano — menos acadêmicos e mais do mundo — atitude, nos Estados Unidos, de um C. Wright Mills, infelizmente já falecido — destaque-se que, em tal modernidade de atitude, foram igualmente antecipados, de forma modesta porém de modo algum desprezível, por sociólogos-antropólogos e pensadores brasileiros. Uma dessas antecipações, a audácia de "pluralismo metodológico", reconhecida e proclamada pela sua validade, por críticos e pensadores europeus, como o existencialista Jean Pouillon e pelo mestre em crítica de idéias que é Roland Barthes. Criticados, esses pluralistas metodológicos brasileiros, por vezes duramente, sobretudo por americanos dos Estados Unidos, pela sua falta de "purismo sociológico" ou de "correção científica", viram-se como que quase enxotados dos "templos científicos" por cientistas sociais de feitio estritamente acadêmico, dos dias em que surgiram aquelas audácias renovadoras do pensamento e das ciências chamadas sociais. Entretanto, atualmente, em obras como a de Alwin Goulden, sobre o que considera a moderna crise na sociologia ocidental, vai-se além: como que se reconhece, até demais, a necessidade de uma ciência social pós-moderna, em seu modo de ser extra-acadêmica, para intervir em acontecimentos sociais ainda em estado bruto.

"Românticos" foram chamados, com algum desdém, aqueles que, no Brasil, se anteciparam a ultrapassar, em abordagens a assuntos sociais, o puro intelectualismo acadêmico — puro e como que virginalmente cientificóide — pretendendo a essa espécie de sociologia ou de antropologia ou de psicologia ou de filosofia social acrescentar o existencial, o vivido, o imaginado, o só possível de ser captado intuitivamente ou, como reconheceu o professor Roger Bastide, mestre da Sorbonne, a propósito de um daqueles antecipadores brasileiros por ele e por outros mestres europeus e dos Estados Unidos, também antecipadamente valorizado ou reconhecido, através de abordagens semelhantes à poética.

As novas gerações, repelindo o intelectualismo puro, rígido, acadêmico, nos estudos sociais, é para o que se inclinam: para ciências sociais das chamadas "românticas" no seu modo de serem menos acadêmicas e mais de mundo. Neste setor — que inclui o aparecimento da Futurologia ou de Futurologias — sucede que, como noutros setores, estamos passando do moderno para um além do apenas moderno, através de uma como que vasta e complexa revolução neo-romântica, da qual os chamados "hippies" são anúncios. Ou têm sido: seu declínio já começa. Anúncios pitorescos e, para alguns observadores mais superficiais, apenas cômicos. Classificação que não seria de todo desfavorável aos "hippies" se nos lembrássemos de quanto foram considerados nos seus começos apenas pitorescos, quer Charlie Chaplin, quer o próprio Pablo Picasso; e, no seu modo paradoxal de ser católico neo-romântico, o inglês Gilbert K. Chesterton.

O ESCRITOR GILBERTO FREYRE
num bico-de-pena
de Luís Jardim

DADOS BIOBIBLIOGRÁFICOS DO AUTOR

Gilberto [de Mello] Freyre nasceu na cidade do Recife, a 15 de março de 1900, filho do Dr. Alfredo Freyre e de D. Francisca de Mello Freyre. Seus estudos iniciais foram feitos com professores particulares, entre outros o inglês Mr. Williams e Mme. Meunier, francesa, e seu próprio pai, com quem se iniciou no estudo de Latim e no de Português. Teve também Teles Júnior por professor particular de Desenho. Aos dezessete anos completou, com o grau de bacharel em Ciências e Letras, os estudos secundários no Colégio Americano Gilreath, de Pernambuco, seguindo imediatamente para os Estados Unidos. Aí bacharelou-se em Artes Liberais, especializando-se em Ciências Políticas e Sociais, na Universidade de Baylor, fazendo, em seguida, estudos pós-graduados (estudos de mestrado e doutorado) de Ciências Políticas, Jurídicas e Sociais na Universidade de Colúmbia, onde teve por mestres, entre outros, o antropólogo Franz Boas, o sociólogo Giddings, o economista Seligman, o jurista John Bassett Moore, o também mestre de Direito Público Munro, o jurista e internacionalista inglês Sir Alfred Zimmern, este de Oxford.

Conviveu nos Estados Unidos com o filósofo John Dewey, com os poetas William Butler Yeats, Vachel Lindsay e Amy Lowell, com os críticos H. L. Mencken e Carl van Doren, com Tagore, Leon Kobrin, o príncipe Alberto de Mônaco, o jurista Brown Scott. Em Paris e Oxford conviveria com imagistas, expressionistas, modernistas de várias tendências e também com os intelectuais do grupo Péguy, da Action Française (Maurras e outros) e da corrente chestertoniana católica, novas tendências das quais adaptaria valores contraditórios ao Brasil, onde iniciaria o seu próprio "Modernismo" em 1923, sem seguir o do Rio-São Paulo. Percorreu, depois, a Europa, em viagem de estudos, demorando-se em vários centros de cultura universitária, inclusive Oxford, em museus de Antropologia e de História Culturais — suas especialidades — da Inglaterra, Alemanha, França e Portugal, freqüentando cursos e conferências, nesses países, sobre assuntos antropológicos.

Sua tese universitária, publicada em inglês, foi sobre o Brasil, e nela sustentou que a situação do escravo no Brasil patriarcal fora superior à do operário europeu no começo do século XIX. Obteve os graus universitários de bacharel (B. A. ou A. B., *Artium Baccalaureus*) — mestre (M. A. ou A. M., *Artium Magister*) ou licenciado em Ciências Políticas (inclusive Direito Público) e Sociais — doutor em Letras (D. Litt., *Doctor Litteris*) — doutor (ou professor) h. c. (doutor *honoris causa*), que raras vezes usou: só em trabalhos ou ocasiões estritamente universitárias. Recusou várias comendas e condecorações.

Preferindo dedicar sua vida principalmente à atividade de escritor, por considerar esta "a sua vocação máxima" e temer o que chama "a rotina pedagógica", Gilberto Freyre recusou cátedras em universidades do país e do estrangeiro. Assim, deixou, em 1942, de aceitar a cátedra de Filosofia Social na Universidade de Yale; em 1943, a de Sociologia, na Universidade do Brasil; em 1943, a de Estudos Sociais Brasileiros, na Universidade de Harvard; em 1944, a de Sociologia, na Universidade da Bahia; em 1949, a de Sociologia, na Universidade do Recife; e, na década de 60, convites das universidades de Califórnia, Princeton e Berlim (Ocidental). Nem por isso lhe faltava, além de formação universitária sistemática, experiência didática, pois já havia sido lente ou professor extraordinário das universidades de Stanford, Michigan, Indiana e Virgínia e dirigira em 1938 um seminário para pós-graduados, na Universidade de Colúmbia, sobre Sociologia da Escravidão. Além disso fora fundador de várias cátedras no Brasil.

Gilberto Freyre, um dos sete membros honorários da American Sociological Society, era também membro titular da American Anthropological Association e da American Philosophical Society. Pertenceu aos conselhos diretores de: Sociedade Marc Bloch para o Estudo das Civilizações (com sede em Paris), Instituto Internacional de Civilizações Diferentes (com sede em Bruxelas), revista *Cahiers Internationaux de Sociologie* (de Paris), revista de Filosofia e Ciências do Homem, *Diogène* (de Paris).

Em 1948, no "Conclave dos Oito", que reuniu em Paris oito grandes especialistas mundiais em Ciências do Homem, cada um deles representando uma ciência e uma área — conferência convocada pela Unesco, sem interferência de governos nacionais, para o fim especial de se estudarem as tensões entre os grupos humanos, em geral, e os nacionais em particular — a Antropologia, ou a Sociologia Cultural, participou do importante conclave internacional na pessoa de Gilberto Freyre, que recebeu tal delegação daquele organismo das Nações Unidas através do seu então presidente, o prof. Julian Huxley. Representou ele também no conclave as "áreas não-européias, além dos Estados Unidos". Na "Conferência dos Oito" de Paris tomaram parte, além do nosso conterrâneo: Georges Gurvitch, professor de Sociologia na Universidade de Paris (Sorbonne), Gordon W. Allport, professor de Relações Sociais da Universidade de Harvard, o professor Max Horkheimer, da Alemanha, o filósofo escandinavo Arne Naess, professor de Filosofia na Universidade de Oslo (Noruega), o psicólogo John Rickman, M. D. Diretor do *British Journal of Medical Psychology*, de Londres, o psiquiatra Harry Stack Sullivan, M. D. da Washington School of Psychiatry, o economista-sociólogo Alexander Szalai, professor de Sociologia da Economia na Universidade de Budapeste (Hungria) e representante dessa especialidade e do ponto de vista da área comunista-soviética. Os trabalhos da "Conferência dos Oito" constam de livro já publicado em inglês sob o título *Tensions that Cause Wars* (Tensões que causam guerras), editado pela Imprensa da Universidade de Illinois, sob a direção do professor H. Cantril, de que existem edições em francês, japonês e outras línguas.

Fazendo ligeiro interregno na política, mas sem com isso paralisar a sua atividade de homem de letras, Gilberto Freyre, a instâncias da mocidade universitária, deixou que seu nome fosse apresentado para a Constituinte Nacional de 1946, permanecendo até 1950 deputado pelo estado de Pernambuco, sem compromissos com qualquer partido, embora na legenda da UDN. Foi vice-presidente da Comissão de Educação e Cultura da Câmara, e de sua atividade parlamentar nos dá conta parcialmente seu livro, editado em 1950, *Quase Política*, que reúne alguns dos seus discursos, inclusive um contra a emenda parlamentarista. Apresentou várias emendas de importância sociológica ao projeto de

Constituição, e foi responsável pela redação final de dispositivos relativos à ordem econômica e social e aos direitos de naturalizados. Em parecer — depois de ter feito a Comissão de Educação e Cultura proceder a longo inquérito, no qual foram ouvidos educadores, professores, editores — mostrou a complexidade do problema do livro didático no Brasil, ligado ao do papel, e a impossibilidade de promover-se o barateamento desse tipo de livro por medidas simplistas, que apenas atingissem atividades editoriais, editores e autores. Também foi seu o parecer no sentido de só se federalizarem no Brasil universidades de importância regional ou de amplitude transestadual.

Em 1949 foi escolhido pelo governo brasileiro para representar nosso país na Assembléia-Geral das Nações Unidas, tendo sido membro da Comissão Social e Cultural. Foi seu o discurso, proferido em inglês, que concorreu decisivamente para alterar a política da Organização das Nações Unidas, até aquele momento de auxílios à Europa e desde então de assistência a países não-europeus, inclusive o Brasil.

Em 1954, em cerimônia na catedral anglo-católica de São João Divino, presidida por Sua Majestade a rainha-mãe da Grã-Bretanha, sagrou-se doutor *honoris causa* pela Universidade de Colúmbia. Em 1956, foi recebido com distinções excepcionais pelas universidades de Oxford, Cambridge, Edimburgo, St. Andrews, Londres, Glasgow, na Inglaterra e na Escócia; pelas universidades de Madri, Escorial e Salamanca, na Espanha; pela Sorbonne, na França; pelas universidades de Heidelberg, Münster e Berlim, na Alemanha; pela Universidade de Utrecht e pelo Real Instituto dos Trópicos, na Holanda. Fez conferências em vários desses centros culturais europeus e noutros dirigiu seminários de estudos pós-doutorais. Visitou esses e outros países da Europa, a convite dos respectivos governos, tendo sido convidado pela Universidade de Berlim a voltar à Alemanha para ocupar uma de suas cátedras de Ciências Políticas e Sociais, e pelas de Bonn, Heidelberg e Colônia a proferir conferências nas suas faculdades no ano de 1958. Já fizera conferências de interpretação sociológica não só da História Americana, em particular, como do Homem, em geral, principalmente do "Homem situado nos trópicos", nas universidades de Londres, Coimbra, Lisboa, Porto, Western Reserve, Michigan, Indiana, Colúmbia, Virgínia (EUA), San Marcos (Lima). Em 1957, deu conferência sobre o mesmo tema no Colégio Pio-

Brasileiro da Universidade Gregoriana de Roma. No Instituto de Goa (Índia), esboçou em 1951 sua tese do Lusotropicalismo, em que apresentava sugestões para a criação de uma nova ciência — a Tropicologia — que se particularizasse numa Lusotropicologia, sugestão desenvolvida depois em seu livro *Um brasileiro em terras portuguesas*, editado em 1953, e que em 1957 recebeu os aplausos dos antropólogos, sociólogos, economistas, juristas e geógrafos reunidos em conclave, em Lisboa, pelo Instituto Internacional de Civilizações Diferentes, com sede na Bélgica.

Em 1935, foi designado, pelo ministro da Educação, professor extraordinário de Sociologia na Faculdade de Direito do Recife, onde realizou um curso pioneiro de Sociologia moderna; antes, em 1928, ocupara por dois anos, na Escola Normal do Recife, a cátedra recém-criada da mesma matéria, a que imprimiu rumos novos, marcando assim o início do ensino de Sociologia acompanhado da pesquisa de campo, no Brasil. Ainda em 1935, inaugurou na então Universidade do Distrito Federal, a convite de seu criador, o professor Anísio Teixeira, as cátedras de Sociologia, Antropologia Social e Cultural e Pesquisa Social, estas as primeiras cátedras dessa matéria estabelecidas no Brasil e talvez na América do Sul. Realizou, igualmente, em diferentes oportunidades, conferências nas faculdades de Direito de São Paulo e da Bahia e nas faculdades de Medicina e Filosofia também da Bahia. Da última, Gilberto Freyre era professor honorário de Sociologia, honra que lhe foi também conferida solenemente em 1956 pela Universidade do Recife.

Foi adstrito honorário de Sociologia da Universidade de Buenos Aires, e também membro honorário do Instituto de Cultura Hispânica, de Madri, do Instituto Histórico e Geográfico Brasileiro e membro do Instituto Arqueológico, Histórico e Geográfico Pernambucano. Entre outras distinções de que foi alvo, cabe ressaltar ainda a sua eleição, em 1942, para o Conselho da American Philosophical Association e também para integrar a conselho dos Archives de Philosophie du Droit et de Sociologie Juridique (Paris). Em 1949 foi incluído, em curso de literatura da Sorbonne, o estudo de sua obra, também sistematicamente estudada, como literatura e como ciência, na Universidade de Colúmbia. Seu estilo e sua linguagem foram analisados, como "renovação estética da língua portuguesa", pela Dra. Dorothy Loos, da mesma universidade.

Em 1956, por iniciativa do prof. Henri Gouhier, da Sorbonne, foi Gilberto Freyre objeto de um seminário no Castelo de Cerisy, na França, ao qual compareceram mestres da Sorbonne como Georges Gurvitch, Gouhier, Bourdon, e também o prof. Roger Bastide, Mme. André Malraux, o sociólogo alemão N. Sombart, o sociólogo espanhol Trapero, o crítico J. Duvignaud, e outros intelectuais europeus e não-europeus. Proferiu no mesmo ano uma conferência na Escola de Altos Estudos da Sorbonne sobre tema sociológico, após a qual foi saudado pelo professor da mesma instituição, Georges Gurvitch, como "um dos maiores, se não o maior, sociólogo moderno". Ainda em 1956, assistiu em Paris ao lançamento, pela Gallimard, de seu livro *Nordeste* traduzido pelo prof. Orechioni com o título *Terres du Sucre*. Nesse mesmo ano, os editores Fratelli Bocca, de Roma, lançaram a tradução italiana de *Interpretação do Brasil*. No ano anterior, fora o único brasileiro convocado a participar do *radiosimposium* em Washington sobre "o início da civilização atômica", ao lado de notabilidades mundiais como Winston Churchill, Jacques Maritain, Walt Disney, Jung, Bertrand Russell, Toynbee, Le Corbusier, e outros. Cada um traçou o provável desenvolvimento de sua arte ou ciência no próximo meio século, cabendo a Gilberto Freyre falar pela sociologia mundial.

Ainda no ano de 1956, foi o autor de *Sociologia* um dos quatro conferencistas principais convocados para a Reunião Mundial de Sociólogos em Amsterdã. Os outros três foram os profs. Leopold von Wiese (da Universidade de Colônia, Alemanha), Morris Ginsberg (da Universidade de Londres) e Georges Davy (da Sorbonne). No mesmo ano, escreveu artigos sobre assuntos antropológicos e sociológicos para *The Encyclopedia Americana* e proferiu em inglês uma conferência, sobre a civilização tropical do Brasil, no famoso *Third Programme*, da BBC de Londres.

Em 1957, outra láurea veio distinguir a obra do escritor brasileiro: recebeu nos Estados Unidos o Prêmio Anisfield-Wolf para o melhor trabalho mundial sobre "relações entre raças", conferido à 2ª edição inglesa de *Casa-grande & senzala* (*The Masters and the Slaves*, trad. de Samuel Putnam). Em 1956 a mesma edição inglesa esteve entre os doze "livros do mês", nos Estados Unidos.

De 1961 a 1964 foram tantos os convites de instituições de cultura estrangeiras recebidos por Gilberto Freyre que se tornou difícil atendê-los. Nesse período, viajou com freqüência à Europa em virtude de tais convites: à França, para contatos de ordem cultural com o Quai d'Orsay, com a famosa Escola Nacional de Administração, que o convidou a proferir ali conferências, e com os diretores da revista *Diogène*, de cuja comissão de direção fez parte; à República Federal Alemã, a convite do Conclave de Magníficos Reitores das universidades alemãs, fazendo conferência na Universidade de Heidelberg; à Bélgica, à Itália; a Portugal, onde proferiu conferências na Universidade de Lisboa e na de Coimbra e na Escola Naval; e aos Estados Unidos, primeiro para a reunião de pensadores e cientistas sociais promovida pela Corning Glass, sobre problemas de automação, tempo, lazer etc., da qual participou juntamente com Julian Huxley, Raymond Aron, John dos Passos, Salvador de Madariaga; depois para um seminário em Santa Bárbara, sobre esses e outros problemas modernos, promovido pelo Fund of the Republic; e, finalmente, a convite da Universidade de Princeton, onde proferiu a conferência "On the Iberian Concept of Time", posteriormente publicada em *The American Scholar* com grande repercussão.

Em 1963, a editora Alfred Knopf, de Nova York, lançou a edição em língua inglesa de *Sobrados e mucambos,* com o título de *Mansions and Shanties,* que foi por algum tempo o livro de literatura de não-ficção mais vendido em Washington e noutras cidades daquele país, tendo alguns críticos destacado o que consideram "o extraordinário valor literário do livro, pelas suas qualidades de expressão, perceptíveis mesmo através de tradução"; um deles comparou o escritor brasileiro a Walt Whitman e outro a "um Proust mais vigoroso que o francês". Em 1964 o editor Knopf lançou *Casa-grande* (*The Masters and the Slaves*) em edição de bolso nos Estados Unidos e Canadá, tal o interesse do público nas idéias e nas obras do escritor brasileiro. Em 1960 apareceu em Lisboa o livro de Gilberto Freyre, *Brasis, Brasil, Brasília*, publicado em 1968, revisto, no Brasil, em que se inclui um dos seus trabalhos sobre pluralismo étnico e cultural apresentados ao conclave de 1957 do Instituto Internacional de Civilizações Diferentes, com sede na Bélgica.

Foi também convidado para conferências nas universidades de Cambridge e Sussex (Inglaterra) e Nigéria, na África, e foram-lhe, em 1962 e 1963, oferecidas cátedras nas universidades de Harvard e Colúmbia, que recusou por não desejar ausentar-se do Brasil por períodos demasiadamente longos.

São vários os livros de Gilberto Freyre já traduzidos para as línguas inglesa, francesa, espanhola, japonesa, italiana, assim como para o alemão, sueco, norueguês, iugoslavo. A edição francesa de *Casa-grande & senzala* (*Maîtres et Esclaves*), com tradução do prof. Roger Bastide e prefácio de Lucien Febvre, foi apresentada pela Gallimard como "livro da mesma categoria de *Guerra e Paz*, de Tolstoi".

Note-se ainda que em 1947 a Comissão de Educação e Cultura da Câmara dos Deputados — de que fazia parte então o romancista Jorge Amado — aclamou Gilberto Freyre seu candidato ao Prêmio Nobel de Literatura. Seu nome para o mesmo prêmio foi apresentado por outros escritores nacionais e estrangeiros, entre os quais Manuel Bandeira e Magalhães Júnior. Também foi proposto para o Instituto de França e para o doutorado pela Sorbonne. Embora afastado de academias, elegeu-se membro honorário ou perpétuo de academias e institutos tradicionais e de importância mundial como a Sociedade Americana de Filosofia, de Filadélfia (fundada por Benjamin Franklin), a Academia Portuguesa de História (fundada no século XVIII), a Academia de História do Equador (igualmente fundada no século XVIII), a Sociedade Americana de Sociologia, a Associação Americana de Antropólogos, a Academia Francesa de Ciências (Ultramar), a Academia Mundial de Ciências e Artes, o Instituto Histórico e Geográfico Brasileiro, entre outros.

Em 1962, recebeu, em solenidade realizada segundo ritos tradicionais, o grau de doutor máximo na sete vezes secular Universidade de Coimbra. Essa consagração, que o tornou membro perpétuo de seu Colégio de Doutores, foi precedida de um curso de conferências professado por Gilberto Freyre durante semanas. Deve-se notar que as ciências especiais por ele propostas para o estudo sistemático de desenvolvimentos humanos, especialmente os ibéricos, em áreas tropicais — Tropicologia, Hispanotropicologia, Lusotropicologia — vieram a consolidar-se, provocando o surgimento de uma Divisão de Antropologia Tropical no Instituto de Ciências do Homem da Universidade do Recife, uma cátedra de Antropologia Tropical no Instituto de Altos Estudos Ultramarinos de Lisboa e um plano metodológico do professor de Metodologia do Liceu Normal de Lisboa para sistematizar o ensino da História ministrado aos futuros professores do ensino secundário de Portugal, segundo orientação gilbertiana, isto é, eurotropical.

Viveu o escritor Gilberto Freyre em velha casa, em Santo Antônio de Apipucos, às margens históricas do Capibaribe (Recife), entre azulejos e jacarandás de sua predileção, em companhia de sua esposa Magdalena Guedes Pereira de Mello Freyre (falecida em novembro de 1997), e de seus filhos Sônia Maria e Fernando Alfredo. Nesta casa, hoje sede da Fundação Gilberto Freyre, morou também com ele seu pai, Alfredo Freyre, antigo professor de Economia Política da Faculdade de Direito do Recife (falecido em agosto de 1961). Possuía uma biblioteca de perto de 20 mil volumes, com edições raras e manuscritos, e também uma relíquia de São Francisco Xavier, santo espanhol cuja obra no Oriente muito admirava. De Apipucos ia constantemente à Europa e aos Estados Unidos, a convite de instituições estrangeiras de cultura.

Como deputado, Gilberto Freyre apresentou o projeto que, aprovado, criou o Instituto Joaquim Nabuco de Pesquisas Sociais, com sede em Recife, órgão destinado a pesquisar as condições de vida do lavrador e do trabalhador do Norte agrário do país, hoje presidido por seu filho Fernando Freyre. Mais tarde organizou, a pedido do Ministério da Educação e Cultura, o Centro de Pesquisas Educacionais e Sociais para a região Nordeste do Brasil.

De 1926 a 1930 foi secretário particular do então governador de Pernambuco e antigo vice-presidente da República, Estácio Coimbra, a quem em 1930 acompanhou ao exílio na Europa. Nesse período, recusou ser candidato a deputado, como recusou outros cargos de caráter político.

Gilberto Freyre dirigiu por dois anos o jornal *A Província*, de Recife. Dirigiu depois, por poucos meses, o tradicional *Diário de Pernambuco*, do qual era, desde adolescente, colaborador. Colaborou, longos anos, na revista *O Cruzeiro* e nos *Diários Associados*, assim como nas revistas: *The American Scholar, Foreign Affairs* e *Atlantic Monthly* (Estados Unidos), *The Listener* e *Progress* (Londres), *Diogène* (Paris), *Kontinent* (Viena) e *Cahiers d'Histoire Mondiale* (Paris), *Revista de Historia de America* (México), *Kiklos* (Suíça). Em 1926 organizou o primeiro Congresso Regionalista realizado nas Américas, que se constituiu numa das expressões do Movimento Regionalista, por ele conduzido, e cuja filosofia, traçada no *Manifesto Regionalista*, foi objeto de discussão no Congresso Americano de Filosofia reunido em New Haven em 1943. Em 1934 organizou o 1º Congresso Afro-Brasileiro de Estudos, que levou Roquette Pinto a consagrá-lo "jovem mestre de nova Escola do Recife".

Gilberto Freyre era perito em Belas-Artes da Diretoria do Patrimônio Histórico e Artístico Nacional e Consultor do Instituto Brasileiro de Geografia e Estatística. Até o fim da vida continuou recusando cargos de importância nacional e internacional para melhor dedicar-se à atividade de escritor, como aconteceu em 1964, quando o presidente Castello Branco o convidou para ministro da Educação e Cultura.

Em 1961 foi distinguido com o Prêmio de Excelência Literária, da Academia Paulista de Letras; em 1962, com o Prêmio de Conjunto de Obra Literária, da Academia Brasileira de Letras; em 1964, com o Prêmio Moinho Santista de "Ciências Sociais em geral", considerado, no gênero, o mais importante da América Latina. Em 1967 ganhou o Prêmio Aspen, nos Estados Unidos, consagrado a "indivíduos notáveis por contribuições excepcionalmente valiosas para a cultura humana nos setores humanísticos"; e em 1969 o Prêmio Internacional de Literatura La Madonnina, na Itália, por ter "descrito com incomparável agudeza literária os problemas sociais, conferindo-lhes calor humano e otimismo, bondade e sabedoria".

Convidado por Anísio Teixeira, Gilberto Freyre organizou, em 1957, o Centro Regional de Pesquisas Educacionais do Recife, ligado ao Centro Brasileiro de Pesquisas Educacionais do Rio de Janeiro, e o dirigiu até a inexplicável extinção dos centros em 1975. Em 1965 ele propôs à Universidade Federal de Pernambuco a criação de um seminário interdisciplinar semelhante ao instituído na Universidade de Colúmbia pelo professor Frank Tennenbaum, com inovações como a da participação tanto de professores universitários como de empresários e líderes religiosos. O Seminário de Tropicologia instalou-se em 1966, tendo sido transferido para a Fundação Joaquim Nabuco em 1980, e Gilberto Freyre foi seu diretor até 1986. Membro do Conselho Federal de Cultura desde sua criação, organizou, e presidiu até morrer, o Conselho Estadual de Cultura.

Em 1971 foi agraciado pela rainha Elizabeth II com o título de KBE, *Knightcomander of the British Empire* (Cavaleiro-comandante do Império

Britânico). No mesmo ano recebeu o grau de doutor *honoris causa* das universidades federais de Pernambuco e do Rio de Janeiro e publicou o livro *Nós e a Europa germânica*. Também pela José Olympio, apareceu em 1971 a primeira edição da *Seleta para jovens*.

Em 8 de março de 1972 ganhou o título de Cidadão de Olinda, outorgado pela Câmara de Vereadores da antiga capital de Pernambuco em homenagem ao autor do livro, de 1939, *Olinda: 2º guia prático, histórico e sentimental de cidade brasileira*. Títulos semelhantes chegaram de outras partes do Brasil, como, em 1979, o de Cidadão Sergipano.

Em 1973 conquistou em São Paulo os troféus Novo Mundo e Diários Associados. Na galeria Portal de São Paulo inaugurou no mesmo ano uma exposição de 40 pinturas, vendidas em apenas duas horas. Em 1974 recebeu a Medalha de Ouro José Vasconcelos da Frente de Afirmación Hispanista do México. Outras medalhas e condecorações: Joaquim Nabuco da Assembléia Legislativa de Pernambuco (1972), Massangana da Fundação Joaquim Nabuco (1974), Mérito José Mariano da Câmara Municipal do Recife (1980), Ordem do Ipiranga de São Paulo (1980), Unesco (1983) e Picasso da Unesco (1984). Outras distinções: Andrés Bello da Venezuela (1978), Alfonso, El Sábio da Espanha (1982), República Federal da Alemanha (1980), Sant'Iago da Espada de Portugal (1983), Légion d'Honneur (1986).

Em 1974 o editor Alfred A. Knopf organizou e prefaciou a antologia *The Gilberto Freyre Reader* e em 1975 apareceram no Rio de Janeiro três livros de sua autoria: *Tempo morto e outros tempos, O brasileiro entre outros hispanos* e *Presença do açúcar na formação do Brasil*. Ainda em 1975 recebeu o título de Educador do Ano, conferido pelo Sindicato dos Professores do Ensino Primário e Secundário de Pernambuco e pela Associação dos Professores de Ensino Oficial do mesmo estado.

Em 1976 deu conferências no Instituto de Cultura Hispânica de Madri e no Conselho Britânico de Londres; foi entrevistado por Jean Duvignaud na Rádio e Televisão Francesa e homenageado na mesma ocasião com um banquete promovido pelo jornal *Le Figaro*, com discurso de seu diretor Jean d'Ormesson. Em 1977 surgiu no Rio de Janeiro *O outro amor do Dr. Paulo* (continuação da seminovela *Dona Sinhá e o filho padre*) e, em papel-bíblia, a *Obra escolhida*, na coleção Couro e Ouro da Nova Aguilar.

A Biblioteca Ayacucho, de Caracas, publicou em 1977 a terceira edição de *Casa-grande & senzala* em espanhol, com longa introdução de Darcy Ribeiro. No mesmo ano saiu em Madri, editado pela Espasa-Calpe com prefácio de Julián Marías, *Mas allá de lo Moderno*. São também desse ano *Prefácios desgarrados* e *Cartas do próprio punho sobre pessoas e coisas do Brasil e do estrangeiro*. A editora Gallimard lança *Maîtres et Esclaves* na coleção TEL.

Em 1979 é homenageado pelo 44º. Congresso Mundial de Escritores do PEN Club Internacional, sendo saudado pelo escritor Mário Vargas Llosa. Recebe no mesmo ano o grau de doutor *honoris causa* pela Faculdade de Ciências Médicas da Fundação do Ensino Superior de Pernambuco. No Natal do mesmo ano a MPM Propaganda publica *Pessoas, coisas & animais*. São igualmente de 1979 seus livros *Oh de casa!* e *Tempo de aprendiz*.

Ganharam destaque nas comemorações do octogésimo aniversário de Gilberto Freyre: o sorteio de bilhete da Loteria Federal, na praça de Apipucos (o primeiro realizado fora da capital da República); sessão solene do Congresso Nacional em Brasília; homenagem da 32ª. Reunião Anual da Sociedade Brasileira para o Progresso da Ciência; simpósio internacional na Universidade de Brasília, do qual emanou a obra coletiva *Gilberto Freyre na UnB*, com a colaboração de Asa Briggs, David Mourão-Ferreira, Jean Duvignaud, Julián Marías e Sílvio Zavala.

Em fevereiro de 1981 reuniu-se a Classe de Letras da Academia das Ciências de Lisboa para ouvir a conferência de David Mourão-Ferreira, "Gilberto Freyre criador literário". Nomeado pelo rei Juan Carlos I para o conselho superior do Instituto de Cooperação Ibero-Americana, em 1982 recebe na embaixada da Espanha em Brasília a Grã-Cruz de Alfonso, El Sábio. Publicação, no mesmo ano, de *Rurbanização: que é?* e da primeira edição alemã de *Sobrados e mucambos* (*Das Land in der Stadt*).

O qüinquagésimo aniversário de *Casa-grande & senzala*, em 1983, é comemorado em sessão solene na Fundação Joaquim Nabuco, presidida pelo governador Roberto Magalhães e com a presença da ministra da Educação Esther de Figueiredo Ferraz e do diretor-geral da Unesco Amadou M'Bow. Sessão solene da Academia Portuguesa de História e ciclo de conferências na Fundação Calouste Gulbenkian. Emissão pela ECT de selo postal.

Em maio de 1985 Gilberto Freyre realizou sua última viagem ao exterior para receber, na Baylor University, o *Distinguished Achievement Award*; leu na Universidade de Harvard a conferência "My first contacts with the American intellectual life"; e foi a Lisboa para receber o grau de doutor *honoris causa* pela Universidade Clássica. Em 1986 elegeu-se por aclamação para a Academia Pernambucana de Letras, da qual era sócio correspondente desde 1920. No mesmo ano publica-se em Budapeste a edição húngara de *Casa-grande & senzala*.

Em 11 de março de 1987 foi instituída a Fundação Gilberto Freyre, concretizando seu desejo de fazer da casa de Apipucos, seu recheio e seu entorno um centro de estudos e pesquisas sobre os assuntos que o preocuparam a vida inteira: o Brasil, o Trópico, o Nordeste. Em 18 de abril do mesmo ano ele recebeu do abade do Mosteiro de São Bento de Olinda, Dom Basílio Penido, os sacramentos da eucaristia e dos enfermos. Internado no Real Hospital Português do Recife, ali faleceu às 4 horas do dia 18 de julho, aniversário de sua mulher Magdalena Freyre. Foi sepultado no cemitério de Santo Amaro, onde discursou o ministro Marcos Freyre. No sétimo dia, o presidente José Sarney fez celebrar missa solene na catedral de Brasília.

Os últimos livros de Gilberto Freyre foram *Insurgências e ressurgências atuais* (1983), *Homens, engenharias e rumos sociais* (1987), e *Modos de homem & modas de mulher* (1987). Obras póstumas: *Ferro e civilização no Brasil* (1988), *Bahia e baianos* (1990), *Discursos parlamentares* (1994) e *Novas conferências em busca de leitores* (1995). Estão prontas para publicação: *Antecipações, Palavras repatriadas, Americanidade e latinidade da América Latina, Três histórias mais ou menos inventadas* e *China tropical*. E em preparo: *Pernambucanos e pernambucanizados, Joaquim Nabuco de frente e de perfil* e *Perfil de Franz Boas e outros perfis de estrangeiros*.

Em 15 de março de 1999 entrou na Internet a Biblioteca Virtual Gilberto Freyre, na série de sites sobre cientistas brasileiros elaborada pelo programa Prossiga do CNPq e mediante acordo com a Fundação Gilberto Freyre, presidida por sua filha Sônia Freyre Pimentel, e a Fundação de Amparo à Ciência e à Tecnologia de Pernambuco (Facepe). Ela pode ser acessada em http://prossiga.bvgf.fgf.org.br ou pelo endereço eletrônico (e-mail) bvgf@fgf.org.br

A relação de obras de Freyre e de estudos sobre ele também pode ser obtida na Biblioteca do Congresso dos Estados Unidos, em Washington, no *site* http://lcweb.loc.gov

Pelo decreto nº 21.403, de 7 de maio de 1999, o governador de Pernambuco declarou, no âmbito estadual, *Ano Gilberto Freyre* o ano 2000. E pelo decreto de 13 de julho de 1999 o presidente da República instituiu o ano 2000 como "Ano Nacional Gilberto de Mello Freyre". A UniverCidade, do Rio de Janeiro, instituiu um prêmio de 20 mil dólares para o melhor ensaio sobre Gilberto Freyre. O Centro Cultural Banco do Brasil promoveu, de 28 a 31 de março de 2000, um ciclo de palestras em sua sede no Rio de Janeiro. Na Fundação Joaquim Nabuco realizou-se, de 21 a 24 de março de 2000, o Seminário Internacional Novo Mundo nos Trópicos. Em 3 de maio aconteceu no Memorial da América Latina a mesa-redonda "Gilberto Freyre — 100 anos", seguida de exposição e mostra de vídeos até 31 de maio. A TV Cultura, da Fundação Padre Anchieta, de São Paulo, exibiu os filmes de Ricardo Miranda, *Gilbertianas,* e o canal Globonews dedicou a Gilberto Freyre dois dos programas *Espaço Aberto,* apresentados por Pedro Bial. Em 21 de março o canal GNT exibiu o filme de Nelson Pereira dos Santos, *Gilberto Freyre, o Cabral moderno,* reprisado no dia 22 e na madrugada de 23. Ainda por iniciativa do canal GNT, o cineasta Nelson Pereira dos Santos prepara três outros filmes da série de quatro intitulada "Casa-grande & senzala".

ÍNDICE ONOMÁSTICO

A

Adams, Henry — 240
Adams, John — 27
Adenauer, Konrad — 84, 92
Agostinho, Santo — 52, 142, 240
Alberto, príncipe de Mônaco — 237
Alencar, José de — 47, 230, 259
Almeida Garrett — 230
Alonso, Amado — 28
Amado, Gilberto — 232
Amado, Jorge — 218
Amiel, Henri Frédéric — 46
Anchieta, padre José de — 231
Anderson, John — 118
Aquino, São Tomás de — 228, 234
Arábia, Lawrence da — ver Lawrence, T. E.
Araújo Jorge — 93
Arinos, Afonso — 105
Aristóteles — 176
Armand, Louis — 24
Arnold, Matthew — 11
Ascoli, Max — 206
Ashby, Eric — 199
Ayala, Francisco — 231
Azcárate — 45

B

Babbitt, Irving — 262
Bach, J. S. — 62
Balandier, Georges — 24, 25, 103, 104
Balfour, Arthur James — 118
Balzac, Honoré de — 83
Bandeira, Manuel — 232, 257
Barbosa, Rui — 93
Barber, Bernard — 99, 201, 204
Barnard, Christian — 22
Barreto, Tobias — 230
Barthes, Roland — 124, 288
Bartlet, Frederick C. — 127
Bastide, Roger — 289
Baudelaire, Charles — 247
Belling — 190
Bello, Andrés — 28
Benassy — 150
Benedict, Ruth — 209
Benes, Edvard — 230
Berger, Bennet M. — 149
Berger, Gaston — 24
Berger, Peter L. — 245, 246
Bergson, Henry — 204
Bernard, Claude — 204
Bilac Pinto — 23
Black, Noel — 64
Blake, William — 228
Boas, Franz — 60, 159, 237
Bocage — 238
Bonifácio, José — 231, 259
Bourne, Randolph — 231, 255-258

Braga, Rubem — 239
Braga, Teófilo — 228
Brandão, Raul — 241
Brasil, Zeferino — 238
Braudel, Fernand — 125
Brennand, Francisco — 64
Britten, Benjamin — 22
Brooks, Van Wyck — 259, 260, 262, 263
Broom, Leonard — 173
Browning, Elizabeth Barrett — 79
Browning, Robert — 79
Buhler, Charlotte — 182
Burke, Kenneth — 57
Burckhardt, Jacob — 11, 285
Byron, Lord — 236

C

Cabo Frio, visconde de — 93
Caillois, Roger — 119
Calvino — 245
Campbell, A.— 180
Campos, Paulo Mendes — 239
Campos, Roberto — 135, 233
Camus, Albert — 112
Carlyle, Thomas — 13, 226, 230
Carneiro Leão, A. — 93
Carvalho, Flávio de — 64
Carvalho, Joaquim de — 237
Casals, Pablo — 75, 89, 160, 181, 182
Casanova — 240
Castilhos, Júlio de — 253
Castro, Américo — 13, 28, 43-45, 235, 238
Caudill, William — 128
Cervantes — 47, 52
Chaplin, Charles — 75, 84, 181, 189, 190, 195, 232, 238, 289
Chaudhuri, Nirad — 137, 138
Chávez — 142
Chesterton, G. K. — 12, 248, 289
Chumfford — 150
Churchill, Winston — 155, 228
Cícero — 38
Cleópatra — 62
Cocteau, Jean — 77, 257

Coimbra, Estácio — 93
Collier, Mlle. — 105
Colum, Padraic — 255
Comte, Auguste — 41, 228, 229, 253, 288
Coulanges, Fustel de — 119
Cranston, Maurice — 281, 282
Croce, Benedetto — 204
Cruz, San Juan de la — 52, 228
Cruz, Osvaldo — 93
Cunha, Euclides da — 93, 119, 138, 258, 259
Cyrano de Bergerac — 62

D

Dalí, Salvador — 22
Dante — 52
Darwin, Charles — 226
Darwin, Sir Charles Galton — 101
Da Vinci, Leonardo — 188, 189, 228
Defoe, Daniel — 83, 226, 256
De Gaulle, Charles — 84, 92, 93, 95, 122, 123, 180, 212, 213, 232
De Jouvenel, Bertrand — 24, 36, 111, 281-283
Delfim Netto — 182
Descartes, René — 228
Di Cavalcanti, Emiliano — 169
Diké — 167
Dilthey — 15, 36
Disney, Walt — 167, 195
Disraeli — 236
Dos Passos, John — 164, 167, 237, 261
Dostoiévski — 105, 124, 256, 259
Doxiadis, Constantino — 22
Dreiser, Theodore — 261
Dublin, Louis — 85
Dubos, René Jules — 31-33, 110
Durkheim, Émile — 39, 288
Duvignaud, Jean — 27, 103, 104, 119, 125

E

Eça de Queiroz — 248, 259, 263
Edison, T. A. — 200

Ehrenfels, Christian von — 204
Einstein, Albert — 228, 235
Eliade, Mircea — 10
Eliot, T. S. — 58, 117, 248
Ellis, Havelock — 114
Emerson — 200
Erikson, Erich — 128
Evans-Pritchard — 142

F

Faulkner, William — 112, 261
Febvre, Lucien — 237
Fernandes, Francisco — 224
Ferreira, Ascenso — 239
Fischer, George — 25
Fonseca, Deodoro da — 93
Fonseca, Edson Nery da — 23
Fourier, Charles — 229
France, Anatole — 225
Franklin, Benjamin — 13, 27, 231
Frenkel, Else — 182
Freud, Sigmund — 204, 226, 240
Freyer, Hans — 14, 159, 232, 237
Freyre, Gilberto — 9-19, 22
Fróes da Fonseca — 83
Frost, Robert — 261

G

Gabor, Dennis — 32, 34, 111, 112, 280
Ganivet, Angel — 36, 119
Gantt — 202
Garcia, Hamílcar de — 224
García Lorca, F. — 47
Garrett — *ver* Almeida Garrett
Gassett — *ver* Ortega y Gasset
Geral, G. — 180
Gide, André — 77, 247
Giddings, Franklin H. — 236, 288
Giedion — 205
Gilbreth, Frank — 202
Girardini, Roman — 243
Goebbels — 228
Goethe — 52, 226, 230, 259, 263
Goldmann — 26, 104
Gonçalves Dias — 230
Goulden, Alwin — 289

Gourou, Pierre — 207
Graça Aranha — 93, 138
Gracián, B. — 40, 41, 44
Graham, Martha — 22
Grazia, Sebastian de — 178
Greenberg, Irwin M. — 78
Greene, Graham — 22
Gudin, Eugênio — 83, 232
Guerra Junqueiro — 155
Guimarães, F. Marques — 224
Gurvitch, Georges — 15, 42, 119

H

Hannah, James B. — 143, 146
Hatt, Paul K. — 200
Havighurst, Robert — 85
Hayes, A. J. — 165
Hearn, Lafcadio — 231
Hegel, W. H. — 13, 108
Heidegger, Martin — 42, 43, 73, 84, 180, 181, 189
Heilbroner, Robert L. — 120, 131, 133, 280
Heine, Henri — 11, 70
Herculano, Alexandre — 228, 230
Hocking, W. Ernest — 243
Holanda, Aurélio Buarque de — 224
Houghton, Arthur A. — 164
Huntington — 270
Hsu, Francis — 126
Husserl, Edmund — 42
Huxley, Aldous — 26, 119, 206, 225, 237, 251, 252, 282, 288
Huxley, Julian — 164, 167, 237, 252
Huxley, Thomas — 226

I

Ibsen, H. — 226, 247
Imbert, Enrique Anderson — 28

J

Jacobs, P. — 180
Janker, Robert — 192

Jaspers, Karl — 43, 252
Jeans, Sir James — 204
Jefferson, Thomas — 165, 200, 231
Jesus Cristo — 67
João Evangelista — 67
João XXIII — 84, 112
Johnson, Lyndon B. — 213
José, frei — 234
Joyce, James — 135, 247, 256, 263
Jung, Carl — 63, 151, 204

K

Kant, I. — 228
Kapita, Peter — 199
Kennedy (família) — 182
Kerr, Walter — 148, 149
Keynes, John Maynard — 109, 119, 122, 248, 285
Kierkegaard — 13, 43
Kinsey, Alfred Charles — 114
Knight, Everett W. — 42, 43
Knox, John — 64
Kubitschek, Juscelino — 135

L

Labedz, Leopold — 218
Lacerda, Carlos — 155
Laín Entralgo, Pedro — 28, 36, 44
Lerner, Daniel — 250
Lasswell, Harold D. — 250
Lazarsfeld, Paul F. — 97
Lawrence, T. E. — 76, 226, 234, 235, 247
Lebeaux, Charles N. — 170
Lebret, Joseph — 166
Le Corbusier — 84, 189
Leighton, Alexander H. — 99, 203
Lehman, Harvey C. — 182
Lênin — 198, 228
León, frei Luís de — 40
Lessing — 262
Lévi-Strauss, Claude — 45, 60
Lewis, Sinclair — 261
Lima Barreto — 47, 241
Lindsay, Vachel — 237, 261
Lins do Rego, José — 47, 226, 227

Livingstone, David — 135
Lobo, Hélio — 93
Lobo, Laurinda Santos — 68
Lonergan, Bernard J. F. — 39
Lopes Gonçalves — 69
Lowell, Amy — 237, 256, 260, 261
Lowell, Robert — 112
Löwith, K. — 11
Ludovico Sforza, il Moro — 188
Luís XV — 283
Lulio, Ramón — 41
Lundberg, Ferdinand — 77
Luz, José Baptista da — 224

M

Madariaga, Salvador de — 164, 237, 238
Maiakóvski, W. — 58
Maitre, Jacques — 134
Mallarmé, S. — 228
Malraux, André — 122, 213, 218, 228, 232-234, 240, 241, 244, 256, 257
Mann, Thomas — 263
Marañon, Gregório — 44, 79
Marcel, Gabriel — 43, 189
Marcuse, H. — 238, 246
Marek, Kurt W. — 188
Maria, Antônio — 239
Maria Madalena — 67
Marías, Julián — 28, 119, 125
Maritain, Jacques — 189, 230, 232, 238, 248, 257
Marston Bates — 101, 207
Marx, K. — 58, 74, 108, 152, 162, 177, 178, 186, 198, 225, 228, 229, 248, 267, 269, 288
Masaryk, Thomas — 230
Masters, Edgard Lee — 260
Maurois, André — 235
Mayo — 202
McCay, James T. — 52
McLuhan, Marshall — 13, 288
Medowar, P. B. — 105, 106, 108
Mead, Margareth — 11, 78, 127, 128
Mencken, Louis Henry — 260
Mendes Pinto, Fernão — 40
Menéndez Pidal — 89, 160, 232

310

Menéndez y Pelayo — 44
Meneses, Emílio de — 69, 238
Merton, Robert K. — 201
Mesquita de Carvalho, J. — 224
Meynaud, Jean — 172
Michelet, Jules — 263
Michels, Robert — 225, 229, 230
Miller, Henry — 76
Mills, John — 100
Molière — 52
Moniz Aragão — 93
Montaigne — 52, 228, 263
Montesquieu — 12
Moore, John Basset — 237
Morais, Vinícius de — 239
More — 262
Morin, Edgar — 9
Morgenthau, Hans J. — 99, 204
Morris, J. N. — 143, 259
Müller, Lauro — 70, 93
Mumford, Lewis — 15, 100, 206, 261, 285, 288
Murray, John Courtney, S. J. — 242, 243
Mussolini, B. — 228

N

Nabuco, Joaquim — 240, 241, 258, 259
Nascentes, Antenor — 224
Nei, Paula — 238
Neiser, Ulrich — 127
Neugarten, B. L. — 85
Neumeyer, Ester S. — 150, 207
Neumeyer, Martin H. — 150, 207
Newman — 226, 240
Newton, I. — 285
Niemeyer, Oscar — 27
Nietzsche, F. — 11, 12, 43, 119, 225, 228, 247, 263
Nóbrega, padre Manuel da — 231
North, C. C. — 200
Northrop — 144, 146

O

Oliveira Lima — 183, 241
Oliveira Martins — 241

O'Neill, Eugene — 75, 260
Oppenheimer, Robert — 252, 254
Ortega y Gasset, José — 29, 46, 44, 83, 119, 223
Orwell, George — 12, 241
Ovalle, Jaime — 239

P

Palma, Ricardo — 230
Parsons, Talcott — 15, 25, 201
Pascal — 43, 52, 142, 219, 226
Pasquary, R. — 150
Pasternak, Boris — 218, 247
Pater, Walter — 226, 248
Patrício, Rui — 182
Paulo VI — 84
Paulo, São — 141
Pedro I — 76
Pedro II — 230
Peixoto, Floriano — 253
Pelnard, J. — 150
Pena Filho, Carlos — 239
Penedo, barão de — 183
Pereira Passos — 93
Picasso, Pablo — 75, 84, 89, 160, 180-182, 188-190, 232, 238, 289
Pieron, H. — 150, 220
Pinner, F. A. — 180
Platão — 229
Planck, Max — 228, 252
Popper, Karl — 12, 282
Pouillon, Jean — 125, 288
Pound, Ezra — 58, 230, 256, 261
Prado e Silva, Adalberto — 224
Prepcke, Walter P. — 167
Price, Gurlym — 164, 165
Proudhon — 248
Proust, Marcel — 52, 76, 83, 226, 249, 252, 263

R

Rabelo, Sílvio — 105
Rau, Santha Rama — 167
Read, Herbert — 12, 57, 58, 244
Redfield, Margareth Park — 130

Redfield, Robert — 36, 119, 125, 130, 131, 282, 284, 285
Renan, E. — 226, 231
Ricardo, Cassiano — 83, 232
Ricci, Lorenzo — 231
Rio Branco, barão do — 93
Rodrigues Alves — 93
Rodrigues, Nelson — 239
Roosevelt, Franklin D. — 123, 260
Rosenstok-Huessy, Eugen — 120
Rostov, Walt Whitman — 213, 233
Rousseau, J. J. — 229, 240
Rozanov, V. V. — 13, 46, 47
Russell, Bertrand — 75, 89, 180, 189, 230, 232

S

Sabino, Fernando — 239
Sade, marquês de — 247
Saint-Simon — 229
Salazar, Antônio de Oliveira — 228, 232
Salisbury, Lord — 118
Sand, George — 70
Sandburg, Carl — 261
Santayana, George — 58, 250
Sarmiento, Domingo Faustino — 231
Sartre, J. P. — 42, 112
Saunders, Syle — 144
Schelsky, Helmut — 26, 115
Schrödinger, Erwin — 281, 285
Segovia, Andrés — 75, 84, 160, 181
Seidenberg, Roderick — 34
Seligman, Edwin R. A. — 237
Selznick. P. — 180
Senghor, Leopold — 230
Sérgio, Antônio — 232
Shakespeare, W. — 52, 53, 118
Shaw, George Bernard — 230
Shonfield, Andrew — 109, 121
Silva Mello, A.- 83, 194
Silva Neto, José Marcelino da Rosa e — 105
Silveira Bueno, Francisco da — 224
Silvest, K. — 213
Simmel, Georg — 14, 41, 119, 162, 245, 284, 285

Simonsen, Mário Henrique — 30
Sizerist, Henry E. — 144
Snow, C. P. — 26, 117, 118, 213, 226, 233, 252, 253, 282, 286, 288
Sócrates — 229
Sorel, Georges — 204
Sousa Leão Cavalcanti, Laura — 68
Spencer, Robert — 209, 210
Spengler, Oswald — 112
Stalin, J. — 135
Stanley, Eugene — 165
Stokowski, Leopold — 75
Stone, Julius — 251
Stravinski — 189
Stuart Mill, John — 12
Swift, J. — 229

T

Tagore, R. — 237
Tales — 228
Taylor, F. W. — 202
Theimer, Walter — 60
Thomas — 235
Thoreau — 228, 229, 247
Tillich, Paul — 15, 244
Tingsten, M. — 180
Titov, Yuri — 62, 63
Tocqueville, Alexis de — 12, 119
Toffler, Alvin — 77, 78
Tolstói, L. — 52, 259
Torres, Alberto — 26, 240, 259
Torres, Antônio — 238
Toynbee, Arnold — 84, 112, 119, 160, 181, 237
Trevelyan — 285

U

Unamuno, Miguel de — 10, 15, 29, 36, 47, 119, 141, 142, 228, 256, 257

V

Valéry, Paul — 41
Vasconcelos, José — 230

Veblen, T. — 260
Velásquez — 45
Verlaine, Paul — 238, 247
Verne, Júlio — 225, 282
Vicente, Gil — 40
Vieira, padre Antônio — 28, 40, 41, 234, 241, 258
Virgílio — 38, 52
Vives, Juan Luis — 36, 41, 44, 120, 226
Voegelin, Eric — 15, 243, 244
Voltaire — 229, 230, 247
Von Braun, Werner — 84
Von Wiese — 14

W

Waldo, Dwight — 249
Ward — 288
Washington, George — 212
Weber, Max — 13, 15, 41, 98, 204, 245, 246, 287
Weizsacker, C.F. von — 131
Wells, H. G. — 26, 194, 225, 282
Whitman, Walt — 162, 256, 259
Whitehead, A. N. — 204
Wiener, Norbert — 215
Wilde, Oscar — 76, 114, 247
Wilensky, Harold L. — 170
Wilson, Edmund — 22, 248
Wilson, Harold — 213
Wilson, Woodrow — 228
Wolf, William — 77
Wright Mills, C. — 288

Y

Yeats, William Butler — 237, 252, 255, 259, 263

Z

Zimmern — 236
Zola, Émile — 250
Zubirán — 142

Impressão e acabamento
Cromosete
GRÁFICA E EDITORA LTDA.
Rua Uhland, 307 - Vila Ema
Cep: 03283-000 - São Paulo - SP
Tel/Fax: 011 6104-1176